# weltweit

Neuer Verlag der Leipziger Mission

**Leipziger Beiträge zur Interkulturellen Theologie**

Herausgegeben im Auftrag des Evangelisch-Lutherischen Missionswerkes Leipzig e.V.

Band 1

C. J. Ulrich Meyer

# Identität und Kommunikation
Einheimische Theologie in sechs Kontinenten

Eine Untersuchung des Begriffs „Indigenisation" am Beispiel Indiens

**weltweit**
Neuer Verlag der Leipziger Mission

Inaugural-Dissertation zur Erlangung der Würde eines Doktors der
Evangelisch-Theologischen Fakultät der Ruprecht-Karl Universität zu Heidelberg, 1969

Bibliographische Information der Deutschen Nationalbibliothek:
Die Deutsche Nationalbibliothek verzeichnet diese Publikation in der Deutschen Nationalbibliographie; detaillierte
bibliographische Daten sind im Internet über http://dnb.dnb.de abrufbar.

© 2021 by weltweit. Neuer Verlag der Leipziger Mission, Leipzig

Herstellung: BoD – Books on Demand, Norderstedt

Gesamtgestaltung: Ravinder Salooja, Evangelisch-Lutherisches Missionswerk Leipzig e.V.
Covergestaltung: Antje Lanzendorf, Evangelisch-Lutherisches Missionswerk Leipzig e.V.
Coverbild: Stammvater Abraham mit Sara und Hagar, Isaak und Ismael. (Genesis 12, 2 + Genesis 16ff.) aus der Reihe
„Abraham, Sara, Hagar – vom Segen der uns gemeinsam ist". Gemalt im Jahr 2002. © Lucy D'Souza-Krone
www.Lucy-art.de | Andreas.Lucy@t-online.de

ISBN 978-3-949016-02-8

www.leipziger-missionswerk.de | www.weltweit-verlag.de

Kein Mensch ist so gut, dass er das Recht hätte,
einen anderen zu seinem Ebenbild zu machen.

*T. S. Eliot*

Glaube ist der Vogel, welcher singt, wenn die
Nacht noch dunkel ist.

*R. Tagore*

Und man wird die Herrlichkeit und die Ehre der
Völker in die Stadt Gottes bringen.

*Offenbarung 21,26*

# Ein Wort zum Gruß

Zu den Schätzen in den Bibliotheken der Missionsgesellschaften und Missionswerke gehört eine Vielzahl wissenschaftlicher Qualifikationsarbeiten, die in bestimmten Sprachräumen aus welchen Gründen auch immer nicht veröffentlicht wurden oder von vornherein nicht für die Veröffentlichung vorgesehen waren. Mit unserem *weltweit. Neuer Verlag der Leipziger Mission* haben wir ein Medium geschaffen, diese Schätze zu heben.

Die vorliegende Untersuchung von Ulrich Meyer *Identität und Kommunikation. Einheimische Theologie in sechs Kontinenten* über den *Begriff „Indigenisation" am Beispiel Indiens* von 1969 ist ein solcher Schatz. Natürlich stellt sich sofort die Frage: Ist eine solche Untersuchung nach mehr als fünf Jahrzehnten überhaupt noch aktuell? In den Geisteswissenschaften haben wir das Glück, dass Erkenntnisse von einst nicht unmittelbar ihre Geltung verlieren, wenn Neues gedacht und erkannt wird. Mindestens dokumentieren sie einen zeitbedingten Erkenntnisstand und sind als solcher wiederum Quelle für aktuelle Erkenntnis.

Dr. Meyers Untersuchung ist jedoch mehr. In ihrer Grundsätzlichkeit und Tiefe durchdringt sie das Thema so fundamental, dass ihre Ergebnisse bis heute Gültigkeit beanspruchen können. Deshalb ist es uns eine Freude, dass wir mit ihr unsere Reihe der *Leipziger Beiträge zur Interkulturellen Theologie* eröffnen können.

In der Biografie von Ulrich Meyer spiegelt sich die spezifische Geschichte der Leipziger Mission in der zweiten Hälfte des letzten Jahrhunderts, die sich von den Schwestergesellschaften und -werken in Deutschland unterscheidet. Wenn es auf unserer Internet-Seite über seinen Werdegang heißt „Die Aussendung nach Indien durch den damaligen Generalsekretär der Leipziger Mission (West), Horst Becker, erfolgte 1970 in der Hildesheimer Kirche St. Michael", so ist damit auch benannt, dass und wie die Leipziger Mission auch in der Zeit der deutschen Teilung operativ im Ausland tätig sein konnte, nämlich mittelbar durch ihre in Hildesheim und Erlangen bereits historisch verorteten Unterstützervereine, die in den 1970er Jahren in den Missionswerken in Neuendettelsau (heute: Mission EineWelt) und Hermannsburg aufgingen. Nach seiner Dozententätigkeit am Gurukul Lutheran Theological College, Chennai und am United Theological College, Bangalore als Leipziger Missionar sowie an der Missionsakademie an der Universität Hamburg war Ulrich Meyer am Hermannsburger Missionsseminar als Dozent tätig. Damit ist er auch Zeuge einer Zeit, in der die Missionswerke und die sie tragenden Landeskirchen offen dafür geworden waren, ihre Bereichsgrenzen zu relativieren und die gemeinsamen größeren Aufgaben der Zukunft anzugehen.

*Tolle! Lege!* Nimm dieses Buch und lies es!

Ravinder Salooja, Direktor
Evang.-Luth. Missionswerk Leipzig e.V.

Diese Ende 1969 eingereichte und 1970 von der Heidelberger Theologischen Fakultät angenommene Dissertation ist nach Thema und Ergebnis (fast) so aktuell wie damals. Das jedenfalls ist der Anspruch dieser späten Veröffentlichung als Buch – auch wenn das Manchem verwegen erscheinen mag. Denn das bedeutet ja, in der Arbeit entweder eine Art Antizipation bzw. Vorhersage für die inzwischen stattgehabte Entwicklung des hier verhandelten wissenschaftlichen Problems zu sehen, oder sie auch als nachträgliche Bereicherung und Ergänzung der Problem-Geschichte zu verstehen – gleichsam als ein bisschen „Zimt zur Speise". Es ist wohl nicht verwunderlich, dass der Autor beide genannte Möglichkeiten für gegeben sieht.

Der geneigte Leser wird es auch selber feststellen: Die vorliegende Arbeit kann heute durchaus im Sinne einer Bestätigung bzw. einer Verstärkung der bisherigen Debatte und der Weiterentwicklung des angesprochenen Indigenisations-Themas gelten. Denn es geht ja in dieser älteren Abhandlung über die „Einheimisch-Machung" christlicher Theologie um nicht weniger als das Verhältnis von (Missions-)Theologie und Kultur. Dabei will diese Arbeit zeigen, dass sich das Wort „einheimisch" nicht *nur* auf die *Ziel*-Kulturen der sog. „äußeren" Mission beziehen darf, d. h. also faktisch nicht nur auf die nicht-westlich geprägten Länder, sondern „einheimisch" soll christliche Theologie doch wohl in allen sechs Kontinenten sein *und immer neu werden*, einschließlich dem modernen „Westen" in Europa und Nordamerika – so wie ja auch die Weltmissionskonferenz 1963 in Mexiko die „Mission in sechs Kontinenten" proklamiert hatte.

Die Beziehung von Mission und Missions-Theologie einerseits und „einheimischer" Kultur andererseits kam ja nun eben in den letzten Jahrzehnten als Hauptthema der Missiologie wieder zur Sprache. Speziell zugespitzt wurde das 2005 durch ein Positionspapier der Deutschen Gesellschaft für Missionswissenschaft in der „Zeitschrift für Mission" (Jg. 31, S. 376-383) zu der Frage, *ob Missionswissenschaft nicht eigentlich als interkulturelle Theologie zu verstehen sei.* Die Debatte dieser Frage hatte nicht nur eine ganze Reihe von Publikationen zur Folge, sondern auch konkrete Veränderungen im Selbstverständnis und in der Struktur von Missionswissenschaft und Missionswerken:

So erlebte etwa 2012 das Missions-Seminar in Hermannsburg, an dem der Verfasser bis in die 90er Jahre lehrte und dort u.a. die ersten englisch-sprachigen Lehrveranstaltungen durchführte, eine Umwandlung zur „Fach-Hochschule für interkulturelle Theologie". Dabei war das durchaus kein vereinzelter Vorgang: schon 2003 war aus der „Fuller School of World Mission" die „School of Intercultural Studies" geworden, und in Deutschland gab es eine ganze Reihe missiologischer Institute und Lehrstühle, die sich umbenannt haben bzw. ihren Namen erweiterten, wozu dann auch 2008 die Umbenennung der o.g. evangelischen „Zeitschrift für Mission" in *„Interkulturelle Theologie: Zeitschrift für Missionswissenschaft"* kam.

Solche Änderungen bzw. Neubenennungen vollzogen sich nicht nur im akademischen Bereich. Vielmehr haben in dieser Zeit auch verschiedene Missionswerke ihre Namen geändert oder erweitert, um ein neues Selbstverständnis zum Ausdruck zu bringen: So wurde das Bayerische Missionswerk in Neuendettelsau zur „Mission EineWelt", die Barmer Mission heißt jetzt „Vereinte Evangelische Mission – evangelisch in Afrika, Asien und Deutschland", und die Norddeutsche Mission fügte den Zusatz an ihren Namen: „Brücke mit Afrika" bzw. „verlässliche und solidarische Brücke zwischen norddeutschen und afrikanischen Kirchen".

Diese Veränderungen machen vor allem eines deutlich: der alte Europazentrismus bzw. das alte Verständnis von Christentum als „westlicher" Religion, die sich nach Osten (und Süden) missionarisch ausbreitet, soll für immer vorbei sein – oder um es mit Worten des Historikers *Oskar Köhler* auszudrücken:

> „Was aber die eigentliche Situation der Mission in der Mitte des 20. Jhdts. ausmacht, ist die Forderung nicht nur einer horizontalen Ausbreitung, sondern einer Erkundung der Höhen und Tiefen des Menschen. Nichts zeigt deutlicher, wie sehr die Mission die Herzmitte der Kirche ist". (O.K., in der Rahner-Festgabe „Gott in Welt" 1964, Bd. II, S. 371).

Gegen die geschilderten Veränderungen und Tendenzen hin zur „Aufhebung" der Missiologie in der „Interkulturellen Theologie" hat es natürlich weiterhin auch Bedenken und Kritik gegeben. Diese bzw. die Diskussion darüber wurde ausführlicher geschildert von *Friedemann Walldorf* in seinem Aufsatz: „Ersetzt Interkulturelle Theologie die Missionswissenschaft? – Analyse neuerer Verhältnisbestimmungen und Vorschlag einer komplementären Sicht" (in „Evangelische Missiologie" 34. Jg., 2018, S. 60-77). Darin fasst Walldorf die Bedeutung der interkulturellen Theologie so zusammen:

> „Vor allem rückt die Interkulturelle Theologie ins Licht, was bisher durch den Begriff der Missionswissenschaft eher verdeckt war: die andere Seite der Mission, d. h. ihre Gegenüber, Adressaten und Empfänger *als eigenständige (Inter-)Akteure.* Für die Missionsgeschichte bedeutet dies, dass sie immer auch zugleich ein Stück lokaler und globaler Kirchen- und Religionsgeschichte ist. Für die Missionspraxis bedeutet es die *respektvolle Wahrnehmung des Gegenübers,* dessen Geschichte mit Gott schon längst begonnen hat." (Meine Kursivstellung)

Genau dieses Anliegen, den Adressaten der christlichen Botschaft ernst zu nehmen, und die Empfänger als eigenständige „(Inter-)Akteure" anzuerkennen: eben dies ist das Anliegen dieser Dissertation über die einheimische Theologie in Indien. Darum sind zwei von ihren drei Hauptteilen – der erste (A) mit der Darstellung der inner-indischen Debatte zur „Indigenisation des Christentums" von 1938 bis 1968 und der zweite (B) mit der kulturwissenschaftlichen Darstellung des „Indischen" – ganz dem Wahrnehmen des „Gegenüber" bzw. des Dialog-Partners der Mission gewidmet. Der dritte Teil (C) zieht dann mögliche systema-tisch-theologische Konsequenzen für den indischen Kontext, während der kleine vierte Teil (D) die Diskussion in den weiteren sozial-anthropologischen Horizont stellt.

Was nun die abschließende Stellungnahme Friedemann Walldorfs in dem oben genannten Aufsatz betrifft, läuft sie darauf hinaus, die Interkulturelle Theologie als komplementäre „Erweiterung" der Missionswissenschaft zu verstehen. Das finde ich allerdings nicht ganz konsequent zu Ende gedacht. Denn die Interkul-turelle Theologie ist nicht bloß eine „Erweiterung der Missionswissenschaft", sondern sie ist deren A und O bzw. ihr Wesen, weil doch Folgendes hier auch bedacht werden muss: die ganze Entwicklung hin zur interkulturellen Theologie ist ja nicht nur begründet und berechtigt vom Missions-*Ziel* her, nämlich den Sauerteig des Evangeliums Christi in die Kulturen der Welt einzubringen, son-dern sie ergibt sich auch aus dem *Quell und Ursprung* der Mission, also aus der Überlieferung der Christus-Offenbarung in den biblischen Schriften.

Denn schon bevor in der Missionswissenschaft die Diskussion um die interkul-turelle Ausrichtung begann, hatte die biblisch-exegetische Wissenschaft die „Werkzeuge" und Arbeitsweisen der ethnologischen, sozialgeschichtlichen und kulturanthropologischen Forschung angewendet, etwa auf die Geschichte des al-ten Gottesvolkes, d. h. dessen Selbstdarstellung seiner Stammesgeschichten in den Gestalten der Erzväter, so wenn etwa Urvater Abram als chaldäischer Ein-wanderer ins „gelobte Land" geschildert wird, wo er und seine Kinder nach ihm als „von Gott gesegnete Fremdlinge" leben (Gn. 26,3). Dabei wird Abram durch-aus nicht nur als Vater israelitischer Stämme, sondern auch als Vorfahr der be-nachbarten arabischen (Ismael!) und aramäischen Stämme (Lot, Laban!) gesehen. Danach, in den folgenden Generationen, werden die interkulturellen Beziehungen der Stämme vermehrt und verstärkt – etwa durch die von purer Not diktierten Auswanderung nach Ägypten und der späteren „Rückkehr" in jenen von anderen Volks-Stämmen bewohnten Landstrich zwischen Mittelmeer und Jordan. Dann wieder Generationen später die Verschleppung (der Elite) des Volkes für Jahrzehnte ins Land der nächsten Hochkultur in Babylon, und danach wieder ein Exodus von dort zurück nach Philistäa/Palästina. Das alles waren mehr oder weniger gewaltsam herbeigeführte interkulturelle Groß-Ereignisse bzw. Wechsel der Kontexte für Gottes Volk und immer neue Akkulturation. Doch auch in friedlichen Zeiten ergaben sich immer wieder gleichsam „natürliche" Begegnungen und lebendige Beziehungen des „Fremdlingsvolkes" mit den – schon vorher einheimischen – Kulturen durch Handel, Wandel und Gewerbe. Aus

Beidem entstand dann jener biblische Hintergrund und jene Umwelt, die heute von der *Sozialgeschichte* des Urchristentums und der *Kulturanthropologie* des Neuen Testaments (Theissen, Stegemann u.a.) beschrieben und bearbeitet wird, um so die Botschaft Jesu besser zu verstehen und weiterzugeben.

Daraus lässt sich folgern, dass sowohl der biblische Ursprung wie die Ziel-Ausrichtung der christlichen Mission interkulturell bestimmt ist. *Insofern ist nicht nur die Missions-Theologie, sondern alle christliche Theologie interkulturell bestimmt.*

Man könnte diese schon in der Bibel begründete Inter- oder Multi-Kulturalität der christlichen Sendung und Botschaft an die *Welt der Völker* u.a. auch durch die Tatsache veranschaulichen, dass die Heiligen Schriften der Christenheit mit Hebräisch und Griechisch in zwei verschiedenen Original-Sprachen gegeben sind, wobei gar auch noch die Schrift der einen Sprache linksläufig, die der anderen rechtsläufig ist.

Das sind eben nicht nur „äußerliche Kleinigkeiten": sonst hätte der vierte Evangelist das wohl nicht noch extra am zentralsten Punkt der christlichen Überlieferung und Symbolik – dem Kreuz Jesu – hervorgehoben und so im Vergleich mit den anderen Evangelisten „nachgetragen". Das in aller Welt bekannte INRI war nach Joh. 19,20 in hebräischer, lateinischer und griechischer Sprache und Schrift abgefasst.: *drei Sprachen, dreierlei Schrifttypen und eben nicht nur das „REX IUDAEORUM" des lateinisch-römischen WESTENS.* Es gibt wohl kaum eine stärkere (symbolisch-graphische) Begründung für die „interkulturelle" Art der christlichen Sendung in die Welt als diesen Vers aus dem Johannes-Evangelium.

Die Januar-Nummer 2021 des „Deutschen Pfarrerinnen- und Pfarrerblattes" stand unter dem Gesamtthema: „Gemeinde-Arbeit zwischen Mission und Grundversorgung". So lautet denn auch der Titel des Hauptartikels darin aus der Feder des Leipziger praktischen Theologen *Peter Zimmerling.* Das Heft beginnt dazu vorher auch noch – gleichsam „klassisch" – mit einer Betrachtung des Züricher Neutestamentlers *Andreas-Christian Heidel* zu Matth. 28,16ff. unter dem Titel: „Der Missionsauftrag als dreidimensionale apostolische Existenz". Nach diesem und dem Zimmerlingschen Hauptartikel folgt ein dritter Artikel, der das Problem der „Rückkehr und Reintegration von Migranten" zum Thema hat, und im vierten geht es dann um das Kirchenasyl.

Dieses Jahres-Anfangsheft des wichtigsten Pfarrer-Magazins der evangelischen Kirchen deutscher Zunge verrät doch zumindest dieses: Die „Volkskirche" braucht heutzutage sowohl für gemeindliche wie für übergemeindliche Arbeit eine Missions-Theologie, die wirklich interkulturelle Theologie ist, damit das auch gilt, was O. Köhler sagte (s.o.), Mission ist die „Herzmitte der Kirche".

In Übereinstimmung damit sagte kürzlich *Landesbischof Meister* (Hannover):

> „Wir als Kirche müssen in Zukunft ganz gezielt daran arbeiten, Interkulturelle Theologie noch viel stärker als bisher als kirchliche Querschnittsaufgabe zu verstehen."

Leider wurde dieses anerkennende bischöfliche Wort ausgerechnet geäußert anlässlich eines Schließungsbeschlusses der Hermannsburger FIT, also für das Ende der o. g. Fachhochschule für interkulturelle Theologie (2025) - „aus finanziellen Notwendigkeiten", so Missionsdirektor M. Thiel in *Mitmachen 2/21*.

Mit einem Wort des Dankes soll diese meine Einführung zum Buch enden, d. h. vor allem und über allem sei Dank an den großen Erfinder, Liebhaber und Bewahrer des Lebens, den das Neue Testament bekennt als „Vater von allen und von allem" (1. Kor 8,6; Eph. 3,14f.) - also auch: als Vater von allen Menschen samt ihren Kulturen.

ER hat besonders durch drei seiner guten Geister diese Veröffentlichung der Dissertation ermöglicht: durch den Direktor der Leipziger Mission, *Ravinder Salooja*, der die Anregung zu dem Buch-Projekt gab und die Drucklegung selbst mit liebenswürdiger Geduld und mit Rat und Tat begleitet hat; durch die Leiterin der Öffentlichkeitsarbeit im LMW, Frau *Antje Lanzendorf*, die das Layout des Buches und die Gestaltung des Covers erstellte; sowie durch meine liebe Frau *Sibylle*, die meine alte Schreibmaschinen-Version des Skriptums in eine digitale verwandelte, die außerdem Korrektur gelesen und die Entstehung des Buches gar vielfältig unterstützt hat. Mein herzlicher Dank gilt auch der Künstlerin des Coverbildes, Frau *Lucy d'Souza*, für die Gewährung der Druckrechte. धन्यवाद - நன்றி *!*

Dankbar gedenken möchte ich auch noch der beiden verstorbenen Herren Referenten im Heidelberger Promotions-Verfahren 1969/1970: Prof. Dr. Hans-Werner Gensichen und Prof. Dr. Edmund Schlink. Der Leser wird selber feststellen, wie viel auch meine Arbeit diesen beiden Autoren und Lehrern zu verdanken hat.

Nürnberg, 8. Sonntag nach Trinitatis 2021       Ulrich Meyer

*Notabene*: Der hier folgende Text der Dissertation ist inhaltlich nicht verändert und, bis auf die einzige Ausnahme Fußnote 217 (zum heutigen Stand der Rassismusforschung), nicht ergänzt worden. Allerdings haben sich im Vergleich zur ungedruckten Schreibmaschinenversion der Arbeit Layout-Änderungen ergeben. So waren die Fußnoten ursprünglich seitenbezogen angelegt und nummeriert; selbstverständlich wurde die Rechtschreibung (mit Ausnahme der zitierten Texte) der heute gültigen angepasst.

# Inhalt

Teil B

Kulturwissenschaftliche Untersuchung des Begriffs „Indigenisation"
Ein Versuch über „das Indische"........................................................47

# Einleitung

## a) Das Problem

Der englische Begriff „indigenisation" (am.: „indigenization") ist wörtlich zu übersetzen mit „Einheimisch-Machung"[1]. Nicht nur aus sprachlichen Gründen hat man sich in der deutschen missionswissenschaftlichen Literatur entschlossen, den englischen Terminus beizubehalten, obwohl auch vorgeschlagen wurde, das Wort „Indigenisation" überhaupt durch den älteren Ausdruck „Akkomodation" zu ersetzen[2].

Tatsächlich erscheint das Problem der Einheimisch-Machung des Christentums auf den ersten Blick als bloße Variante der Frage nach Akkomodation und Anknüpfung, die - wie H. Kraemer mit Recht feststellt[3] - so alt ist wie die christliche Verkündigung. Jedoch ist mit Kraemer (ebd.) auch daran festzuhalten, dass die ganze Frage der Anknüpfung sowohl durch die besondere Kulturlage des 19. und 20. Jahrhunderts wie durch die veränderte theologiegeschichtliche Situation „in unserer Zeit ein eigenes Gesicht" bekommen hat.

Neben diesem sachlichen gibt es einen formalen Grund, der es nahe legt, den Begriff „Indigenisation" beizubehalten: das Wort findet sich in der gesamten englischsprachigen Missions-Literatur des Ostens und des Westens. Nicht nur in Europa und Amerika wird es gebraucht, vielmehr sehen Theologen in Japan und Korea ebenso wie in Afrika und Indien ihre gegenwärtige Aufgabe durch diesen Schlagwort-Begriff gekennzeichnet.[4]

Nun hat die Frage der Einheimisch-Machung oder Einwurzelung des Christentums allerdings auch in der neueren Missionsgeschichte eine Entwicklung durchgemacht, die wesentlich älter ist als der erst seit etwa drei Jahrzehnten übliche Gebrauch des Terminus „Indigenisation"[5]. Um 1860 ist durch die britischen Missionswissenschaftler Anderson und Venn die sog. „Drei-Selbst-Formel" eingeführt worden, die für die „jungen Kirchen" Selbst-Verwaltung, Selbst-Unter-

---

[1]    Eine Untersuchung zur Wortbedeutung wird unten (B, I) gegeben.

[2]    Diesen Vorschlag machte W. A. Visser't Hooft, „Akkomodation: Das Problem richtig und falsch vollzogener Anpassung" in „Ökumenischer Aufbruch", Hauptschriften II, Stuttgart 1967, S. 82-96. Hingegen behält H. Wagner in „Erstgestalten einer einheimischen Theologie in Südindien" (München 1963) den Ausdruck bei; ebenso P. Beyerhaus in „Die Selbständigkeit junger Kirchen als missionarisches Problem", Wuppertal-Barmen, 2. Aufl. 1959, (S. 288).

[3]    H. Kraemer, Art. „Anknüpfung", RGG, 3. Aufl. , Bd. I, Sp. 392 ff.

[4]    vgl. „THEOLOGISCHE STIMMEN aus Asien, Afrika und Lateinamerika" Bd. I, ed. von H.-W. Gensichen

[5]    In den Berichten der Weltmissionskonferenz Tambaram (1938) wird das Wort zwar nicht verwendet (Tambaram-Madras-Series, vol. I-VIII, London 1939), doch ist es schon Mitte der fünfziger Jahre auch in deutschsprachiger Missionsliteratur gebräuchlich, vgl. P. Beyerhaus' o.g. Werk (1. Aufl., 1956).

stützung und Selbst-Ausbreitung forderte[6]. Diese Formel spiegelte sich dann nicht nur in so bekannten Phänomenen wie der chinesischen „Drei-Selbst-Bewegung", sondern auch in dem Gründungsmotto der Nationalen Missionsgesellschaft in Indien (1905): „Indigenous men, indigenous methods, indigenous money"[7]. Die Verbindung zu dem neueren Begriff „indigenisation" ist ersichtlich.

Wie es nun von jener älteren Forderung nach Verselbständigung der einheimischen Kirchen zu der neueren Form des Verlangens nach Indigenisation der *Theologie* kam, das kann aus den Arbeiten von Peter Beyerhaus und Herwig Wagner entnommen werden[8]. In diesem Zusammenhang ist lediglich festzustellen, dass die Notwendigkeit einer einheimischen Theologie neben einer institutionellen Einheimisch-Machung der „eingeborenen Kirchen" erst relativ spät erkannt und z. T. bis heute noch nicht voll anerkannt wurde. Noch in den Beschlüssen der Weltmissionskonferenz von Tambaram (1938) wird recht allgemein von „einheimischen Formen und Methoden" gesprochen, und selbst wo man in den Sektionsberichten die „Adaption einheimischer Begriffe" ins Auge fasst, vermeidet man doch die Wendung „einheimische Theologie"[9]

So ist es nicht verwunderlich, dass in Deutschland das erste größere Werk über die einheimische Theologie 1963 erschien, als Herwig Wagner die drei südindischen Theologen Appasamy, Chenchiah und Chakkarai systematisch darstellte[10]. In diesem Buch kommt Wagner allerdings zu dem Schluss, dass das Christusverständnis dieser Inder „weder einheitlich noch eigenständig" sei, sodass für ihn der Beginn „genuin indischer" Arbeit in der christlichen Theologie noch aussteht[11].

Wagner muss sich dann freilich von der Kritik[12] den Vorwurf gefallen lassen, er habe die Arbeit der drei Süd-Inder mit dem Maßstab „lutherisch-barthianischer Neo-Orthodoxie" gemessen. Von daher habe er ja das Denken dieser indischen Theologen ablehnen müssen, das doch nur als Frucht einer „religiösen, kulturellen und politischen Entwicklung in Indien" betrachtet werden könne. K. Baago, der Rezensent, stellt darüber hinaus fest, dass es sich bei den drei in Frage stehenden Theologen gar nicht um – wie Wagner meint – „Erstgestalten" einer indisch-christlichen Theologie handele. Appasamy, Chenchiah und Chakkarai

[6]   P. Beyerhaus, a.a.O. S. 46.
[7]   zit. nach E. C. Bhatty, NCCR, Bd. LXII, 1942, S. 446 ff.
[8]   P. Beyerhaus, a.a.O. S. 280 ff.; H. Wagner, a.a.O. S. 20 ff.
[9]   vgl. die „Findings", Sect. I und Sect. V., Tambaram-Madras-Series, vol. I, S. 202 u. S. 212 ff.
[10]  H. Wagner, a.a.O.
[11]  ebd. S. 266 f.
[12]  K. Baago, Review Article, IRM (55), 1966, S. 221-225.

seien vielmehr schon abhängig von älteren einheimischen Theologen wie Keshub Chunder Sen, Brahmabandhav u.a.

Bei dieser Gegenüberstellung von Wagner und Baago geht es aber offensichtlich nicht nur um die Frage der Abgrenzung des „Einheimischen", sondern auch um die der Abgrenzung von evangelischer bzw. christlicher Theologie. Denn Chenchiah und Chakkarai, die von Wagner als Erstgestalten einheimischer Theologie eingeführt werden, waren zwar Christen kongregationalistischer Tradition, aber keine Theologen, sondern Juristen. Keshub Chunder Sen und Brahmabandav, die von Baago und Chandran[13] als Väter der indischen Theologen betrachtet werden, waren: der Eine ein Hindu, der sich stark mit dem Christentum und dem Evangelium beschäftigte, der Andere ein zum Katholizismus übergetretener Brahmane, der seiner Kirche sehr kritisch mit der Vorstellung von „Hindu-Katholiken" entgegentrat[14].

Kann hier die nominelle Zugehörigkeit zur Kirche auch als Grenzziehung in der theologischen Wissenschaft gelten? Wenn aber die Lehre entscheidet, wer setzt dann die Maßstäbe für Indien? Rom, Wittenberg, London oder Genf? Muss man darüber hinaus nicht feststellen, dass die Arbeiten sowohl von Chenchiah und Chakkarai wie von Keshub und Brahmabandav in ihrer Substanz „kaum der Häresie näher" waren als das, „was in der gängigen theologischen Literatur des Westens zu lesen war und was auch von Missionaren ungestört vertreten werden konnte"?[15]

Noch dringlicher wird das Problem der Abgrenzung „einheimischer Theologie", wenn man hört, dass auch Roberto de Nobili, der Jesuitenmissionar des 17. Jhdts. zu den Vorbildern heutiger indischer Theologen zählt[16]. Denn dann gilt es in der Tat auch zu erwägen, ob nicht die alten syrisch-orthodoxen Kirchen der Malabar-Küste auf ihre Weise eine einheimische Tradition indischer Theologie darstellen. In der jüngst erschienenen „Introduction to Indian Christian Theology" von R. H. S. Boyd[17] werden ganz konsequent die syrische Tradition und de Nobili vor der auf Bartholomäus Ziegenbalg zurückgehenden protestantischen Tradition genannt als „sources of theological tradition".

---

[13] Baago, a.a.O. S. 221; J. R. Chandran, „Das Problem der 'Einheimisch-Machung' christlicher Theologie in Asien", in THEOLOGISCHE STIMMEN, Bd. I, S. 79 f. (s. o. Anm. 4).

[14] R. H. S. Boyd, „An Introduction to Indian Christian Theology", Madras 1969, S. 58 ff.

[15] H.-W. Gensichen, in der Einleitung zu THEOLOGISCHE STIMMEN Bd. I.

[16] V. Paranjoti, „An Experiment in Indigenisation in Evangelism", IJTh, XI, 1962, S. 108-111; vgl. auch die Nachwirkungen von de Nobili auf Brahmabandav und Sundar Singh (Boyd, a.a.O. S. 64 u S. 84, s. o. FN14).

[17] a.a.O. S. 7-18.

In der Missionsliteratur scheint bisher auch noch nicht die Frage bedacht worden zu sein, ob die Eingrenzung des Begriffs der einheimischen Theologie auf die drei Kontinente Afrika, Asien und Lateinamerika nicht auf einem europazentrischen oder auch protestantischen Vorurteil beruht. Denn nicht nur in Indien, sondern auch in Vorderasien und Afrika gibt es christliche Kirchen, die schon wesentlich älter sind als diejenigen Mittel- und Nordeuropas. Zumindest eine „vorwissenschaftliche Gemeindetheologie"[18] wird man diesen Traditionen aber doch wohl zubilligen müssen. Man kann in diesem Zusammenhang auch nicht darauf verweisen, dass es sich bei den genannten Kontinenten eben um die „klassischen Missionsfelder" handelt, denn dann gäbe man ja den neugewonnenen Gedanken von der „Mission in sechs Kontinenten" unbesehen preis[19]. Die nordamerikanischen Indianerstämme gehören ja nicht weniger zu den klassischen Arbeitsgebieten der Mission und doch geht deren Theologie offensichtlich ein in den großen Schmelztiegel der Kultur der USA.

Damit ist zur Genüge deutlich, dass der Begriff der Indigenisation selbst einer Klärung bedarf und zwar in dem Zusammenhang, in dem er heute meist zu finden ist: nämlich innerhalb der „allmählich langweilig werdenden" Forderung nach eigenständiger oder einheimischer Theologie[20].

## b) Zur METHODE

Aus der oben angedeuteten Problemgeschichte ergibt sich, dass eine Begriffs-Klärung von zwei Seiten her unternommen werden muss.

I.) In einem ersten Schritt ist zu prüfen, welchen Gehalt das Wort „indigenous" (einheimisch) in sich trägt. Dies kann – wenn man nicht rein spekulativ vorgehen will – nur modellartig geschehen. Wir greifen dazu Indien heraus, weil der Autor Gelegenheit hatte, die Situation der Kirche dort selbst kennenzulernen; aber auch weil Wagner und Boyd in ihren typologisch verfahrenden Darstellungen bereits eine größere Vorarbeit geleistet haben. Es ist freilich damit zu rechnen, dass nun Indologen und Indien-Historiker, Kulturanthropologen oder Sozialpsychologen Einwände erheben, wenn der Theologe bei der Untersuchung des „Einheimischen" sich auf eines ihrer Spezialgebiete vorwagt. Diesen Einwänden kann aber dreifach begegnet werden:

---

[18]  „Die Theologie der jungen Kirchen ist eine vorwissenschaftliche Gemeindetheologie",
     G. Vicedom: „Von der Theologie einer jungen Kirche – Beispiel Neuguinea", S. 107, in DAS WORT
     GOTTES IN GESCHICHTE UND GEGENWART, ed. W. Andersen, München 1957, S. 103-116.
[19]  vgl. „In sechs Kontinenten" – Dokumente der Weltmissionskonferenz Mexiko 1963, ed.
     Th. Müller-Krüger, Stuttgart 1964.
[20]  H. H. Harms, Erläuterungen zum Bericht der Sektion IV, in Th. Müller-Krüger, a.a.O. S. 192.

Zum Einen wird der Theologe sich hier nur auf Ergebnisse und Meinungen dieser Fachwissenschaftler stützen. Dabei hat er sogar den Vorteil, dass er den verschiedenen Spezialdisziplinen wie auch den verschiedenen Schulen mit etwa gleichem Abstand und hoffentlich auch gleicher Unvoreingenommenheit gegenübertritt. Zum Zweiten hat es ja bisher noch keiner der Fachgelehrten unternommen, einen Überblick über die Mannigfaltigkeit der Forschungsergebnisse etwa für das indische Feld zu geben, sodass mehr als nur die psychologischen oder soziologischen oder historischen Aspekte des indischen Menschen oder der indischen Kultur sichtbar geworden wären. Das verweist auf den dritten Punkt: Ist es nicht Aufgabe gerade des Theologen, das Ganze des Menschlichen ins Blickfeld zu rücken? Und umgekehrt: hat die theologische Anthropologie, die der bisherigen Diskussion zum Thema zugrunde lag, nicht deshalb den Fortgang des Gesprächs gehemmt, weil sie ohne Beachtung der positiven Ergebnisse der empirischen Humanwissenschaften a priori vorausgesetzt wurde? Die manchmal pauschalen Urteile, die bisher im Raum der Theologie über Indigenisation und damit auch über den einheimischen Menschen gefällt wurden, hatten leider immer solche geschichtslose und erfahrungsfremde Anthropologie – jenen theologischen „Menschen an sich" – zur Grundlage[21]. Deshalb versucht der Inder M M. Thomas auch immer wieder auf den „konkreten Menschen" zu verweisen[22].

„Es ist bekannt, dass Fortschritt der Wissenschaft immer abhing von einer Übertragung oder Kombination von Methoden". Dieser Satz von Rosenstock-Huessy[23] gilt auch für den Theologen. Insofern müssen wir auf die traditionelle Beziehung der Mission zur Völkerkunde, Geschichtswissenschaft und Kulturanthropologie zurückgreifen, um den bislang noch etwas obskuren Begriff und Vorgang der Indigenisation aufzuhellen.

II.) Erst danach werden wir in einem zweiten Schritt die „eigentlich" theologischen Implikationen des Themas untersuchen. Aber auch auf dieser theologischen Seite wurde bisher allzu provinziell verfahren. Man ignorierte, dass „die wirklich eigenständigen Denkansätze einheimischer Theologie durchweg im in-

---

[21]  Dieser Vorwurf ist vor allem dem Gegner der „orientalischen Theologie" A. v. Leeuwen zu machen. In seinem groß angelegten Werk „Das Christentum in der Weltgeschichte", Stuttgart 1966, hat er als Gesprächspartner nur Systeme, die er „ontokratisch" nennt. Der konkrete Mensch, der Inder zwischen Hinduismus, Islam, Säkularisation und Christentum, geht in dieser Konfrontation von „Systemen" gänzlich unter. Zur indischen Kritik an van Leeuwens Buch siehe: Religion and Society, vol. XIV, No. 1, März 1967.

[22]  So in seiner Besprechung des Buches von H. Kraemer „World Cultures and World Religion", IRM (50) 1961, S. 207 ff.

[23]  „Die Sprache des Menschengeschlechts" Bd. I, Heidelberg, 1963, S. 29.

terkonfessionellen Kontext" stehen[24]. Somit sind ja für die Bewertung dieser neuen Denkansätze auch neue Maßstäbe anzulegen, d. h. einheimische Theologie ist nur als ökumenische Theologie zu verstehen. Die alten Zusammenhänge von Mission und Kirchenunion, von Internationalem Missionsrat und Ökumenischer Bewegung erscheinen hier in ihrer wirklich theologischen Gestalt auf.

Damit ergibt sich nun auch für unsere Arbeit die Gliederung:

Den beiden Schritten, bzw. den beiden Hauptteilen, nämlich der Untersuchung über das „Indische" einerseits und der Frage nach dem „Christentum für Indien" andererseits, geht ein kürzerer hinführender Teil mit einem Überblick über die neuere indische Indigenisations-Debatte voraus. Der abschließende vierte Teil soll dann eine Auswertung versuchen, die unser Thema an den gegenwärtigen Diskussionsstand der theologischen Anthropologie heranführt.

---

[24]  H.-W. Gensichen, „Einzigartigkeit und Eigenart – Erwägungen zur Frage der ‚einheimischen Theologie' " in Ök. Rdsch. 18, 1969, S. 469-481; vgl. dort die bisher sorgfältigste Analyse zur Frage der Indigenisation von Theologie.

**Teil A**

PHÄNOMENOLOGISCHE UNTERSUCHUNG DES BEGRIFFS „INDIGENISATION"
Eine Einführung in die Debatte über Indigenisation in indischen Kirchen
seit 1938

## I. Die Ausgangsbasis der neueren Diskussion: die Konferenzen von Tambaram (1938) und Poona (1942)

### 1. Die alten Fronten – noch heute beständig?

Dreißig Jahre nach der Weltmissionskonferenz in Tambaram hat man den Eindruck, die alten Fronten bestünden noch immer. Zwar ist die „Hitze der Diskussion"[25] vor allem seit dem Ausscheiden der damaligen Hauptkontrahenten einem gemäßigten Gesprächsklima gewichen, aber keineswegs kann man behaupten[26], es habe sich unter indischen Theologen ein entscheidender Wechsel „vom theologischen Liberalismus zu biblischer Theologie" vollzogen.

Dieser Wechsel soll Anfang der fünfziger Jahre geschehen sein, veranlasst vor allem durch das „Christian Institute for the Study of Religion and Society (CISRS)" mit seinen beiden Direktoren Paul Devanandan und M. M. Thomas. Aber auch andere indische Theologen wie J. R. Chandran, S. Kulendran, D. G. Moses seien repräsentativ für diesen Wechsel zu biblischer Theologie, während Gestalten wie Chakkarai, Chenchiah und Appasamy den vergangenen Liberalismus verkörperten[27].

Wenn wir jedoch in die jüngsten Beiträge indischer Theologen sehen, wird dieser angenommene Wechsel tatsächlich sehr zweifelhaft. Die Veröffentlichungen des CISRS sowohl als auch die anderer indischer theologischer Institutionen zeigen deutlich, dass das Werk der sog. „Rethinking Group" (d. h. Chakkarai, Chenchiah, Appasamy und einige andere) noch immer als ein Modell wenigstens für die protestantischen Theologen in Indien gilt.

Dies wird ersichtlich nicht nur an der im Aufbau befindlichen „Library of Indian Christian Theology", die unter den vorgesehenen 800 - 900 Titeln (!) vor allem auch die Werke von N. Goreh, Brahmabandav, Chakkarai und Chenchiah erfassen will[28], sondern auch an der seit 1966 in Bangalore erscheinenden Reihe „Confessing the Faith in India", in der bisher Arbeiten über Chenchiah, Chakkarai und Goreh vorliegen[29]. Daneben wird auch sonst im theologischen Gespräch Indiens während der letzten Jahre ständig Bezug genommen auf das Werk und Anliegen der Rethinking Group.

Da sagt etwa V. P. Thomas (1965), dass er „voll" in der Bewegung stehe, die mit Saddhu Sundar Singh, Appasamy, Chenchiah und Chakkarai begonnen habe[30].

---

[25]  H. R. Weber, „Asia and the Ecumenical Movement", London 1966, S. 183 Anm.

[26]  So H. Wagner, a.a.O. S. 288 f.

[27]  ebd.

[28]  United Theological College, Souvenir and Annual Report, Bangalore, 1967/68, S. 65.

[29]  Thangasamy, „The Theology of Chenchiah", 1966; P. T. Thomas, „The Theology of Chakkarai", 1968; B. A. M. Paradkar, „The Theology of Goreh", 1969.

[30]  V. P. Thomas, „Towards an Indian Christian Christology", IJTh (XIV) 1965, S. 2.

Ein Editorial von „Religion and Society" (RS) unter dem Titel „Indian Understandings of Jesus Christ" (1964) verweist ganz betont auf Chakkarai und Chenchiah[31]. Einer der Artikel in dieser Nummer kommt zu dem Schluss, dass die drei Großen der „Rethinking Group" es waren, die „endlich" indische Ausdrucksformen für das Christentum gefunden hätten[32]. Bischof Chellappa und P. David deuten vor allem auf Appasamy als vorbildlich indischen Theologen, während V. A. Mathew (1964) Chenchiah und R. C. Das anführt, wenn er die alte Frage der Rethinking-Leute aufgreift: „Gibt es eine praeparatio evangelica nur in Israel?"[33] Neben der Rethinking-Group werden auch immer wieder die Christus-Interpreten unter den Hindus als Vorbilder indischer Theologie genannt[34]. Für sie alle gilt, was Thangasamy im Vorwort zu seinem Chenchiah-Buch sagt: „Ihre Schriften sollten gesammelt werden und verfügbar sein für Studienzwecke und vielleicht auch für eine Neu-Orientierung der Theologie, besonders in Indien"[35].

Gewiss erhebt sich gegen diese Tendenz indischer Theologie auch vereinzelt Kritik[36], und sicher werden Appasamy, Chakkarai und Chenchiah nicht einfach kopiert. Aber nach wie vor gelten K. Barth, H. Kraemer und „gewisse alte Missionare" – in einer pauschalen General-Beurteilung – als Hauptkontrahenten indischer Theologen, weil diese Europäer es seien, die alles, was nicht mit der westlichen Tradition übereinstimme, mit größtem Misstrauen und Argwohn betrachteten[37]. R. H. S. Boyd meint sogar, Barth und Kraemer seien gerade durch die Entwicklung der Jahre 1940 - 1950 in den indischen Kirchen eindeutig ins Unrecht gesetzt worden[38]. Damit kehrt er Herwig Wagners These vom Wechsel Anfang der fünfziger Jahre genau um.

Selbst die späteren Veröffentlichungen von H. Kraemer, die ja als teilweise Abschwächung oder Teil-Rücknahme seiner Tambaram-Position angesehen werden, sind in Indien fast durchweg abgelehnt worden[39]. M. M. Thomas versichert: „Kraemers theologische Werkzeuge zum Verstehen und Beurteilen sind inadäquat". Er – Thomas – sei die einseitige Betrachtungsweise der Grundsätzlichkeiten in der Religion leid, „die dem Christen keine Verstehensmöglichkeiten mehr

---

[31]  RS (XI) 1964, No. 3, S. 1 ff.

[32]  R. H. S. Boyd, a.a.O. S.61 f.

[33]  GUARDIAN (42) 1964, S. 93.

[34]  vgl. oben in der Einleitung, S. 2.

[35]  Thangasamy, a.a.O. S. III.

[36]  z. B. bei T. Krishna Rao, „A Theology for India", NCCR (63) 1943, S. 416 ff.; editorial des GUARDIAN (39) 1961. S. 89.

[37]  A. V. Mathew, a.a.O.; S. Jesudason, „Unique Christ and Indigenous Christianity", Bangalore 1966, S. 40.

[38]  Boyd, RS (XI) 1964, No. 3, S. 69.

[39]  vgl. die Buchbesprechungen von M. M. Thomas, a.a.O. (oben S. 4, Anm.22); und G. Arapura „Dr. Kraemer's New Book", IJTh (IX) 1960, S. 156-165.

lässt für die Beurteilung des ‚Menschlichen' "[40]. Ein eigenes Seminar über Kraemers zweites Buch kommt zu dem Schluss: „Kraemer I is too heavy on Kraemer II"[41]. Ähnlich verläuft die Besprechung durch S. Kulendran „Kraemer damals und heute"[42], und J. R. Chandran hält Kraemer schlichtweg für ungeeignet zum Dialog[43].

Aus all dem wird deutlich: ein entscheidender Wechsel - als von der einen theologischen Schule zur anderen - fand nicht statt. „Einige deutsche und kontinental-europäische Theologen" gelten immer noch als Bremsklötze für eine einheimische Theologie[44].

Es hat also den Anschein als bestünden da noch die Grenzlinien von 1938. Der Graben zwischen westlicher „Orthodoxie" und indischem „Protestantismus" ist noch immer nicht überbrückt[45]. Ja, es entsteht der Eindruck, als hätte auch niemand auf der einen oder anderen Seite weitergebaut. „Man ist nach 25 Jahren der Besinnung und des gemeinsamen Studiums nicht weiter gekommen", stellt J. Rossel bei einem Vergleich der Konferenzen von Tambaram und Mexiko fest[46], und er trifft damit auch die Feststellung von A. van Leeuwen, dass die Tambaram-Diskussion über die Kontinuität und Diskontinuität dreißig Jahre später lediglich „in einem neuen Kontext" erscheine.[47]

## 2. Die grundlegenden Positionen – nicht so weit getrennt?

War aber der Graben zwischen den beiden Positionen 1938 wirklich so tief wie die logische Distinktion von Kontinuität und Diskontinuität nahe zu legen scheint?[48] Sollte Kraemer, der ja selbst zur Gründung eines CISRS aufgefordert hat[49], so gänzlich andere Auffassungen von Indigenisation gehabt haben als die ersten Direktoren und Mitarbeiter dieses Instituts, die ihn - wie wir gesehen haben - so heftig kritisieren?

---

[40] M. M. Thomas, a.a.O. S. 208.

[41] RS (V) 1958, No. 2, S. 63.

[42] IRM (46) 1957, S. 171 f.

[43] J. R. Chandran, „The Theological Task of the Church in India", in UNION SEMINARY QUARTERLY, March 1965, S. 256.

[44] ebd. S. 251.

[45] Bei seiner Besprechung des Buches „Rethinking Christianity in India" (NCCR, 59, 1939, S. 651 ff.) stellt P. Devanandan die Auseinandersetzung dar als die zwischen „Orthodoxie" und „Progressivität" (S. 653).

[46] J. Rossel, „Tambaram-Mexiko", EMM, 1964, S. 171.

[47] A. v. Leeuwen, „Reply to Critics", RS (XIV) No.1, 1967, S. 52.

[48] Diese Frage stellte schon W. M. Horton „Christian Theology", New York, 1958, S. 298.

[49] „A Christian Training Centre for India", NCCR (73), 1953, S. 245 ff.

Diese Fragen sind aus einem dreifachen Grund zu stellen:

a) Wenn es richtig ist, dass das Problem der Anknüpfung bzw. Indigenisation und seine Lösung stark „an die Denkweise einzelner Persönlichkeiten gebunden bleibt"[50], dann sollte man nicht vergessen, dass es sich bei der Rethinking-Group um eine Schar von *Indern* handelt, die auch das Erbe ihrer Väter und die Kultur ihrer unmittelbaren Nachbarn mitvertreten, wenn sie sich für mehr Offenheit gegenüber den anderen Religionen einsetzen. Für den *Europäer* Kraemer erscheinen diese Religionen dagegen doch – trotz seiner Missionarspraxis – immer noch als eine weniger existentielle denn als theoretische Anfechtung.

b) Des weiteren scheinen die Kontrahenten auf verschiedenen Ebenen zu argumentieren. Während die einen sich als Hauptanliegen vorgenommen haben, dass das Christentum „in Leben, Denken und Tun einen indischen Ausdruck" gewinnen müsse[51], während sie also in seelsorgerlicher Verantwortung das *Ziel* des Missionsunternehmens im Auge haben, versucht Kraemer mit seinem „biblischen Realismus" gerade die theologischen *Fundamente* des Missionshandelns zu sichern[52]. Er wandte sich ja ursprünglich gegen eine westliche Religionsphilosophie (W. E. Hocking), die im Anschluss an die Jerusalem-Konferenz (1928) den christlichen Glauben recht selbstverständlich in eine Einheitsfront mit den Religionen gegen den Säkularismus einreihte. Diesen von ihm (Kraemer) so genannten „Selbstmord der Mission" bekämpfte er und nicht das, „was wahr, gut und schön ist in den nicht-christlichen Religionen"[53]. Wie die Rethinking-Group wendet auch er sich ab von einer polemisch-aggressiven Haltung gegenüber den anderen Religionen[54]. Auch hat Hallencreutz darauf aufmerksam gemacht, dass Kraemer in der Frage der „Anknüpfung" eben nicht so sehr von K. Barth beeinflusst ist – wie man ihm in Indien immer wieder vorwirft, sondern von Emil Brunner[55].

c) So ist es nun kaum verwunderlich, dass beide Seiten in der *Praxis* zu fast den selben Folgerungen kommen[56]. Die Inder – wie auch Kraemer – for-

---

[50]  G. Rosenkranz, Buchbesprechung, EMZ (25) 1968, S. 47.
[51]  Vorwort zu „Rethinking Christianity in India", ed. A. N. Sundarisanan, 2. Aufl., 1939.
[52]  Vorwort und Epilog zu „The Christian Message in an Non-Christian World", London, 1938.
[53]  Tambaram-Madras-Series, vol.I, London 1939, S. 22.
[54]  The Christian Message, a.a.O. S.301 kritisiert Kraemer die „aggressive, controversial attitude", während sich andererseits die „Rethinking-Group" (S.72/74) den „polemics" und „controversialists" entgegenstellt.
[55]  C. F. Hallencreutz „Kraemer towards Tambaram", Uppsala, 1966, S. 293; vgl. Auch H. Kraemer, Art. „Anknüpfung", RGG, 3. Aufl., Bd. I, Sp. 392 ff.

dern ein intensiveres Studium der einheimischen Religion[57] und beide suchen auch eine „echte Übersetzung des Christlichen in einheimische Begriffe"[58]. Auf beiden Seiten hält man die Ashrams für einen guten Weg der Indigenisation und plädiert für Kirchenunion[59]. Es sieht sogar so aus, als ob die Frage der Indigenisation dort ganz in die Ekklesiologie hinübergleitet. Denn einerseits stellt Kraemer fest: „The way towards becoming an *indigenous* Church goes through becaming first a real *Church*", - und diese „wirkliche" Kirche fordert er auch von den westlichen Missionsgesellschaften, indem er sie dazu aufruft, ein „dynamisches Konzept von der Kirche" zu entwickeln[60]. Andererseits gehen Chenchiah und Chakkarai in der Ekklesiologie auch sehr „dynamisch" vor, wenn sie die Notwendigkeit einer Kirche überhaupt – wenigstens für gewisse Kreise – in Frage stellen[61] und damit eine radikale Lösung der Indigenisations-Problematik vorschlagen, indem sie sie gleichsam auflösen bzw. beseitigen. Denn was soll noch „einheimisch" gemacht werden, wenn es das Christentum als eigene Bewegung in der großen Hindu-Gesellschaft gar nicht mehr gibt?

Die Tambaram-Konferenz selbst konnte auf diese Frage keine Antwort mehr geben. Sie betonte gleichermaßen die Notwendigkeit der Einheimisch-Machung wie die Besonderheit und Einzigartigkeit des Evangeliums[62]. Man sprach von verschiedenen Arten des Bodens, in den der besondere Same des Evangeliums gesät werden müsse[63]. Im übrigen gab man aber die Hilflosigkeit in dieser Frage unumwunden zu und verweist auf weitere Studienarbeit in der Zukunft[64].

Die Bedeutung „Tambarams" vor allem für Asien lag freilich nicht so sehr in dem, was dort in Beschlüssen ausformuliert und erreicht wurde, als vielmehr in dem, was diese Weltmissionskonferenz auf indischem Boden selbst darstellt: „A manifestation of the Church universal and its missionary nature"[65].

---

[56] Auch H. Wagner sieht die Konvergenz der theologischen Dialektik im praktischen Handeln des Missionars, a.a.O. S. 21.

[57] Kraemer, „The Christian Message", S. 303; G.V. Job in "Rethinking", S. 39.

[58] Kraemer, a.a.O. S. 323: „a genuine translation of Christianity into indigenous terms".

[59] Kraemer, a.a.O. S.335/375 f.; Jesudason und Chenchiah, „Rethinking", S. 215 ff. bzw. Apendix S. 54; und Chakkarai, ebd. S. 117.

[60] a.a.O. S. 411 und 426 f.

[61] Chenchiah und Chakkarai „Rethinking" S. 100 bzw. 72-75.

[62] „With equal emphasis", Tambaram-Madras-Series, vol. II, S. 296.

[63] ebd. S. 294.

[64] a.a.O., vol. I, S. 211.

[65] H. R. Weber, a.a.O. S. 184.

## 3. Die offensichtliche Dialektik - nicht zu vermeiden?

Ganz Ähnliches wie von der Tambaram-Konferenz gilt hinsichtlich des Ergebnisses für unsere Grundfrage auch von der *1942 in Poona* erstmalig zusammengetretenen *„Indian Christian Conference"*. Sie war als indisch-theologische Konferenz in sich gewiss ein wichtiger Schritt auf dem Weg der Indigenisation, auch wenn die theologische Diskussion unseres Themas kaum Fortschritte machte. Man blieb bei dem „einerseits-andererseits" von 1938. Denn die Teilnehmer der Poona-Konferenz waren sich darin einig, „dass der wesentliche Inhalt des christlichen Glaubens derselbe ist für alle Zeiten, Orte und Umstände, dass aber für verschiedene Zeiten, Ort und Umstände der Ausdruck, die Interpretation und Anwendung sowohl aus der aktuellen Situation erwachsen als auch ihr begegnen muss, um so die besondere Ausrichtung zu erzielen, die gefordert wird"[66].

Die Tambaram-Parabel von Same und Boden wurde in Poona übertragen in eine abstrakte Antithese: Das absolute Element, der unveränderliche Kern des Wortes Gottes wird jetzt *Dogma* genannt, während man das relative Element, die wechselnde Schale des Ausdrucks und der Interpretation als *Doctrine* bezeichnet[67].

Auch diese Konferenz betonte stark die Aufgabe indischer Theologen, ihre angestammte soziale und religiöse Umgebung gründlich zu studieren. Aber man hörte hier gleichzeitig, dass diese Aufgabe auch eine „radikale Transformation unserer industriellen und politischen Institutionen" einschließe[68]. Von diesen Institutionen sagt Devanandan: „These must be made Christian in the sense that they form a suitable framework for Christian behaviour". Sollte dies im Sinne eines indischen Corpus Christianum zu verstehen sein – wie H. Wagner es von der Theologie der Rethinking-Group annimmt[69]? Dann hätte Devanandan eine Synthese von Paulus und Sankara, Johannes und Ramanuja im Auge gehabt oder einen Ersatz von Aristoteles und Platon durch Sankara und Chenchiah – wie es dann fünf Jahre später unter Berufung auf die Poona-Konferenz vorgeschlagen werden sollte[70]. Doch Devanandan sprach von industriellen und politischen Institutionen und nicht vom philosophischen „Überbau". Es war Chenchiah, der in Poona die Notwendigkeit einer neuen Metaphysik für indisches Christentum betonte, während andere wie S. N. Talib-ud-Din „nur" die christlichen „Vorstellun-

---

[66]  Conference Report, NCCR (63) 1943, S. 53 f.

[67]  ebd. – Die Begriffe DOGMA und DOCTRINE werden dann später z. B. aufgenommen L. W. Brown, „The Theological Task before the Church in India", NCCR (68) 1948, S. 114 ff.

[68]  P. Devanandan, „The Theological Task in India", NCCR (63) 1943, S. 57.

[69]  H. Wagner, a.a.O. S. 267 f.

[70]  L. W. Brown, a.a.O. – Diese Position wird allerdings wieder stark angegriffen von S. Estborn, „Our Spiritual Heritage", NCCR (71) 1951, S. 9 ff.

gen" von Gott, Mensch, Universum, Sünde und Heil in der Ausdrucksform des indischen Denkens dargeboten sehen möchten[71].

Aber noch schritt niemand auf der Konferenz dazu, solche Vorschläge zu verwirklichen. Die Frage nach „Übersetzung und Anknüpfung", die Frage der Indigenisation bleibt weiterhin offen. Devanandan formuliert sie jetzt so: „Is it altogether impossible that the Church we seek to build in India, while it *maintains essential Catholicity* should, at the same time, enshrine *the Protestant principle of freedom and progress?*"[72]

---

[71]  S. N. Talib-du-Din, „The Place of Experience in Christian Theology", NCCR (63) 1943, S. 67 ff.
[72]  a.a.O. S. 58 (unser Kursivdruck).

## II. Motivationen für das Verlangen nach Indigenisation

### 1. Das Motiv des Patriotismus

„Freiheit und Fortschritt" - diese von Devanandan in Poona angeführten „protestantischen Prinzipien" waren gleichzeitig auch Schlagwörter der Nationalen Bewegung in Indien. So wie sonst in der Kirchengeschichte der Kampf um die Freiheit des Evangeliums verquickt war mit sozial-politischen Bewegungen, so ist auch die Forderung nach Indigenisation in der Kirche nicht zu trennen von ähnlichen Bestrebungen auf sozialen und politischen Gebiet. Dieselben Leute, die Indigenisation der Kirche forderten, riefen ihre christlichen Landsleute auch zu starker Beteiligung in der National-Bewegung auf.

Lange bevor die Rethinking-Group als sog. „Madras Christo Samaj" in diesen Ruf einstimmte[73], waren indische Christen als „Pioniere in der nationalen Bewegung" tätig gewesen. Darauf verweist E. C. Bhatty im Jahr der Poona-Konferenz 1942, als die Unabhängigkeit Indiens noch in unbestimmter Zukunft lag und die christlichen Nationen Europas und Amerikas zum zweiten Mal einen Krieg zum Weltkrieg hatten werden lassen. E. C. Bhatty's Artikel in der NATIONAL CHRISTIAN COUNCIL REVIEW (NCCR)[74] ist nur eine von verschiedenen Apologien der indischen Christenheit gegen den Vorwurf, sie seien keine echten Patrioten. Denn Indiens Christen wurden von Hindu-Nationalisten nicht nur verdächtigt, einer „fremden Religion" anzugehören, sondern man verband damit sogar den Vorwurf des Landesverrats[75].

Bhatty verweist dagegen auf indische Christen und Missionare, die schon sehr bald der nationalen Sache beigetreten waren: etwa K. N. Banerji, Lal Behari Day, Dr. Hume und W. Wedderburn. Gleichzeitig erinnert er an die Gründung der „National Missionary Society" von 1905. Dennoch muss er dann klagend feststellen: „The Indian people are under *one* imperialistic control, the Indian Christians are under *two*, namely British imperialism and missionary imperialism".

Das ist der Eindruck nicht nur von Einzelnen. Im selben Jahr 1942 ruft der Punjab Synod-Council in einer Entschließung die Christen auf zu „größerer, aktiver und nachdrücklicher Teilnahme an der nationalen Bewegung"[76]. Man begründet diesen Aufruf ausdrücklich damit, dass „angesichts des offenkundigen Versagens der westlichen Welt sogenannter christlicher Nationen ... Anstrengungen gemacht werden müssen, die falsche Gleichsetzung von Christentum und westli-

---

[73]  vgl. hierzu „Rethinking", S. 227.
[74]  Nr. 62, 1942, S. 446 ff.: „The Indian Christian Community and the Nationalist Movement".
[75]  S. C. Mukerji „Bonds of the Indian Church", NCCR (62) 1942, S. 198 ff; N. L. Kretzmann „Indian Christians or Christian Indians?", NCCR (65) 1945, S. 133.
[76]  „Statement of the Administrative Council of the Punjab Synod", NCCR (62) 1942, S. 79 f.

cher Kultur ein für alle mal zu beenden"[77]. In der Krise der imperialistischen Kultur des Westens erkennen indische Christen den Wert des eigenen kulturellen Erbes und gleichzeitig entdecken sie die Differenz zwischen „dem Christlichen" und „dem Westlichen". Immer mehr Inder fühlen jetzt das Fremde in der kirchlichen Äußerung von Verkündigung, Gottesdienst, Kirchen-Musik und Kirchen-Architektur[78]. So fordert dann auch – allerdings 1950 – eine Kommission des NCC: „Christians must dissociate Christianity in India from dependance on an alien culture"[79]. Es geht darum, das „tiefverwurzelte Vorurteil" zu beseitigen, dass das Christentum eine Fremdreligion sei, damit Indien indisch und indische Kirche christlich sein könne[80].

## 2. Das Motiv des Sozialprestiges

Mit dem Vorwurf, das Christentum sei die Religion der fremdländischen Imperialisten, ging ein anderer Angriff der Nationalisten einher, der unter dem Schlagwort „Reis-Christentum" geführt wurde: um materieller Vorteile willen seien viele Inder während der britischen Herrschaft zur Kirche übergetreten. Das sollte vor allem die Massenbekehrungen von Gliedern der unteren Kasten und der Kastenlosen treffen[81].

Daher ist es auch verständlich, wenn nun in der Diskussion der Kontakt mit den „upper classes" bzw. mit den „high caste Hindus" eine größere Rolle spielt als etwa die Frage der Anknüpfung bei den outcasts. Schon Chenchiah entwickelt eine stufenweise Ekklesiologie nach intellektueller Begabung und Bildung[82], während man in der NCCR 1943 der Frage nachgeht: „Warum wenige Kasten-Hindus sich taufen lassen", und man ausführlich die Bekehrung eines einzelnen Brahmanen in einem Sonderbericht darstellt[83]. Vor allem nach Erlangung der Unabhängigkeit Indiens erscheint der Kontakt-Versuch mit den Gebildeten und Intellektuellen – also mit den führenden Trägern der einheimischen Kultur – an Intensität zu gewinnen[84].

---

[77]  ebd.

[78]  z. B. Brown, a.a.O. S. 115 f.; J. W. Sadiq, „Christianity in Non-Christian Community", NCCR (67) 1947, S. 183.

[79]  NCCR (70) 1950, S. 155.

[80]  S. Jesudason, NCCR (62) 1942, S. 282: „One of the real difficulties in presenting the gospel of Christ to Non-Christians has been their deep-rooted prejudice that Christianity is a foreign religion".

[81]  Zu den indischen Massenbekehrungen vgl. J. W. Pickett, „Christian Mass Movements in India", New York 1933; ders. „Christ's Way to India's Heart", 3. Aufl., Lucknow 1960, vgl. dort S. 99 f. über die Kastenfrage.

[82]  „Rethinking", S. 99 f.

[83]  NCCR (68) 1948, S. 17 f. und NCCR (69) 1949, S. 173.

[84]  E. L. Ananta Rao, „Spiritual Colonies of the West" NCCR (75) 1955, S. 72-77. Er fordert stärkere Aufmerksamkeit der indischen Theologen für die „educated and higher classes"; ebenso

Hier erhält die Motivation der Indigenisations-Forderung einen beinahe antisozialen Akzent. Denn es liegt auf der Hand, dass – wie L. W. Brown ausführt[85] - viele Christen, die aus unterdrückten Hindu-Kasten kamen, an ihre „Unterdrücker-Religion" zunächst nicht mehr erinnert sein wollten und deshalb die „Fremdreligion" in ihrer für sie befreienden Andersartigkeit gerne annahmen. Seit Independence Day kann diese Fremdheit aber wieder sozialen Nachteil und Ausschluss aus dem Verkehr mit den höheren Klassen bedeuten, womit die Hinwendung zum nationalen Erbe des Hinduismus erforderlich scheint.

Wer freilich die Herausforderung der Christen vor allem in den unterentwickelten Dörfern und in den slums der Industriegebiete sieht[86], der wird Indigenisation eher als einen Bruch mit der Vergangenheit Indiens verstehen. Hier wird dann nicht das Sozial-Prestige sondern (der Kampf gegen) das soziale Elend zu einer Motivation für Indigenisation.

## 3. Das Motiv des eigenen Ausdrucks

Die kürzeste Umschreibung der Forderung nach Indigenisation kann man wohl in dem Satz von G. H. Singh sehen: „Die indische Kirche soll ermutigt werden, die Botschaft des Evangeliums in ihrer eigenen Sprache zu sagen"[87]. Darin wird zugleich das am häufigsten in der Diskussion um Indigenisation auftretende Motiv sichtbar, das „eigentlich missionarische". Indische Christen und Missionare aus dem Westen sind sich darin einig, dass es Christenpflicht sei, die Frohe Botschaft in einer Sprache zu verkündigen, die verstehbar ist für Menschen, die „wie wir selbst Trost und rettende Hoffnung brauchen"[88]. Auch in der indischen Kirche rede man schon in der „Sprache Kanaans" oder – wie Ananta Rao[89] es ausdrückt – in „Bible-Telugu" oder „Bible-Tamil" etc. ... Schon H. Kraemer hatte in seinem Tambaram-Buch die Gefahr beschworen, dass man „Tamil zu den Tamulen reden kann und dabei doch in mysteriösen Zungen"[90].

Zur Sprache gehören Denkformen und Denktraditionen. Zu den Denk- und Aussageformen gehören die bildnerischen und künstlerischen Ausdrucksmittel. Daher fordert man nicht nur Freiheit von westlichen Denkformen in Theologie und Philosophie und dafür „Interpretation Christi in Begriffen, die Indien ver-

---

R. D. Paul in „Role of the Missionaries in the Indian Church today", NCCR (81) 1961, S. 339.

[85] a.a.O.

[86] P. Devanandan, „The Challenge of Hinduism", NCCR (72) 1952, S. 177: „But the real inertia......in the village-population" ; Keithahn: „The Christian and Creative Citizenship", NCCR (68) 1948, S. 159 ff.

[87] G. H. Singh „As I think on these things", NCCR (62) 1942, S. 320.

[88] J. W. Sweetman, „A modern Apologetic to Islam", NCCR (63) 1943, S. 93.

[89] Ananta Rao, a.a.O.

[90] „Message" S. 303.

stehen und aufnehmen wird"[91], sondern man sucht einheimische Kirchenmusik und Kirchenarchitektur[92]. Angestrebt wird dadurch die „Konfrontation mit dem lebendigen Christus, damit Indien seine Entscheidung fällen kann"[93].

## 4. Das Motiv der institutionellen Selbständigkeit

Zum Motiv des eigenen Ausdrucks (Selbst-Ausbreitung) gehört das der Selbst-Verwaltung und Selbst-Erhaltung der einheimischen Kirche. Denn eine nicht geringe Beunruhigung für indische Christen ist ihre Bindung an das Ausland sowohl in finanzieller wie in personeller Hinsicht wie auch in Fragen der Kirchenordnung. Bischof Azariah sah die Abhängigkeit von ausländischer Unterstützung vor allem als eine geistliche Gefahr für das innere Wachstum der indischen Kirchen[94]. S. C. Mukerji spricht von den „Fesseln der indischen Kirche" und meint damit nicht nur die finanzielle und personelle Hilfe aus dem Westen, sondern auch die historische Last der Christenheit, die sich etwa im Denominationalismus ausdrückt[95]. Und schließlich nennt man die Erziehungsfehler und die Kurzsichtigkeit der Missionare selbst, die zur Unselbständigkeit indischer Kirchen führten: „The members of the Indian Church have not been taught to think for themselves or to take the initiative ... The missionaries did not realize that it was their duty to withdraw this aid as early as possible and thus throw the Indian Church on her own resources"[96].

## 5. Umweltbedingte und innerkirchliche Motivierung

Überblicken wir die geschilderten vier Motivationen für Indigenisation, so zeigt sich, dass die zwei ersten Motive durch die gesellschaftliche Umwelt bedingt sind und einen mehr sozial-psychologischen Charakter tragen. Die beiden anderen Motive hingegen entspringen aus dem Verständnis von Kirche und Evangelium; sie tragen einen mehr theologischen Charakter.

„Von außen" her drängen die nationalistische Ideologie und die gesellschaftliche Struktur auf Indigenisation der Kirche, während „von innen" her das Kerygma und das Kirchenverständnis das Einheimischwerden erforderlich machen.

Wenn damit die Anlässe und Motive für die „Indisierung"[97] des Christentums gegeben sind, so bleibt doch noch die Ausgangsfrage: wie soll's denn gemacht

---

[91]  J. W. Sadiq, a.a.O. S. 183 (s. o. Anm.78).
[92]  vgl. Sadiq, a.a.O. 180.
[93]  Brown, a.a.O. S. 117 (NCCR 1948).
[94]  Bishop Azariah, „The Question of Self-Support", NCCR (59), 1939, S. 536 ff.
[95]  S. C. Mukerji, a.a.O.
[96]  ebd.
[97]  Der Begriff „Indianisation" (bzw. „Indianization") für das allgemeinere „Indigenisation" findet sich schon bei Chakkarai: „What is to Indianize Christianity?", GUARDIAN (9/10) Okt. 1931.

werden bzw. wie sieht Indigenisation konkret aus? In den Worten von Chenchiah: „India needs Jesus – in the deepest sense of reproducing him. Hence our agonising search. How shall we do it?"[98]

---

[98] „Rethinking" – Appendix S. 54.

## III. Ansätze zur Konkretion von Indigenisation

### 1. Die Forderung nach dem Abbau ausländischer Unterstützung

Der sichtbare Ausdruck für die beklagte Fremdheit des Christentums in Indien und die Unselbständigkeit der einheimischen Kirchen ist ihre Abhängigkeit von finanzieller und personeller Hilfe aus Übersee. Darum kann kein Beitrag zur Frage der Indigenisation diese Schwierigkeit ausklammern. Seitdem man in der Mitte des 19. Jhdts. die „Drei-Selbst-Formel" geprägt hatte[99], bemühte man sich auch auf dem indischen Missionsfeld um mehr Selbständigkeit. Man war aber bis zur Tambaram-Konferenz damit nicht sehr weit gekommen, trotz der Gründung der einheimischen Missionsgesellschaft 1905, und trotz der Abspaltung einiger radikaler Gruppen[100]. So forderte denn G. V. Job, ein Mitglied der Rethinking-Group, eine „Revolution" durch den Entzug der Auslands-Unterstützung für die indischen Stadtgemeinden: „Laßt sie sinken oder schwimmen!"[101]. Ganz ähnlich äußert sich G. H. Singh: „Wir können nicht die Ansicht bestehen lassen, Auslandshilfe und ausländische Kirchenführung seien notwendig. ... Wir müssen uns auf unbekannte Gewässer hinauswagen, - mutig und entschieden, vertrauensvoll und demütig"[102]. Das war 1942. Im Jahr 1955 nennt der Missionar R. M. Bennett die finanzielle Hilfe aus Übersee und die Verwaltung durch die Missionsgesellschaften „die größte Einzelursache für die so verbreitete Lethargie der indischen Christen"[103]. Genauso sieht noch 1962 der Inder E. Asirvatham einen der Gründe für die „Stagnation" der indischen Kirchen in der Tatsache, dass „viele indische Christen immer noch nach der aus dem Westen beständig fließenden finanziellen und personellen Hilfe ausschauen"[104].

Aus der Sicht eines (einheimischen) Bischofs stellt sich diese Sache freilich anders dar. Er sieht seine Kirche noch nicht in der Lage, finanziell auf eigenen Füßen zu stehen[105]. Er fordert darum die Weiterführung der Auslands-Hilfe, denn das Abbremsen der Unterstützung würde „unser ganzes Programm ernstlich gefährden". Freilich muss er sich dann der Frage von R. C. Das stellen: „Wie lange und warum regelmäßig?"[106]

Mit dieser Frage befasst sich 1961 der Nationale Christenrat[107]. Dieses Gremium stellt auch fest, dass die vorhandenen Quellen (available resources) der indi-

---

[99] s. o. Einleitung, S. 1.

[100] vgl. K. Baago, „Early Independent Christian Movements in India" INDIAN CHURCH HISTORY REVIEW (ICHR) vol. I, 1967, S. 73 ff.

[101] „Rethinking" S. 36.

[102] G. H. Singh, a.a.O. (s. o. Anm. 87).

[103] R. M. Bennett, „The Church and the Foreign Personnel", NCCR (75) 1955, S. 377 ff.

[104] N. Asirvatham, „The Crisis of the Church in India", NCCR (82) 1962, S. 427.

[105] D. Chellappa, „Towards an Indian Church", NCCR (78) 1958, S. 81 ff.

[106] R. C. Das, „What is an Indian Church?" – im selben Band NCCR 78, S. 471 ff.

schen Kirche der bestehenden Arbeit noch nicht angemessen seien. Aber es solle danach gestrebt werden, dass die indischen Kirche sich selbst unterstützen könne. Der Vorschlag, den die NCC-Consultation dazu vorlegt, offenbart allerdings einen gefährlichen Zirkelschluss: Um die einheimische Kirche in die Lage zu versetzen, ihre pastorale Arbeit ganz („fully") mit eigenen Mitteln zu tragen, sei eine geistliche Erneuerung und bessere Unterweisung der indischen Christen nötig. Davon sind die Teilnehmer der Konsultation überzeugt. Doch wer soll die „Initiativ-Zündung" für diese erforderliche geistliche Erneuerung herbeiführen? – Die Missionare aus Übersee (mit der finanziellen Stütze in ihrer Heimat)! „They have to help first and foremost in bringing about a spiritual revival inside the Indian Church". Nur die Missionare scheinen in der Lage zu sein, die „Revolution in Ideen und Methoden" zu veranlassen[108]. Sie werden immer gebraucht, auch wenn sich die Zeiten ändern: „Die Rolle des Missionars ist nicht eine stationäre, sondern entwickelt sich in Korrelation zur wechselnden historischen Situation"[109].

Es entsteht der Eindruck, als ob die Auslands-Unterstützung gerade zu dem Zweck beibehalten werden soll, um von ihr loszukommen. Erst war der ausländische Kirchenmann Missionar für die „Heiden", jetzt wird er „Volksmissionar" und Evangelist für die lauen Christen. Dagegen scheint die Vorstellung E. Asirvatham's, den Missionsdienst als christlichen Entwicklungsdienst zu verstehen, doch angemessener[110]. Die Forderung nach einheimischer Kirchenführung tritt demgegenüber in dem ersten Jahrzehnt indischer Unabhängigkeit allmählich zurück, weil sie durch die Entwicklung praktisch überholt wurde. Lediglich 1955 taucht – soweit wir es verfolgen können – noch einmal die Feststellung auf, dass sich noch nicht alle westlichen Missionare ihrer Verwaltungsbefugnisse entledigt hätten, um unter nationalen Kräften zu dienen[111]. 1958 kann man dann aber auch lesen: „Indigenous leadership ... is never an end in itself"[112].

## 2. Die Forderung nach christlicher Lebensgestaltung

Oben wurde deutlich, dass die Selbständigkeit der indischen Kirchen auch abhängt von der Opferbereitschaft und der geistlichen Lebendigkeit der einzelnen Gemeinden. Darum ist es nicht verwunderlich, dass man von „Indianisation

---

[107] „Role of the Missionaries in the Indian Church Today", Conference-Findings, NCCR (81) 1961, s. 435 ff.

[108] R. D. Paul, „Role of the Missionaries ..." ebd. S. 335.

[109] ebd.

[110] E. Asirvatham, „Christianity in the Indian Crucible", 2. Aufl., Calcutta 1957, S. 69 f.

[111] J. Daniel, „Christians Awake!", NCCR (75) 1955, S. 156.

[112] D. Chellappa, a.a.O. S. 82.

through revival and sacrificial life" spricht[113]. Dazu kommt die Überzeugung, der indische Mensch – vor allem der Hindu – achte nicht so sehr auf die Worte der Verkündigung als vielmehr auf das *Leben* der Prediger. Krishna Rao schätzt daher das christliche Leben viel höher ein als jede bloß wissenschaftliche Bemühung um Indisierung der Theologie und Kirche: „Christian life was lived first before any theology was formulated"[114]. In diesem Zusammenhang formuliert S. Jesudason seine „Ashram Method of Training Theological Students"[115], die von einer großen Anzahl indischer Theologen gutgeheißen wird[116]. Es geht ihm dabei um eine Ausbildung der Theologen in christlichen Ashrams, also in der Lebensgemeinschaft eines in etwa klösterlichen Ordens, die den angehenden indischen Pfarrer in geistliche Ordnungen und aszetisches Leben einüben soll.

Auch der amerikanische Missionar Keithahn empfiehlt dringend diesen Weg der „Orthopraxis" – allerdings mehr im Sinne der Diakonie: „Heute sind Tausende von uns gerufen, das Zeugnis Christi in die schmutzigen, von Armut geplagten, ausgebeuteten Dörfer zu tragen; hinein in die monotone, Leben zerstörende Fabrik-Arbeit und in übervölkerte slums, hinein in alle Gebiete der Ungerechtigkeit"[117], Auch E. C. Bhatty und mit ihm die Herausgeber der Zeitschrift RELIGION AND SOCIETY sind der Ansicht, dass die Liebe Gottes nur durch die Nächstenliebe der Christen demonstriert werden könne[118]. Weil aber nach R. G. Livingstone das drängendste Problem „nicht die Frage der Finanzen und nicht die Sprachen, sondern die Ernährungskrise" ist, fordert er die „Mission durch Landwirtschaft" so wie man früher Mission durch Bildung oder durch Krankenpflege betrieben habe[119]. Dieser Vorschlag trifft ganz die Situation, die ein indischer Politiker 1965 so kennzeichnete: „Selbst wenn Gott, der Allmächtige, sagt, er wolle vor unseren Leuten erscheinen, so würden sie von ihm fordern, er solle in Gestalt von Nahrung erscheinen"[120].

Vor diesem Hintergrund der sozialen Problematik ist es klar, dass man sich auch in Indien Gedanken macht über Formen und Strukturen der Kirchen-Orga-

---

[113] E. L. Cattell, „The Spiritual Implications and Challenge of the present situation", NCCR (62) 1942, S. 356.

[114] T. R. Krishna Rao „A Theology for India", NCCR (63) 1943, S. 417; auch R. C. Das (NCCR 1947, S. 281 f.) fordert die „saintly Christian scholars", die „Christian rishis and gurus". Ebenso P. Devanandan in „Suggestions for Successful Evangelism", NCCR (67) 1947, S. 623 ff.

[115] NCCR 1942, S. 275; vgl. IJTh (vii) 1958, S. 152.

[116] P. Devanandan, „Suggestions" NCCR 1947, S. 624; - E. A. Shah, „The Church Today and Tomorrow", NCCR 1943, S. 179; vgl. auch den Bericht von F. Thoburn über den „Sat Tal Ashram", NCCR 1958, S. 513.

[117] Keithahn a.a.O. (s. o. S.11, Anm. 86).

[118] E. C. Bhatty, a.a.O., zu RS vgl. auch unten Abschn. IV, 1.

[119] South Indian Churchman, Juli 1965.

[120] in DECCAN HERALD, 21.07.1965.

nisation[121] und über die Möglichkeiten, Pfarrer im Ehrenamt oder halbamtlich zu beschäftigen[122]. Nach dem Independence Day glaubte selbst Devanandan, dass die Nicht-Christen in Indien jetzt (1947) den Nationalismus der Christen nicht mehr in Frage stellten, dafür aber die Aufrichtigkeit der Christen bezweifelten wegen des „Professionalismus", der die indische Kirche regiere: „It is manned by workers who are paid and paid well for doing their job"[123].

Die Frage der Indigenisation geht hier also über in die Frage der Kirchenerneuerung und des christlichen Lebens der Liebe aus Glauben. „Indisierung durch Erneuerung und Lebenshingabe" erweist sich dabei – gemäß Röm. 12 - als der für Indien gültige „vernünftige Gottesdienst" der Christen.

## 3. Die Forderung nach einheimischem Gottesdienst

Auch der liturgische Gottesdienst, die Ordnung der Gemeindeversammlung, soll indisiert werden. Viele Inder, Theologen und „Laien", setzen sich immer wieder dafür ein, dass der christliche Gottesdienst in Indien nicht in „importierten Formen" gefeiert werden soll, sondern dass das auf einheimische Weise geschehen soll. Aber man stellt auch fest, dass es nicht leicht sei zu bestimmen, was „das Indische" eigentlich ist: „Die Mannigfaltigkeit kultureller und religiöser Traditionen und Überlieferungen erfordert unsere Wachsamkeit gegenüber der Gefahr, eine einzelne bestimmte Tradition mit dem einheimischen Gottesdienst zu identifizieren"[124].

Andererseits betont man aber auch, dass „die Katholizität der Kirche und ihre langbestehende Gottesdiensttradition" nicht übersehen werden dürfe. Nirgends wird das Dilemma von Katholizität und Partikularität so augenscheinlich wie bei der Suche nach angemessenen Gottesdienstformen. Die Gottesdienst-Konferenz, die auf nationaler Basis in den Jahren 1955, 1957 und 1960 unter den Auspizien des East Asia Christian Council (EACC) zusammentritt, hat wirklich auch die Kernfrage der Indigenisation vor sich[125].

Natürlich ist in dem umfassenden Thema „einheimischer Gottesdienst" auch die Problematik eines einheimisch-christlichen Ausdrucks in Musik, Architektur

---

[121] z. B. C. Arangaden, „Thinking on National Issues", NCCR (73) 1953, S. 406 ff; P. Devanandan, a.a.O.

[122] „The Pattern of Ministry in India", NCC-Statement, NCCR (82) 1962, S. 285 ff.

[123] P. Devanandan, a.a.O. (s. o. Anm. 114).

[124] „Indigenous Worship", editorial NCCR (75) 1955, S. 236; auch in anderem Zusammenhang wird immer wieder die Frage gestellt, was denn eigentlich „das Indische" sei: z. B. bei P. Devanandan, „The Challenge of Hinduism", NCCR (72) 1952, S. 176 ff.; M. E. Gibbs, „Church and State in India", NCCR (74) 1954. S. 367 ff.

[125] siehe die Zusammenfassung der Diskussion in dem Büchlein von Chandran/Lash: „Christian Worship in India", Bangalore 1961.

und bildender Kunst mit enthalten, ebenso die Frage des Verhältnisses der Christen zu den einheimischen – meist religiös motivierten – Festen und Sitten[126]. Die Erörterung über diese „äußeren" Formen ist manchmal aufschlussreicher als manche grundsätzliche Diskussion über das Verhältnis zu den anderen Religionen.

So wird es etwa als ein „ganz offensichtlicher Verstoß gegen die Ehrfurcht" bezeichnet, wenn jemand die einheimische Sitte des Ausziehens der Sandalen vor der Kirche nicht mitmachen will[127]. Diese Sitte wird von Hindus beim Besuch ihrer Tempel geübt und von Moslems beim Eintritt in die Moschee. Deswegen wird ein Zurückweisen dieses Brauches als falsches Christus-Zeugnis abgelehnt[128], und – abgesehen von einigen wenigen Großstadtgemeinden – befolgen alle orthodoxen, römisch-katholischen und protestantischen Christen Indiens diese Sitte beim Betreten ihrer Kirchen.

Erstaunlicher Weise wird in diesem Zusammenhang nicht darauf reflektiert, dass es die Sitte des Schuhausziehens auch in anderen Ländern gibt, es also keine speziell indische Tradition ist; ja dass sie selbst im Westen – wohl vor allem wg. des kälteren Klimas etwa bei den Katholiken in der Form der Genuflexion zum Altar bzw. zum Allerheiligsten – nicht unbekannt ist, weil letztlich von alttestamentlicher Gottesbegegnung abgeleitet (Ex. 3). In der Freude über eine schon vielfach akzeptierte „einheimische" Sitte übersieht man anscheinend leicht die historischen Parallelen und die Notwendigkeit theologischer Reflexion. Das wird dann weiter deutlich, wenn etwa Bad und Waschungen vor Gebet und Gottesdienst vorgeschlagen werden[129] oder wenn der predigtlose Gottesdienst als einheimisch-indisch angepriesen wird[130]. Auf diese beiden extremen Vorschläge ist die Gottesdienst-Kommission allerdings nicht eingegangen. Ihr waren auch die Stimmen jener Inder bekannt, die vor einer allzu unreflektierten Orientalisierung des Gottesdienstes warnten: „Not by orientalizing our way of worship, eating, sleeping or dressing, but by revolutionizing our spiritual lives can we hope to impress the non-Christian world"[131].

---

[126] vgl. hierzu auch A. Lehmann, „Afro-asiatische Christliche Kunst", Konstanz 1967.

[127] E. L. Ananta Rao, „Spiritual Colonies of the West", NCCR (75) 1955, S. 72 ff.; Kritik dazu von S. W. Howard, „Modes of Worship" ebd. S. 181 ff.

[128] vgl. dazu P. Devanandan, „Christian Participation in Hindu National Festivals", NCCR (77) 1957, S. 310.

[129] Chandran/Lash, a.a.O. S. 15.

[130] E. Asirvatham, S. 157 f.

[131] S. W. Howard, a.a.O. (vgl. oben Anm. 127) – Die Diskussion von Ananta Rao und S. W. Howard zeigt die beiden Extrempositionen auf, während bei Chandran/Lash der Mittelweg der Kommission festgehalten ist.

## 4. Die Forderung nach kirchlicher Einheit

Im Zusammenhang mit den gottesdienstlichen Ordnungen und Bräuchen taucht auch wieder die Erinnerung auf, dass Konfessionsgrenzen ja westlichen Ursprungs und darum für indische Christen irrelevant seien[132]. Dieses Drängen der Diaspora-Christen in ihrer Minderheiten-Situation auf Zusammenschluss und „Wiedervereinigung" ist besonders verständlich. Angesichts der überwiegend nicht-christlichen Umwelt werden die Gegensätze zwischen Katholiken, Protestanten und Orthodoxen stark relativiert.

Dennoch muss freilich festgestellt werden, dass bei dieser Frage die Geschichte auch leicht schwärmerisch überflogen wird. Das geschieht nicht nur dadurch, dass man die angelsächsische Idee von der Wieder-Vereinigung der Kirchen übernimmt[133], sondern vor allem dadurch, dass man es unterlässt, nach den theologischen Gründen der Kirchentrennung zu fragen und meint, die Reformation oder den Auszug der Dissenters nur deshalb übergehen zu können, weil sie im Abendland geschahen. Da gerät die Frage der Kirchenunion dann schnell in das Fahrwasser der nationalistischen Ideologie: „A divided church in a united country is an anomaly"[134].

Freilich kann man nur ein paar Jahre vorher noch die umgekehrte Ansicht lesen, dass Indien seine wahre Einheit erst durch das Wirken des lebendigen Gottes in seiner Kirche erlangen könne[135].

Die Gottesdienst-Konferenz, die sich auch mit der Problematik „Indigenisation and Unity" beschäftigte, konnte einer Lösung nicht näher kommen, wenn sie lediglich feststellt: „The diversity of cultural patterns represented in our worship need not affect our unity in Christ. Indigenisation does not touch the central core of worship and the essential testimony to Christ"[136]. Über die Abgrenzung oder Bestimmung dieses „zentralen Kerns" und „wesentlichen Zeugnisses" wird nichts weiter gesagt. Aber eben das waren ja die Streitfragen, über denen sich die Väter der verschiedenen Denominationen getrennt hatten.

Dennoch darf nicht vergessen werden, dass in Indien wenigstens ein Modell für Kircheneinigung in der CHURCH OF SOUTH INDIA lebendig ist und dass ihre Gottesdienstordnung auch eine gute Verbindung von universalem und lokalem Erbe darstellt.[137]

---

[132] Ananta Rao, a.a.O.

[133] „It has been given to the Christian Church in our countries to pioneer in the movement for Church reunion", editorial, NCCR (70) 1950, S. 55.

[134] E. L. Ananta Rao, „Church Union and Nationalism", NCCR (74) 1954, S. 544 ff.

[135] E. Sambayya, „No Sign shall be Given", NCCR (64) 1944, S. 129 ff.

[136] Chandran/Lash, a.a.O. S. 17.

[137] vgl. dazu unten Teil C, Abschn. VI.

## 5. Die Forderung nach Dialog mit der Umwelt

In den fünfziger Jahren taucht auch in der indischen theologischen Diskussion der Begriff des „Dialogs" immer häufiger auf. Man weiß sich auch hier „in einer Ära des Dialogs"[138]. Vor allem nach zwei Seiten hin suchen die indischen Theologen das Gespräch: Mit Vertretern der anderen Religionen und mit den politischen und sozialen Theoretikern. M.M. Thomas bezeichnet es 1958 als ein „allgemeines Erwachen unter den christlichen Führern Indiens", das dazu führt, die Notwendigkeit des Studiums der Religionen und des Kontaktes mit ihnen anzuerkennen und zu betonen[139]. Die theologische Begründung für diesen Dialog wird aus der Herrschaft Christi abgeleitet. Christus sei als „Herr des Universums" wirksam „nicht nur in der Kirche, sondern auch in der Welt – zur Erfüllung seiner Zwecke"[140]. In Tambaram hatte sogar H. Kraemer die Frage, ob Gott „irgendwie" in den nicht-christlichen Religionen am Werke sei, zwar vorsichtig, aber jedenfalls nicht negativ beantwortet: „Es gibt Anzeichen in der Bibel, die in diese Richtung deuten"[141]. Jetzt zwanzig Jahre später, ist es für viele indische Theologen keine Frage mehr, dass Gott bzw. Christus durch die Religionen wirkt[142].

Zunächst vollzieht sich der „Dialog" jedoch in stärkerem Maße auf das Gebiet der Soziologie und der politischen Verantwortung („nation building"). Das mag daran liegen, dass dem CISRS eine Vorläufer-Institution mit dem Namen „Christliches Institut zum Studium der Gesellschaft" (CISS) vorausging. Es mag aber wohl auch begründet sein durch die globalen Vorgänge, die man mit „rapid social change" bezeichnet hat. Die ersten Konferenzen des Instituts kreisen jedenfalls immer um das Thema (sozialpolitischer) Kooperation von Christen und Nicht-Christen[143].

Schon 1946 hatte Stanley Jones betont, dass der praktische Dienst der Christen ein guter Beitrag zur nationalen Entwicklung sein könne[144]. In den fünfziger Jahren fragen sich immer mehr christliche Bürger der jungen Republik „what India

---

[138] J. R. Chandran gebraucht diesen Ausdruck, „Task" a.a.O.

[139] M. M. Thomas, „Renascent Hinduism", NCCR (78) 1958, S. 517 f.

[140] Findings eines Seminars über „The Search for a Casteless Society", NCCR 1958, S. 507; vgl. auch RS (V), Nr. 3, Spt. 1958.

[141] Tambaram-Madras-Series , vol. I, S. 22.

[142] vgl. „A Christian Interpretation of Renascent Hinduism", Statement der Nagpur-Konferenz, NCCR (79) 1959, S.7 f.; ebenso M. M. Thomas' Bericht über die Rangoon-Konferenz: „Church's Mission in Asia", ebd., S. 77 ff.; M. Rogers, „The Content of a Christian-Hindu Dialogue", RS (VI) No. 1, 1959, S. 68+71: das gilt auch für andere asiatische Bereiche: vgl. Wu Chin-Ku, „Can we learn Faith and Wisdom from other Religions?", CHURCH AND SOCIETY, No. 7, Dez. 1963, S. 14-16

[143] vgl. hierzu die zusammenfassende Untersuchung von B. R. Hoffmann „Christian Social Thought in India 1947–1962", Bangalore 1967.

[144] „Opportunities for the Church facing Indian Nationalism", NCCR (66) 1946, S. 98 ff.

needs today" und sie erkennen ihre Verantwortung für die gesellschaftliche Entwicklung und den Dienst am Menschen[145]. Das nun regelmäßig in der NCCReview erscheinende „Gebet für Indien" ist ein guter spiritueller Ausdruck für solche christliche Staatsbürgerschaft und politische Verantwortung.

In dieser Situation des Dialogs auf nationaler Ebene stellen die Christen fest, dass sie einen besonderen Vorteil haben in der Begegnung mit der vom Westen einflutenden Welle des *Säkularismus*[146]. Als Minderheit im Land haben sie auch die Ambivalenz dieser Erscheinung besonders zu spüren. Einerseits sehen sie wohl die Gefahren, die vor allem für die „säkularisierte junge Generation" in der pluralistischen Gesellschaft liegen[147], andererseits wissen sie aber um die lebenswichtige Bedeutung, die der „säkulare" pluralistische Charakter ihres Staates für sie hat, insofern dieser Staat laut der neuen (1950 beschlossenen) Verfassung nicht als autoritärer Hindu- oder Muslim-Staat auftreten kann, sondern nun als „größte Demokratie der Welt" gilt[148].

## 6. Strukturveränderung der Kirchen in Ost und West

Eine Übersicht über die angeführten Konkretionen von Indigenisation in Indien ergibt nun eine nicht unwichtige Parallele zu den gleichzeitigen Vorgängen und Forderungen in den sog. „alten" Kirchen des Westens, aus der die Missionare kamen:

Auch im Westen fordert man ja Abbau finanzieller Abhängigkeiten der Kirchen. Hier allerdings kritisiert man die angebliche oder wirkliche finanzielle Abhängigkeit vom Staat oder vom säkularisierten, sprich: kirchlich inaktiven Teil der Bevölkerung. Der Aufruf zu konkreter christlicher Lebensgestaltung, die Bewegung zur „Ökumene" bzw. kirchlichen Einheit und die Forderung nach Dialog mit der säkularen Umwelt sind auch im Abendland aktuell. Ja, selbst die Forderung nach „einheimischem" Gottesdienst taucht im Westen auf als die nicht enden-wollende Diskussion um „zeitgemäße" Gottesdienstformen, um erneuerte Liturgie und moderne Kirchenmusik.

Um des Gesamtverständnisses des Indigenisations-Vorganges willen dürfen diese formalen Parallelen nicht unbeachtet bleiben.

---

[145] E. Asirvatham, „What India needs Today", NCCR (75) 1955, S. 246 ff.; „Christian Responsibility for Society", editorial, NCCR (73) 1953, S. 160; „Christian and Non-Christian Co-operation", Conference - Statement, NCCR (77) 1957, S. 482 ff.

[146] vgl. Findings of the Triennial meeting of the NCC, NCCR (76) 1956, S. 485 und 489; K. K. Chandy „The Presentation of the Gospel in the Modern Context", NCCR (70) 1950, S. 149 ff.; Conference-Statement des NCC „The Secular State in India", NCCR (74) 1954, S. 104.

[147] K. A. George, „Modern India and the Christian Message", NCCR (71) 1951, S. 81 f.

[148] vgl. hierzu auch unten, Teil B, Abschn. II + V.

# IV. Einheimische Theologen fordern einheimische Theologie

## 1. Ein Institut für Indigenisation

Wir haben oben[149] schon darauf hingewiesen, dass nicht nur Inder, sondern auch westliche Missionare wie H. Kraemer Anfang der fünfziger Jahre für die Gründung eines Instituts plädierten, das sich speziell dem Studium der nicht-christlichen Umwelt widmen solle: „A Centre is needed for training Christian men and women to meet the non-Christian religions, the cultural and social environment"[150]. Denn man war sich darin einig, dass die christlichen Missionen bis dahin eine „wirkliche Konfrontation mit dem Hinduismus" mehr vermieden als gesucht hatten[151].

Das CHRISTIAN INSTITUTE FOR THE STUDY OF RELIGION AND SOCIETY (CISRS) wurde 1957 durch Zusammenlegung einiger kleinerer Vorläufer-Institutionen in Bangalore gegründet. Mit staunenswertem Freimut hat dieses Institut unter der Leitung von Paul Devanandan und M. M. Thomas von Anfang an in die religiöse und gesellschaftliche Debatte Indiens eingegriffen. Vor allem in seinem Organ RELIGION AND SOCIETY (RS) führt es das kirchliche Gespräch mit der indischen Kultur und Gesellschaft. Durch die spätere Übernahme der Edition einer alten christlich-indischen Wochenzeitschrift (GUARDIAN) hat sich das Institut auch zur Fortsetzung der von Chenchiah beeinflussten Indisierungs-Arbeit bekannt. Es folgten weiter die Herausgabe von verschiedenen Studienreihen wie die „Social Concerns Series", die „Pamphlet of Religion Series" und die Reihe „Confessing the Faith in India". Man kann J. R. Chandran nur Recht geben, wenn er die Mitarbeiter des CISRS als „Pioniere eines schöpferischen Dialogs" bezeichnet[152].

Tatsächlich stellen all die verschiedenen Veröffentlichungen dieses Instituts einen guten Beitrag dar zu dem, was man unter „Indigenisation der Theologie in Indien" verstehen kann – sogar und gerade auch dort, wo gänzlich „säkulare" Probleme Indiens aus christlicher Sicht behandelt werden[153]. Denn das Institut hat sich auch zur Aufgabe gesetzt, den indischen Christen „aus seiner Isolation in der Missions-Station, in der er gezüchtet wurde" herauszuholen und „die verwandtschaftlichen Bande zu seinen Hindu-Brüdern wieder anzuknüpfen"[154]. Diesen „Hindu-Brüdern" soll freilich auch gleichzeitig durch die Begegnung bzw.

---

[149] s. o. Anm. 49
[150] H. Kraemer, NCCR 1953, S 245.
[151] H. Kraemer, a.a.O.; - vgl. auch editorial RS (VII) No. 3+4, 1960, S. 5.
[152] Chandran, „Task" a.a.O. (s. o.Anm. 136).
[153] Einige neuere Themen: „Approach to Tribal Communities" (1961); „Concepts of Love and Non-Violence" (1963); „Christian Concern for World Peace" (1966); „Some Conditions of Economic Growth in India" (1965).
[154] RS (VII) No. 3+4, 1960, S. 5.

durch die Arbeiten des Instituts geholfen werden, „Abstand zu gewinnen von ihren überholten gesellschaftlichen Bräuchen"[155].

Ein nicht unwichtiger Vorteil bei dieser Dialog-Arbeit des CISRS ist die Tatsache, dass auf jeder Seite Teilnehmer mit verschiedenartiger geistiger Herkunft stehen, sodass auch die Unterschiede der Einzel-Traditionen deutlich werden. Das Institut wird ja von den verschiedenen Konfessionen des NCC gemeinsam getragen und auch die römisch-katholische Kirche entsendet Gesprächsteilnehmer. Es erhebt sich dann freilich die Frage, welches die gemeinsame Basis und evtl. auch das gemeinsame Ziel der verschiedenen christlichen Beiträge sein kann. Nur wenn wir danach fragen, können wir auch der zugrundeliegenden Idee von „einheimischer Theologie" näher kommen.

Zunächst wird in der ersten Dialog-Nummer von RELIGION AND SOCIETY die alte Vorstellung vom Christentum als „Erfüllung" der Fremdreligionen abgelehnt: „Any interpretation of the person and work of Christ wholly in terms of a ‚fulfillment' of God's revelation in other faiths is both inadequate and misleading". Auch glaubt man, dass es von der herrschenden Theologie des Westens her (gemeint ist die dialektische Theologie) nicht möglich sei, „to find the basic meeting ground ... of mutual confidence and interreligious understanding"[156].

Was aber ist dann die Basis für den Inter-Faith-Dialogue, die M. M. Thomas einerseits als „eine theologische Basis für einen Begegnungsrahmen für Christen und Nicht-Christen", andererseits als eine „Basis von wissenschaftlicher und persönlicher Integrität" bezeichnet, die wiederum Voraussetzung zur theologischen Interpretation anderer Religionen sei[157]. Es ist nicht ganz einfach den Autor hier richtig zu verstehen. Gemeint ist wohl dies: *Zweck* dieser Basis soll es sein, eine Ebene und ein Fundament für die Begegnung von Menschen aus verschiedenen Religionen abzugeben, ihr *Wesen* aber liege in der persönlich-menschlichen und wissenschaftlich-sachlichen Integrität. An anderer Stelle wird dies deutlicher, wenn er von der „basis of this *human* community" spricht und dabei des Wort „human" hervorhebt. Die Begegnungsbasis sei also zu kennzeichnen durch das Schlagwort „common humanity"[158].

Schon 1943 taucht in der von uns überblickten Debatte diese Vorstellung von der „common humanity" als Ansatzpunkt für interreligiösen Dialog und Indigenisation der Kirche in einem Artikel von J. W. Sweetman auf[159]. Jetzt scheint dieser gemeinsame Ausgangspunkt beim „allgemein Menschlichen" für indische

---

[155] ebd.
[156] RS (V) No. 2, S. 64.
[157] ebd.
[158] vgl. B. R. Hofmann, a.a.O. S. 140 f.
[159] J. W. Sweetman, a.a.O. (s. o. Anm. 88).

Theologen grundsätzlich-systematische Bedeutung zu gewinnen. Dies geht vor allem auch aus M. M. Thomas' Besprechung des späteren Kraemer-Buches hervor[160], wo er sich Bonhoeffers Unterscheidung von „Letztem" und „Vorletztem" zu eigen macht und sich scharf gegen die – seiner Meinung nach – allzu einseitige Betonung des „Letzten" auf Kraemers Seite ausspricht und für die angemessene Beachtung des „Vorletzten" einsetzt. Dieses Vorletzte sei eben das Allgemein-Menschliche, das sich vor allem auch in der Kultur ausdrücke und das nicht weniger Bedeutung, sondern manchmal sogar mehr Bedeutung habe als das Letzte. „And at this penultimate level, the Christian goal is to build up an indigenous (that is to say a swadeshi) culture, which the people of the East are seeking".

Wie aber kommt es vom bloßen „Bewusstsein menschlicher Solidarität"[161] zu dem auch von Thomas erstrebten „wahrhaftigen interreligiösen Glaubensgespräch in geistlicher Tiefe"[162]? Wie verhält sich wiederum diese Rede von der geistlichen Tiefe zu der Feststellung, dass der christliche Glaube „durch und durch säkular" sei[163]? Es muss doch auch eine Beziehung geben zwischen der „sekundären Ebene christlicher Anschauungen" und der „christlichen Wahrheit, mit der sie niemals identifiziert werden dürfen"[164].

In RELIGION AND SOCIETY findet man verschiedene Ansätze, diese Verbindung von Theologie und Humanität herzustellen. Sicherlich unzulänglich ist dabei der von W. C. Smith übernommene Vorschlag, alle Menschen gleichermaßen als Gotteskinder anzusehen und den Begriff „Nicht-Christen" gänzlich aufzugeben[165]. Auch ist es noch fraglich, ob die gerne benützte Phrase „Christ is always ahead of us" wirklich weiterführt. Es mag dadurch der Stolz der „beati possidentes" gedämpft werden, aber es bleibt doch unklar, warum die Kirchen Christus dort predigen, wo er – nach dieser Vorstellung – doch schon ist.

Demgegenüber erscheinen drei andere Gedanken aus den editorials von RELIGION AND SOCIETY hilfreicher:

Zum Ersten wird ausgedrückt, dass es wohl möglich und sinnvoll ist, einheimische traditionelle Begriffe in die indisch-christliche Theologie zu übernehmen. (z. B. „adequately corresponding Sanskrit terms"). Diese Übernahme von Einzel-Begriffen ist aber wesentlich zu unterscheiden von der Ausarbeitung einer spe-

---

[160] s. o. S. 4, Anm. 22.
[161] RS (VIII) No. 4, 1961, S. 43.
[162] RS (XII) No. 1, 1965, S. 9 (editorial).
[163] M. Rogers, a.a.O. S. 70.
[164] M. M. Thomas, RS (VII) No. 3+4, 1960 S. 51.
[165] editorial RS (VIII), No. 4, 1961, S. 5.

kulativen Theologie auf der Basis eines bestimmten indisch-philosophischen Systems[166].

Zum Zweiten wird in der Nummer „Hindu and Christian Concepts of Ultimate Truths" (RS, VII, 3+4) festgestellt, dass die „grundsätzlichen Differenzen" nicht übergangen werden dürfen, d. h. dass der christliche Theologe im Gegenüber zum Hindu den Ton legen muss auf die „theologische Bedeutung des ‚Menschen-in-Beziehung-zu-Gott' " als unterschieden von der „des ‚Menschen-in-Rebellion-gegen-Gott' "[167]. Die theologische Anthropologie soll also nicht einfach in die „common humanity" hinein aufgelöst werden.

Zum Dritten wird aufgerufen dazu, dass Christen „sich gürten zu immer neuen Unternehmungen in Glaube, Hoffnung und Liebe", wobei der Schwerpunkt auf die Liebe zu legen sei[168]. Der unermüdliche Erfindungsreichtum und die Überzeugungskraft der glaubenden und hoffenden Liebe soll also das theologische Gespräch begleiten und lebendig-kreativ halten.

Dass damit nur Richtlinien gegeben sind und noch keine Lösungen, das wird deutlich in der letzten Nummer zum „Inter-Faith-Dialogue 1965", wo die versuchte abstrakte Definition bzw. Zusammenfassung wieder nur dialektisch ausfällt: „Inter-Faith-Dialogue is an attempt to know and respond to *Jesus Christ who is present and active in other faiths* ... However, the other side of this same truth is that the hidden treasures can come to light only as *these other faiths are converted to Jesus Christ. ...*"[169].

## 2. Römisch-Katholische Aspekte zur Indigenisation

Anfang der sechziger Jahre kommen die beiden bedeutendsten Veranstaltungen der Weltkirche nach Indien: die Vollversammlung des Ökumenischen Rates in Neu-Delhi 1961 und der Eucharistische Weltkongress in Bombay 1964. Die Weltchristenheit wollte ihre Verbundenheit mit der Kirche und der Bevölkerung Indiens und dadurch mit allen Christen Asiens bekunden. Beide christliche Großgruppen, die „ökumenische" und die „katholische" Seite, erkannten die besonderen Herausforderungen in der östlichen Welt. Diese äußere Parallelität der Entwicklung können wir auch in der Frage der Indigenisation reflektiert finden. Es ist tatsächlich erstaunlich, wie sich nicht nur die Problematik, sondern auch die vorgeschlagenen Lösungsversuche hier wie dort ähneln.

---

[166]  editorial RS (VII) 3+4 , 1960, S. 5; vgl. auch R. M. Clark, „A Study of Theological Categories", IRM 32, 1943, S. 88.
[167]  editorial RS (VII) 3+4 , 1960, S. 5.
[168]  editorial RS (VI), No. 1, 1959, S. 2.
[169]  editorial RS (XII), No. 1, 1965, S. 4.

Hörte man von Protestanten, indisches Christentum bedeute „Christus ohne Kirche"[170] oder „aus schlechten Hindus bessere Hindus machen"[171], so kann man von katholischen Theologen seit Brahmabandhav vernehmen, dass es möglich sein müsse, „katholische Hindus" bzw. „Hindu-Katholiken" zu haben. Ein Jesuiten-Pater stellt sich diese Frage in der indisch-katholischen Zeitschrift CLERGY MONTHLY (Supplementum) 1956 auch in folgender Form: „Can I not love Christ without changing my community?"[172] Warum kann ich nicht Hindu nach Geburt und Katholik nach Glauben sein? Ihm scheint dies nicht ausgeschlossen. Ein Katholik habe ja nur Praktiken zu vermeiden, die Götzendienst darstellten oder sonst unmoralisch seien. Eine Definition dieser kritischen Termini – Götzendienst und Amoralität – im indischen Horizont gibt er allerdings nicht.

Das war noch vor dem II. Vatikanischen Konzil. Im Jahre 1962 finden wir auch in katholisch-theologischen Zeitschriften Indiens das Schlagwort „Dialog". Zwei programmatische Sätze werden gern genannt: „1. Neither Syncretism nor Exclusivism; 2. Towards a fruitful dialogue". Gemeint ist hier, dass der Dialog für beide Seiten fruchtbar sein soll: „Both perspectives, Indian and Christian, would ... benefit by ... mutual contact". Solche Hoffnung auf beiderseitigen Gewinn ist uns ja auch bei den „Ökumenikern" in den editorials von RELIGION AND SOCIETY begegnet.

Auch die Feststellung, dass Christus schon unter den anderen Religionen am Werke sei, taucht bei den Katholiken auf. Sie wird in den INDIAN ECCLESIASTICAL STUDIES (IESt) 1965 von einem Jesuiten so vorgetragen: „As soon as we do believe that Christ Himself was working during centuries and centuries among them, and is still working through His Spirit, many doors open before us which remained closed before". Habe man mit dieser Vorstellung Eingang in die anderen Religionen gefunden, dann könne man erst feststellen, was „wirklich falsch" sei an ihrem Glauben. Deshalb sei dieser Standpunkt auch zu unterscheiden von einem „sentimentalen Enthusiasmus in gewissen Kreisen Europas"[173].

Sucht man nach der theologischen Basis, von der aus die Katholiken solche Vorschläge machen, so trifft man auf Altbekanntes. Die indische und die christliche „Perspektive" seien „nicht entgegengesetzt, sondern komplementär, wenn auch nicht auf derselben Ebene", und zur Bekräftigung wird klassisch zitiert: „Gratia supponit et perficit naturam"[174]. Das Natürliche und das Übernatürliche verhalten sich wie Unvollkommenes und Vollkommenes. Es ist hier nicht mög-

---

[170] Chenchiah's Vorschlag zur Preisgabe der Ekklesiologie, s. o. S. 8, Anm. 61.
[171] E. Asirvatham, „Crucible", S. 193.
[172] H. P. Staffner, „Catholic Hindus?" CMSl. 1955/56 S. 174 ff.
[173] P. Fransen, S.J. – „How can Non-Christians find Salvation in their Religion?", IESt 1965, S. 223 ff.
[174] J. B. Simon, aaO.

lich, diese Unterscheidung von Natur und Übernatur mit der Gegenüberstellung von Göttlichem und Menschlichem, Letztem und Vorletztem bei M. M. Thomas im Einzelnen zu vergleichen. Aber die Parallelität der Aussage-Struktur hier wie dort liegt auf der Hand.

Es fällt allerdings auch auf, dass in den katholisch-theologischen Zeitschriften Indiens in dieser Zeit noch wesentlich mehr europäische als indische Autoren-Namen auftauchen - verglichen mit den entsprechenden Zeitschriften im Bereich des NCC. Auch die moderne Konzils-Theologie findet durch das Bombay-Seminar Eingang in Indien. Der Aufsatz von Hans Küng „The World Religions in God's Plan of Salvation" hat dabei einiges Aufsehen erregt[175]. Auch Küng überbrückt dabei die grundlegende Dialektik von „exklusivem Partikularismus" einerseits und „relativistischem Indifferentismus" andererseits durch den christlichen „Dienst der Liebe": „We have nothing to say for the totalitarian *domination* of *one* religion, which suppresses freedom. But neither have we anything to say for a syncretistic mingling of all religions, which suppresses truth. What we believe in is a service of the religions of the world by the Church of Jesus Christ, *in love, which unites truth and freedom*"[176].

Es muss hier nun auch verwiesen werden auf den indisch-katholischen Denker Raymond Panikkar[177], dessen großes Werk vor allem in Europa verlegt wird, der in Indien aber zunächst durch sein Büchlein „The unknown Christ of Hinduism" bekannt wurde[178]; darin möchte er „zuerst Dialog, dann Verstehen und vielleicht Übereinstimmung" zwischen Kirche und Hinduismus herbeiführen[179]. Er beschreibt sein Ziel auch als „einen Versuch, eine bestimmte Verständigung zu erreichen, ohne irgend eine spezifisch christliche Wahrheit zu verleugnen"[180],

Wie in der von uns oben geschilderten Diskussion finden wir auch hier bei Panikkar wieder die Betonung des „Menschlichen", der „existentiellen Ebene" und der „anthropologischen Situation"[181], und wie die Autoren von RELIGION AND SOCIETY, zu denen er sich später auch gelegentlich gesellt, so legt Panikkar gleichfalls die Formeln „Christ ahead of us" and „Christ is the meeting-place" zugrunde[182]. Sein Versuch einer „existentiellen Inkarnation" in den Hinduismus, der die protestantischen Vorschläge zur „Orthopraxis" noch übertrifft, würde

---

[175] HIESt 1965, S. 182 ff.
[176] ebd. S. 213/214.
[177] vgl. dazu D. Reetz „Raymond Panikkar's Theology of Religions", RS (XV), No.3, 1968, S. 32-54.
[178] London 1964
[179] aus dem Vorwort
[180] ebd.
[181] a.a.O. S. 5 f. u S. 11 f.
[182] a.a.O., S. 2 u S. 8.

allerdings eine eigene Darstellung erfordern. Für uns hier genügt es, die strukturelle Ähnlichkeit der katholischen Diskussion Indiens aufgezeigt zu haben.

## 3. Die Auffächerung des Gesprächs im Bereich des NCC

Neben dem CISRS erhält in Indien eine andere einheimisch-theologische Institution große Bedeutung. Im Dezember 1960 beschließt die in Madras versammelte „Indian Theological Conference" eine feste Gesellschaft ins Leben zu rufen: THE INDIAN CHRISTIAN THEOLOGICAL ASSOCIATION[183]. Ihr Ziel soll sein, „Studien und Gedankenaustausch in Christlicher Theologie zu fördern, besonders im Zusammenhang mit der Aufgabe, den christlichen Glauben der Bevölkerung Indiens und der Nachbarländer zu interpretieren"[184]. Das INDIAN JOURNAL OF THEOLOGY, das schon seit Anfang der fünfziger Jahre zunächst unregelmäßig erscheint, soll nun das Forum dieser Theologen-Gesellschaft sein. Es werden in ihr aber auch Untergruppen gebildet wie die „Society for Biblical Studies" und die „Church History Association of India", die seit 1967 die INDIAN CHURCH HISTORY REVIEW herausgibt. In all diesen Institutionen arbeiten auch römisch-katholische Theologen mit[185].

Was nun von der „Theological Association" und ihren „Societies" an theologisch-kirchlicher Arbeit geleistet wird, oder was vom NCC und seinen Kommissionen, vom CISRS, von Einrichtungen wie dem Bangalore Ecumenical Centre, dem Bangalore Industrial Team Service, was von den einheimischen Seminaries und Theological Colleges und den verschiedenen christlichen Verlagen und dem YMCA/YWCA getan wird, das sind im Grunde alles Leistungen auf dem Gebiet der Indigenisation. Es ist aber unmöglich, diese vielfältige Arbeit in den sechziger Jahren noch zu überblicken und zu bündeln. Gegenwärtig kann man in Indien schon theologische Zeitschriften danach unterscheiden, ob sie mehr oder weniger stark auf das einheimische Erbe bzw. auf die Traditionen der weltweiten Kirche eingehen. Das wird deutlich beim Neu-Erscheinen des vom United Theological College (UTC) in Bangalore herausgegebenen BANGALORE THEOLOGICAL FORUM (seit 1967). Im INDIAN JOURNAL OF THEOLOGY heißt es dazu: „While welcoming this new voice among us, may we venture to hope that in our enthusiasm to 'relate' the Gospel we shall not overlook the prior question of what the Gospel is, and whether it is true. It is to these questions that we in India must (in common

---

[183] vgl. H. Jai Singh „The Indian Christian Theological Association" IJTh (X) 1961, S. 123 f.; G. Rosenkranz (THEOLOGISCHE STIMMEN II, S. 16) nennt statt des Gründungsdatums der „Association" das Datum ihrer ersten Konferenz.

[184] vgl. die Konstitution der „Association", IJTh (X) 1961, S. 121.

[185] siehe z. B. den Bericht über die Tagung der „Society for Biblical Studies", die 1967 in Poona abgehalten wurde. IJTh (XVI) 1967, S. 1-152.

with the whole Church) continue to address ourselves, and for good or ill that means involvement with the whole enterprise of Christian scholarship ...“[186]

Um zu veranschaulichen, welche Vielfalt theologischer Arbeit sich in einer solchen Zeitschrift spiegelt, sei hier ein Überblick über einige Themenkreise des „Indian Journal of Theology“ gegeben.

In den biblischen Fächern diskutiert man etwa die Frage, welchen Platz das Studium des AT im indisch-theologischen Arbeiten einnehmen dürfe[187], oder man untersucht „Die Bedeutung der Historie im neutestamentlichen Kerygma“[188]. Im kirchengeschichtlichen Feld wird die „Haltung der Apologeten zu den nicht-christlichen Religionen“ mit den Möglichkeiten der indischen Situation verglichen[189]. Darüber hinaus hat man für die speziell indische Kirchengeschichte – wie schon oben erwähnt – eine eigene Zeitschrift der „Church History Society“ Indiens. Die Systematiker bemühen sich etwa um einen Vergleich von E. Brunner's und Radhakrishnan's Anthropologie, oder um den Existentialismus und seine Bedeutung für das indische Denken[190]. Praktische Theologen fragen z. B. nach der Bedeutung des Ordenslebens für die indische Kirche[191]. Eine Anzahl von Beiträgen und Rezensionen untersucht die gegenwärtige Lage der Theologie im Westen oder auch das, was bisher schon in der christlichen Theologie Indiens geleistet wurde. So erscheint im IJTh eine Artikelserie unter dem Generalthema „Neuere Christlich-Theologische Veröffentlichungen in den Regionalsprachen“, und eine andere Reihe stellt sich die Aufgabe, die theologisch-kirchliche Terminologie in diesen Sprachen zu untersuchen[192]. Wieder andere Beiträge führen das Gespräch mit hinduistischen Philosophen und Theologen wie Ramakrishna, Aurobindo, Radhakrishnan u.a.m.

Wir aber können uns hier nur mit den englisch-sprachigen Veröffentlichungen indischer Theologie beschäftigen. Was darüber hinaus in den (großen) Regional-Sprachen – mit ihren oft ganz eigenen Schriftweisen bzw. Alphabeten – gearbeitet bzw. veröffentlich wird, das kann hier nicht mehr erfasst werden. Die ganze Vielfalt theologischer Arbeit in Indien ist nicht nur für den außenstehenden Beobachter und Berichterstatter unüberschaubar geworden.

---

[186]  editorial IJTh (XVI) 1967, S. 165.
[187]  K. V. Mathew „The Hebrew Thought and the New Testament“ IJTh (XI) 1962, S. 29 ff.
[188]  vgl. die verschiedenen Referate zu diesem Thema in IJTh (XVI) 1967.
[189]  D. F. Hudson, „The Attitude of the Apologists to Non-Christian Religion“ IJTh (VI) 1957, S. 15 ff.
[190]  M. V. George, Existentialism and its Message to Indian Thought Pattern“, IJTh (XI) 1962, S. 68 ff.; K. C. Mathew, „Radhakrishnan's and Brunner's Anthropologies: a Comparison“, IJTh (VI) 1957 S. 29 ff.
[191]  S. Jesudason, „Indian Church and Community Life“, IJTh (VII) 1958, S. 152 ff.
[192]  D. Rajarigam, „A Study of Christian Terminology in Tamil“, IJTh (VII) 1958, S. 69 ff.

## 4. Einheimische Theologie – eine Angelegenheit der Zukunft?

Es ist höchst erstaunlich, dass neben der oben geschilderten Arbeit indischer Theologie ständig die Klage einherläuft, es gebe noch keine einheimische Kirche in Indien und keine einheimisch-indische Theologie.

Im Jahr 1943 behauptet E. Sambayya: „The Indian Church is not yet" und zieht daraus die Folgerung, dass es auch verfrüht sei, von einer einheimischen Theologie zu reden[193]. Das sieht – im selben Jahrgang der NCCR – der Autor (und Bischof) R. B. Manikam anders: er verweist dazu auf die theologische Arbeit von Appasamy[194]; während L. W. Brown, der Appasamy und seine Freunde für Ausnahmegestalten hält, fünf Jahre später wieder zu der Feststellung kommt: „There is not yet any distinctive Indian Christian Theology"[195].

Auch 1958 – zehn Jahre nach Gründung der CSI, also der südindischen Vereinigungskirche aus mehreren protestantischen Konfessionen – sieht ein Bischof dieser Unionskirche die wirklich indische Kirche und Theologie als eine Sache der Zukunft an: „Towards an Indian Church" heißt sein Artikel[196], worin er auch - wie andere (z. B. H. Wagner[197]) - feststellt, dass indische Christen noch keine wirkliche Häresie hervorgebracht hätten.

Wieder sieben Jahre später stimmt J. R. Chandran ein in die Klage, dass es eine indische Theologie doch eigentlich nicht gebe[198]. Im GUARDIAN erscheint 1964 ein „editorial" unter dem Titel „The Task of Building the Indigenous Church", und wieder wird gefordert, dass Gottesdienstformen, Kirchenarchitektur und die Verkündigungssprache „truly indigenous" werden müssen[199]. Noch kurz zuvor hörte man aber in der selben Zeitschrift auch wieder die Warnung vor zu starkem Eingehen auf das Nationale[200]. Einerseits freuen sich Mitte der sechziger Jahre indische Theologen über das CISRS als einem Zeichen „einheimischen Christentums"[201], andererseits empfindet der Leiter eben dieses Instituts, dass der Dialog – die Hauptaufgabe seines Hauses – noch immer nicht begonnen habe[202].

---

[193] E. Sambayya, „The Future of Indian Christianity", NCCR (63) 1943, S. 345 ff.

[194] R. B. Manikam, „The Gospel and India's Heritage" (Bookreview), NCCR (63) 1943, S. 221.

[195] L. W. Brown, a.a.O. (s. o. Anm. 93).

[196] D. Chellappa, a.a.O. (s. o. Anm. 105).

[197] „Erstgestalten" (S. 267).

[198] Chandran, Union Quarterly Review, 1965, S. 250; ebenso H. S. Gladstone, „The Kingdom and the New Frontiers", GUARDIAN 1964, S. 228.

[199] GUARDIAN 1964, S. 158.

[200] GUARDIAN 1961, editorial S. 89; im Jahr zuvor GUARDIAN 1960, S. 105, tönte es wiederum anders!

[201] z. B. Chandran, a.a.O. S. 256 f.

[202] M. M. Thomas, „Bharatiya Vidya Bhavan", NCCR (83) 1963, S. 83 f.

Ja, auch 1969 erscheint der Titel „Towards an Indian Church" wieder, und es heißt dabei, man habe weiterhin die Frage zu diskutieren, warum die Kirche nach ihrer zweitausendjährigen Geschichte in Indien noch nicht „indisch" geworden sei[203].

„Durch die Jahrzehnte und Jahrhunderte haben viele Millionen indischer Christen gelebt, gebetet, die Bibel studiert, gemeinsam Gottesdienst gefeiert und Zeugnis gegeben durch ihr Leben und ihre Hingabe. Sie haben viel Gelegenheit gefunden, ihren christlichen Glauben in wahrhaft indischer Weise auszudrücken. Und doch – die Frage bleibt, gibt es einen wahrhaft indischen Ausdruck theologischen Denkens?"[204]

Dieser Frage wollen wir nun weiter nachgehen, indem wir zunächst untersuchen, was unter dem „indischen Ausdruck" oder „dem Indischen" zu verstehen sei.

---

[203] Hier wird die Geschichte der „Thomaschristen" mit vorausgesetzt: in einer Vorankündigung des „All-India National Seminar" der römisch-katholischen Kirche – „The Church in India Today", NCCR (89) S. 28.
[204] R. H. S. Boyd, „An Introduction to Indian Christian Theology", Madras 1969, S. 2.

**Teil B**

KULTURWISSENSCHAFTLICHE UNTERSUCHUNG DES BEGRIFFS „INDIGENISATION"
Ein Versuch über „das Indische"

# I. Allgemeine Erörterung der Wortbedeutung

Aus Teil A wurde oben ersichtlich, dass man in den indischen Kirchen nicht nur darüber unsicher war, was unter „einheimischer Theologie" zu verstehen sei, sondern man stellte auch immer wieder die Frage, was nun eigentlich „indisch" zu nennen ist[205]. Dabei wurde zwar festgestellt, dass „das Indische" ja ein sehr vielseitiges und vieldeutiges Phänomen sein kann, aber systematische Überlegungen zur Klärung dieser Vieldeutigkeit wurden nicht angestellt. Vielmehr wurde und wird anstelle des Allgemeinbegriffs „indigenisation" das speziellere „Indianisation" (Indisierung) verwendet[206]. Auch die indische Regierung verlangt heute von der Kirche eine stärkere „Indisierung"[207]. Ehe wir aber diese konkretere Füllung unseres Themenbegriffs erörtern, soll noch kurz auf den sprachlichen Befund zur „Indigenisation" eingegangen werden.

## 1. Lexikographischer Befund

Eine lexikographische Untersuchung zu dem Wort „indigenisation" ergibt eine überraschende Fehlanzeige. Das Wort ist nicht einmal in dem großen zwölfbändigen OXFORD ENGLISH DICTIONARY und auch nicht in dem NEW TWENTIETH CENTURY DICTIONARY (Webster's) aufgeführt[208]. Es scheint im Englischen eine ebenso künstliche Wortbildung zu sein wie es das deutsche „Einheimisch-Machung" oder gar „Eingeboren-Machung" wäre. Das einzige Substantiv, das in den Lexika als Derivat von *indigenous* auftaucht, ist „indigenousness" (Einheimischsein).

Nach dem OXFORD DICTIONARY gibt es zwei Grundbedeutungen für das Adjektiv *indigenous*:

a) „Auf natürliche Weise in einem Land oder einer Region geboren oder hervorgebracht (born or produced naturally in a land or region; belonging naturally to ...;) . Im übertragenen Sinne: „angeboren", „eigen" (inborn, innate).

b) „In Beziehung stehen mit, zugehören zu den Einheimischen (of, pertaining to or intended for the natives); „einheimisch" (original, native, aboriginal).

In keinem Falle enthält das Wort irgendeine Abgrenzung der Region oder des Landes, worauf es bezogen ist. Die lateinische Wurzel ist *indigenus*, worin „in" und „gignere" (hervorbringen, zeugen) verbunden sind.

Der Akzent des *englischen* Wortes ruht also sowohl seiner etymologischen Herkunft nach wie auch seiner heute üblichen Bedeutung nach auf einem natürli-

---

[205] vgl. z. B. oben Teil A, III,3
[206] So schon Chakkarai, vgl. H. Wagner, a.a.O. S. 199, Anm. 5.
[207] Herder-Korrespondenz 1969, S. 214.
[208] Darauf verweist auch B. Idowu in „Towards an Indigenous Church", London/Ibadan, 1965, S. 9.

chen Zusammenhang, der durch die Geburt bzw. den Ursprung in einem betreffenden Land oder einer bestimmten Region hergestellt ist. Auch die übertragene Bedeutung meint das natürlich Angeborene. Deswegen als Synonyma angegeben: original, native, aboriginal.

Das *deutsche* Wort „einheimisch" scheint demgegenüber nicht so sehr mit der Vorstellung des Geborenwerdens zusammenzuhängen. Es ist mit „Heim, Heimat" verwandt, und man kann sich durchaus vorstellen, dass ein Mensch eine zweite Heimat findet oder hier und dort sein Heim gründet. Dennoch ist zu beachten, dass auch das deutsche „einheimisch" ursprünglich das „Bodenständig-Vertraute" bzw. die Alteingesessenen meinte[209]. „Einheimisch" ist mehr vom Gemüt und Gefühl her bestimmt, während „indigenous" den biologisch-naturhaften Zusammenhang betont. Kann man sich also vom Deutschen her noch eine künstlich angeregte „Einheimisch-Werdung" – etwa nach längerer Zeit in einer neuen Heimat – vorstellen, so ist das von der Grundbedeutung des englischen Wortes her eigentlich nicht möglich.

Das Fehlen des Begriffs „Indigenisation" im normalen englischen Wortschatz und Sprachgebrauch darf also nicht ohne weiteres übergangen werden. Seine offensichtlich erst junge Bildung und der Vergleich mit der ursprünglichen Bedeutung des Adjektives könnte für die Interpretation belangvoll sein.

Wenn nämlich „indigenous" soviel heißt wie „auf *natürliche* Weise geboren oder auf *natürliche* Weise hervorgebracht", dann rückt die Frage nach einer (künstlichen) Indigenisation in die Nähe jener Frage des Nikodemus, ob denn ein Mensch wieder von neuem geboren werden könne (Joh. 3,4).

## 2. Das Wort in anderen Fachbereichen

Es ist noch zu prüfen, ob das Kunstwort „indigenisation" im Bereich anderer Fachwissenschaften auftaucht. Die Vermutung liegt nahe, dass es in der Gärtner-Fachsprache (horticultural language) bzw. in der Botanik verwendet wird, wenn etwa exotische Pflanzen anderswo einheimisch gemacht werden sollen. Das vierbändige Dictionary of Gardening[210] kennt jedoch auch nur das Adjektiv „indigenous", das es mit „native" gleichsetzt.

Unter den Kulturwissenschaften ist es vor allem die Politologie, die das *Problem* der Indigenisation als Einheimisch-Machung universaler Ideen kennt. Sowohl die Vorstellungen von Demokratie wie die Ideen des Sozialismus suchen heute auch ihre je einheimische, in unserem Fall die indische Verwirklichung: „Wir

---

[209] „Grimm's Deutsches Wörterbuch", Leipzig1862, Bd. III, G. Wahrig, „Das große Deutsche Wörterbuch".

[210] hrsg. v. F. J. Chittenden, London 1951 ff., Bd. II (2. Aufl. 1956), S. 1049.

können die Demokratie in Indien nicht dadurch festigen, dass wir lediglich die Argumente von Locke und Rousseau borgen. Demokratie, die wirklich echten Anklang im indischen Geist finden soll, muss an die Inder appellieren in Ideen, Begriffen und Vorstellungen, die ihnen bekannt sind. Es ist nicht möglich, die Atmosphäre und Gedanken westlicher Demokratien in Indien einfach zu reproduzieren". Was V. P. Varma[211] hier für die Staatsform der Demokratie sagt, das findet sich bei K. Gadre („Indian Way to Socialism", New Delhi 1966) oder bei Sampuranand („Indian Socialism", Bombay, 1961) hinsichtlich des sozialistischen Gedankenguts: „Einrichtung der klassenlosen Gesellschaft, Beseitigung der Ausbeutung und Selbst-Entfremdung, Beendigung der Arbeitslosigkeit ... – das alles sind sozialistische Programmpunkte, die der indische Sozialismus mit allen anderen Schulen des Sozialismus teilt, einschließlich der Kommunisten. Aber für den indischen Sozialismus hat das Individuum selbst höchste Bedeutung. Die sozialen Güter und sozialer Aufstieg sind Mittel und nicht Selbstzweck ... Endgültigen Sieg erlangt der, der nicht aufhört, dem Dharma nachzujagen."[212]

Wenn in diesen beiden Zitaten das *Wort* „Indigenisation" auch nicht Verwendung findet, so ist das Problem doch ganz ähnlich und in der Struktur sogar identisch mit dem der einheimischen Theologen[213]. Dabei ist hinzuzufügen, dass auch darüber, wie der „Indian way to Socialism" oder die „Indian Democracy" zu denken und zu verwirklichen seien, eine heftige Diskussion im Gange ist, die zu verschiedenen Fraktionen und Parteien geführt hat[214]. Man will aber die einheimische Besonderheit nicht nur für sich verwirklichen, sondern sieht andererseits den eigenen Weg als bedeutsam auch für die anderen Völker und für die gesamte Welt-Entwicklung an: „Amerikaner, Engländer, Russen, Chinesen mögen vielleicht das eine oder andere aus der Philosophie des indischen Sozialismus lernen zu ihrem eigenen Vorteil und dem Vorteil der ganzen Welt"[215]. Was hier für das Einheimischwerden der Vorstellungen von „Demokratie" und „Sozialismus" gesagt wurde, das gilt mutatis mutandis ebenso für die Ideen des „Nationalismus" und „Kommunismus" (vgl. dazu unten Abschnitt V, 2).

Auch von hier aus ist es also gerechtfertigt und sinnvoll, wenn wir die Frage der „Indisierung der christlichen Theologie" in ihrem Zusammenhang mit den Nachbarwissenschaften behandeln.

---

[211] V. P. Varma „Modern Indian Political Thought", Agra 1961, S. 730.

[212] Sampuranand, aaO, S. 41.

[213] vgl. oben Teil A, II, 3

[214] Darüber geben Aufschluss die Programme der politischen Parteien Indiens; vgl. dazu R. G. Bhatkal (ed.) „Political Alternatives in India", Bombay 1967; H. K. Singh „A History of the Praja Socialist Party (1934-1959)", Lucknow 1959.

[215] K. Gadre „Indian Way ...", New Delhi 1966, Umschlagseite.

## II. Die Frage der Abgrenzung einer indischen Kultur

### 1. Vorläufige Orientierung

Nehru hat in seiner Autobiographie einmal die Kultur Indiens mit der Italiens verglichen[216]. Dabei stellt er fest, dass die italienische Kultur durch alle Epochen ihr Zentrum in der Hauptstadt Rom gehabt habe. Wer italienische Kultur kennenlernen wollte, der konnte auf Rom verwiesen werden. Indien hingegen habe kein solches Zentrum. Die indische Kultur sei über das ganze Land verbreitet und lasse sich daher auch nicht so einfach herauskristallisieren.

Man könnte von der deutschen Kultur etwa Ähnliches sagen. Auch sie hat kein lokales Zentrum. Doch ließe sich der deutsche Kulturraum im wesentlichen mit dem deutschen Sprachraum identifizieren. Aber für die indische Kultur wäre dies nicht möglich, denn Indien hat vierzehn große alte Regionalsprachen mit je eigener Schrift und dazu viele Hunderte von Klein- und Stammessprachen und eine Unzahl von Dialekten.

Gibt es eine Möglichkeit rassischer[217] Abgrenzung – so wie man sich etwa unter „afrikanischer Kultur" im allgemeinen eine rassisch begrenzte Kultureinheit vorstellt? – Aber auch rassische Grenzen gelten im indischen Falle nicht, denn sowohl europide, wie negride und mongolide Rassen sind unter der Bevölkerung Indiens seit alters vertreten.

Daher ist es nicht unrichtig, wenn T. S. Eliot in seinem Essay „Beiträge zum Begriff der Kultur" von einem „Sonderfall Indien" spricht: „Da ist schließlich der Sonderfall Indien, bei dem fast jede Komplikation zu finden ist und den Kulturplaner mattsetzt. Da gibt es eine Schichtung der Gesellschaft, die nicht rein sozial, sondern bis zu einem gewissen Grade rassisch bedingt ist, und zwar in einer Hindu-Welt, die Völker mit altüberlieferter hoher Zivilisation und Stämme von wirklich sehr primitiver Kultur in sich schließt. Da gibt es den Brahmanismus, und es gibt den Islam. Da gibt es zwei oder mehrere Kulturen auf völlig verschiedener religiöser Grundlage"[218].

Weder rassische noch sprachliche Gesichtspunkte können also behilflich sein, auch nur eine grobe Abgrenzung für „indische Kultur" zu finden. Die rassische und sprachliche Vielfalt des indischen Subkontinents ist in der Welt für einen derartigen Bereich wohl einzigartig. Aber auch hinsichtlich geographischer und

---

[216] J. Nehru, „Indiens Weg zur Freiheit", Hamburg 1948, S. 422.

[217] Als dieser Text 1969 entstand, war die Unhaltbarkeit des auf Menschen-Gruppen angewendeten „Rasse"-Begriffs noch nicht so klar wie heute (vgl. „Jenaer Erklärung", 2020). Freilich wird diese Tatsache durch das Bevölkerungs-Gemisch Indiens (ein Siebtel der Menschheit!) als einem Groß-Beispiel geradezu unterstrichen und verstärkt. (U.M., Anm. von 2021)

[218] T. S. Eliot „Zum Begriff der Kultur", rde 136, Hamburg 1961, S. 71.

politischer Abgrenzung der indischen Kultur stehen wir vor großen Schwierig-
keiten. Wie könnte man in Pakistan und Ceylon oder auch im sog. „Hinterindi-
en" Südostasiens den Zusammenhang mit Indiens Kultur leugnen? Nicht zu
Unrecht nimmt H. v. Glasenapp das alte Schlagwort von den „fünf Indien" wieder auf und bezeichnet sie alle zusammen als „die indische Welt"[219].

Wollen wir nun eine sinnvolle Bestimmung indischer Kultur finden, so dürfen
wir nicht eine wesentliche Unterscheidung der neueren Sozialpsychologie außer
Acht lassen:

Ein Inder hat gewiss eine anderes Verhältnis zu seiner indischen Kultur und
darum auch eine andere Vorstellung von ihr als der Ausländer. Wir müssen deshalb das „Stereotyp" der „Ingroup" – das sog. „Auto-Stereotyp" – von dem der
„Outgroup" – dem sog. „Hetero-Stereotyp" - unterscheiden[220].

Deswegen sollen jetzt im nächsten Abschnitt in einem ersten Schritt die Nicht-
Inder zu Worte kommen, ehe danach die Inder selbst sagen, was sie für das
Wesentliche ihrer Kultur halten. Für die Gruppe der Ausländer stehen die Urteile
von drei Indologen als den zuständigen Fachwissenschaftlern neben denen von
drei Journalisten als den modernen Reisenden und geschulten Beobachtern. Es
handelt sich um Beurteilungen sowohl aus der Zeit vor Erlangung der Unabhängigkeit Indiens wie aus der Zeit danach. Die Stellungnahmen sind entsprechend
zeitlich geordnet.

## 2. Die Hetero-Stereotypen

In seinem großen Werk EPOCHEN DER INDISCHEN KULTUR[221] teilt *Hermann Goetz* die
indische Kulturgeschichte in fünf Abschnitte ein. Dabei hat die „Antike Indiens"
den wesentlichen Vorrang. Ihr sind zwei Abschnitte gewidmet: „Die indo-arische
Kultur" und „Die klassische Hindu-Kultur". In der letzteren können auch Einflüsse von außen – vor allem aus Persien und dem Mittelmeerraum – festgestellt
werden. Die beiden Ströme der indischen Antike, indo-arische und klassische
Hindu-Kultur, bilden dann gemeinsam die Voraussetzung und den Kern der
„Weltkultur der Gupta-Reiche", die sich in der indischen Kolonisation Ceylons
und Indonesiens nach ganz Südostasien ausgebreitet hat.

Wichtig aber ist nach Goetz die Kennzeichnung der indischen Antike durch
diese zwei großen Entwicklungskurven des indischen Kulturlebens: die arische,
der „zu kühler Abstraktion neigenden Adelsschicht", und die hinduistisch-dravi-
dische der Eingeborenenvölker. Von den eingeborenen Munda-Dravidas stamme

---

[219] Glasenapp, „Die Indische Welt als Erscheinung und als Erlebnis", Baden-Baden 1948, S. 7.
[220] vgl. P. R. Hofstätter, „Gruppendynamik", rde 38, Hamburg 1957, S. 103 f.
[221] Leipzig 1929.

aber das, was den Geist Indiens und die Individualität seiner Kultur geprägt habe: Erotik und Mystik als die beiden wesentlichen Elemente des Hinduismus. Goetz hält also das erotisch-mystische Weltbild für das Wesen der indischen Kultur.

Wenn somit für ihn die indische *Antike* entscheidend für die Gesamtkultur ist, erscheint es sinnvoll, mit dem Eindringen der Muslime (erstmalig im Jahr 711 n. Chr., endgültig seit 1192) die „Neuzeit Indiens" beginnen zu lassen. Die europäische Kolonisation eröffnet dann bereits das bürgerliche Zeitalter und damit – nach Goetz – die „Gegenwart". Die tausend Jahre des islamischen und europäischen Einflusses werden somit zu einer Art Anhang an die eigentliche Kulturgeschichte Indiens, entsprechend der Wesensbestimmung indischer Kultur als einer hinduistischen, d. h. als einer „erotisch-mystischen".

Anzumerken ist noch, dass Goetz auch die großen sozialen Differenzen im indischen Kulturleben hervorhebt: „Was wir von Indiens Hochkultur wissen, ist die Schöpfung der Höfe, des Adels und der Handelsstädte. Dass diese Kultur trotz aller gewaltigen Leistungen, raffinierter Überfeinerung und intellektueller Überspitzung am Ende so altertümlich geblieben ist, hat sie dem erdrückenden Übergewicht des Bauerntums zu verdanken, das in all dem Auf und Ab politischer Kämpfe unberührt seinem Lebensstil durch die Jahrtausende treu blieb"[222].

*Herbert Tichy* setzt über das erste Kapitel seines großen Indienbuches[223] die bezeichnende Frage: „Was ist Indien?" Er meint Indien sei kein Land, sondern ein Kontinent, der nicht nur von rassischen und sozialen Gegensätzen zerrissen sei, sondern auch keine einheitliche Kultur habe: „Auch die Kultur des Landes ist nicht vollkommen einheitlich, obwohl es einem Reisenden, der nur oberflächlich zu schauen versteht, so scheint"[224]. Nach Tichys Anschauung gibt es zwischen islamischer und hinduistischer Kultur kein „Ineinanderübergehen". „Die Bauwerke, Tempel und Moscheen, zeigen allein schon den Unterschied in der Gedankenwelt"[225]. Das alle Inder Verbindende, das Gemeinsame unter der heutigen (1942!) Bevölkerung dieses Kontinents liege in der Reaktion auf die britische Herrschaft: „Eine gemeinsame Unterdrückung und ein gemeinsamer Hass haben geholfen, die Rassen und Kasten rascher zu einen und zu Indern zu machen als es ohne das Eindringen der Briten möglich gewesen wäre".

Freilich kann man an einer anderen Stelle seines Buches noch eine weitere Antwort Tichys auf die Eingangsfrage, was Indien sei, herauslesen: Ausgehend von der Tatsache, dass die große Mehrheit der indischen Bevölkerung auf dem

---

[222] H. Goetz „Geschichte Indiens" (Urban Bücher 59), Stuttgart 1962.
[223] „INDIEN – Kampf und Schicksal eines Fünftels der Menschheit", Leipzig 1942.
[224] a.a.O. S. 9
[225] ebd. S. 17

Dorf lebt, kommt er zu dem knappen, aber betonten Satz: „Das Dorf ist Indien!".
Indiens Kultur sei auf die Masse der Bevölkerung gesehen eine Bauernkultur[226].

Auch Jahre nach Erlangung der Unabhängigkeit Indiens geht die Journalistin
*T. Zinkin* in ihrem Indien-Buch, das die großen Veränderungen im Land thematisiert[227], davon aus, dass der ursprüngliche National-Charakter der Inder geprägt
ist durch das Dorf und durch die Wärme und Geborgenheit der dörflichen Kultur. Dazu nennt auch sie den Hinduismus als wesentliches Kennzeichen für
Indien „wie es war", denn der Hinduismus sei wieder ganz eng mit der intim-
sozialen Atmosphäre des Dorfes verwoben, weil er in gewisser Hinsicht eine Religion der Häuslichkeit ist: „Jeder Haushalt hat seinen eigenen Gott"[228]. Ihre These
ist nun freilich, dass sich dieses dörfliche Kulturgefüge unter dem Einfluss der
säkularen Industrie-Gesellschaft aufzulösen beginnt und Indien dadurch gänzlich verwandelt, daher der Titel des Buches: „Indien verändert sich!"

Der Indologe *H. v. Glasenapp* spricht in dem oben schon erwähnten Buch DIE IN-
DISCHE WELT zunächst vom „zweifachen Antlitz" der „Mutter Indien". Er meint
damit nicht nur die großen landschaftlichen Gegensätze von tropischem
Dschungel und schneebedecktem Himalaya, sondern vor allem auch die krassen
Unterschiede auf der sozio-kulturellen Ebene: „Der kleinen Schar von Aus-
erwählten, welche sich die höchsten Erkenntnisse zu eigen machten, steht die
große Menge derer gegenüber, die an massivem Götzendienst und primitivem
Aberglauben ihr Genüge haben und in völliger Unwissenheit dahinleben"[229].
Hinzu kommt der Gegensatz zwischen Hinduismus und Islam: „Seit einem Jahr-
tausend stehen in Indien zwei Religionen und zwei Weltkulturen in schroffem
Gegensatz nebeneinander"[230]. Dennoch kann Glasenapp dann auch wieder vom
„Anteil des Islam an der Kultur Indiens" reden[231] - wobei offenbar nur eine geo-
graphische Abgrenzung des Kulturbereichs zugrunde liegt; denn im letzten
Abschnitt über das „geistige Indien" spricht er wieder ausschließlich vom Hin-
duismus und dessen Reformbewegungen. Die Einheit dieses ungeheuer vielfälti-
gen geistigen Erbes sieht Glasenapp wiederum im „Zentraldogma indischer
Religion": der Lehre vom Karma und der Wiederverkörperung[232]. An anderer
Stelle[233] nennt er allerdings auch die mystische Idee des Universalherrschers

---

[226] ebd. S. 33
[227] „India Changes!", London 1958.
[228] a.a.O. S. 22
[229] Glasenapp, a.a.O. S. 26
[230] ebd. S. 72
[231] ebd. S. 75 f.
[232] S. 237 ff.
[233] In seinem Buch „Die Religionen Indiens", Stuttgart 1955, S. 14.

(Cakravartin) sowie den antibritischen Nationalismus als Ausdruck für die dem Hindutum zugrunde liegende kulturelle Einheit.

Der Glasenapp-Kollege *Hans Steche* zeichnet in der jüngsten deutschsprachigen Darstellung der Kultur Indiens – in der schweizerischen Reihe „Kultur der Nationen – Geistige Länderkunde"[234] ein vielfältiges, buntes Bild der Geschichte, der Literatur, der Landschaft, der Wirtschaft und der Politik Indiens und stellt dazu auch die Frage: „Was ist Indien? Lebt es in Bengalen, im Punjab, im Tamilland, in der Religion der Veden, in den modernen Stahlwerken, im demokratischen Bemühen des Congress?". Eine formelhafte Antwort darauf hält er für unmöglich: „Selbst die Nationalhymne kommt an einer Aufzählung nicht vorbei". Und unter Hinweis auf Europa macht er deutlich, dass die Frage nach dem Wesen des Indischen nicht nur von der Vergangenheit her beantwortet werden kann, sondern auch eine Sache zukünftiger Entwicklung ist: „Der Vergleich mit Europa drängt sich auf: politische Vielfalt auf der Grundlage kultureller Einheit. Und damit zugleich die bange Frage, ob dies im Vorfeld der sich immer stärker ballenden Mächte genügt, dem, was sich an Eigenem gestalten will, den Raum zu wahren. Eine neue Generation ist am Werk, möge es ihr gelingen, Indien zu sich selber zu führen"[235].

Auch der südafrikanische Journalist *Ronald Segal* hat in seinem Werk DIE KRISE INDIENS[236] die zukünftige Entwicklung im Auge. Er geht allerdings wieder aus von den beiden schon bekannten Feststellungen, Indien sei gekennzeichnet durch die „enorme Kluft" zwischen Regierenden und Regierten einerseits und durch „seine" Religion andererseits: „Indien ist der Hinduismus" (S. 11). An dieser Religion wiederum sieht er als den entscheidenden Wesenszug und somit als das, was den „Volkscharakter" geprägt habe, eben jene Lehre von den Wiedergeburten, die den „indischen Fatalismus" und damit auch die Verfestigung der sozialen Gegensätze begründet. Während aber der Indologe Glasenapp seine auf den Hinduismus zentrierten Beobachtungen noch in einer bloß historisch-deskriptiven Art des Kulturgeschichtlers vorbrachte, werden sie nun beim Journalisten Segal zur Anklage gegen die herrschende Religion und das bestehende Regierungs- und Verwaltungs-System.

Überblicken wir nun die sechs Stellungnahmen der Indologen und Journalisten, so stimmen sie – mit einer Ausnahme bei Steche – in einer doppelten Hinsicht überein:

---

[234] Zürich, 1966
[235] a.a.O. S. 453
[236] Frankfurt/M. 1968

Zum ersten gilt für sie, dass sie die Bedeutung des indischen *Dorfes* hervorheben und dabei die große Kluft zwischen der dörflich-bäuerlichen Kultur und dem Kulturleben der Regierungszentren, der Höfe und Städte. Zum zweiten bezeichnen alle die religiöse *Hindu-Kultur* als die eigentliche Kultur Indiens; freilich wird ihr Verhältnis zur Kultur des Islam verschieden behandelt und beurteilt. Segal und Zinkin erwähnen die muslimische Kultur nur am Rande und Goetz führt sie als etwas Neues Zusätzliches gegenüber den „klassischen" Ausprägungen der indischen Kultur ein, während Glasenapp und Tichy direkt den Gegensatz dieser beiden Kulturströme hervorheben. Diese beiden letzteren Autoren geben allerdings für die Gegenwart und Zukunft auch einen Hinweis auf ein möglicherweise einendes Band, das Islam- und Hindu-Kultur verbinden könnte: nämlich die politische Ideologie des Nationalismus.

## 3. Die Auto-Stereotypen

In Indien selbst sind die Vorstellungen von „indischer Kultur" ebenso mannigfaltig wie die Vielzahl der politischen Parteien und der religiösen Gruppen. Auch sind alle Autoren, die sich dazu äußern, natürlich in wesentlich höherem Grade existentiell mit dem Gegenstand verbunden als dies die wissenschaftlichen oder journalistischen Beobachter von außen sein können.

So ist es nicht verwunderlich, wenn die Einheit und damit das Wesen der indischen Kultur in so gänzlich verschiedenen Vorstellungen entworfen wird wie den religiös-ethischen Bildern des „Genius of India" oder der „Mother India" einerseits und der „klassenlosen Hindu-Gesellschaft" materialistischer bzw. marxistischer Prägung andererseits[237]. Wir können hier nicht allen Einzel-Stereotypen nachgehen, wollen aber die beiden Grundmodelle zur Anschauung bringen, die man in Indien von der eigenen Kultur entworfen hat: Das neuere Modell der sog. „Composite Culture" und das eher klassische Modell der „Hindu-Culture".

Ehe wir aber auf diese beiden Grundtypen eingehen, müssen wir noch eine pakistanische Stimme hören, da die politische Teilung des Landes ja nicht ohne weiteres auch eine Teilung der Kultur sein muss. Tatsächlich berufen sich auch die Verfasser des einschlägigen Werkes CULTURAL HERITAGE OF PAKISTAN[238] auf eine fünftausendjährige Kulturgeschichte. Obwohl ihr Staat bei Abfassung des Buches gerade erst fünf Jahre alt war, schreiben sie: „Pakistan ist wahrhaftig eine Wiege der Zivilisation gewesen". Wie die heutigen Inder führen auch die Pakistani ihre Kulturtradition zurück auf die Industal-Zivilisationen. Hinsichtlich der (islamischen) Religion wird die ca. 1200 Jahre alte Tradition der Muslim-Herrschaft im

---

[237] vgl. B. R. Hoffmann, „Christian Social Thought in India 1947-1962", Bangalore 1967, S. 121 ff.
[238] S. M. Ikram/P. Spear „The Cultural Heritage of Pakistan", London 1955, Einleitung.

Sindh-Gebiet betont. Die Autoren wollen aber die Einheit von islamischer und vorislamischer Kultur nicht als eine bloß politisch-ideologische verstanden wissen. Vielmehr hat nach ihrer Ansicht die Mystik des Sufismus eine reale Einheit hergestellt[239]. Auch wird ausdrücklich hervorgehoben, dass Pakistan keine Theokratie darstellen wolle, sondern dass es die tolerante Herrschaft der Moghul-Kaiser als idealtypisch ansieht[240]. Überhaupt werden hier die historischen Muslim-Herrscher des Subkontinents und ihre erobernden Vorfahren als wichtige Förderer der indischen Kultur dargestellt: Wenn die Muslime in Indien auch eine Zivilisation angetroffen hätten, die gänzlich antithetisch zu ihrer eigenen war, so sei es doch gerade der Islam gewesen, der eine humanitäre und befreiende Mission zu versehen hatte und versah[241]. Die Muslime hätten auch durch ihre Zentralisation der Verwaltung dazu beigetragen, dass der Hinduismus sich konsolidieren konnte[242]. Die neuere Separation zur Unabhängigkeit sei erst durch die „Hindu-Revivalists" veranlasst worden, die die kulturellen Traditionen und die Kulturgüter der Muslime im gemeinsamen Kulturerbe unterdrückten.

Es wird deutlich, dass hier die Apologetik überwiegt. Einerseits wird die grundsätzliche Verschiedenheit der beiden Kulturströme auf dem südasiatischen Subkontinent konstatiert, andererseits wird ein ganz erheblicher Homogenisierungsprozess unter der Führung des Islam in der Geschichte Indo-Pakistans herausgestellt[243].

Eine ähnliche Dialektik bietet sich in dem Nebeneinander und Gegenüber der beiden inner-indischen Grundmodelle über Wesen und Einheit der einheimischen Kultur:

## a) Das Modell der „Composite Culture"

In der heutigen indischen Union, in der neben der großen Hindu-Mehrheit verschiedene religiös-ethnische Minoritätsgruppen leben, wird das Wesen der indischen Kultur jeweils entsprechend dem eigenen Standort bzw. entsprechend der eigenen Herkunft definiert. Die Majoritäts-Gruppe neigt natürlich überwiegend dazu, nur von „Hindu-Culture" zu reden, während die Minoritätsgruppen schon aus Gründen der Selbsterhaltung immer vom Bild der „zusammengesetzten Kultur", eben der „Composite Culture", ausgehen. Die Einheit dieses „Zusammengesetzten" wird dann meist bewusst oder unbewusst in der bloßen Faktizität des seit 1947 (verfassungsmäßig seit 1950) bestehenden säkularen Staates gese-

---

[239] a.a.O. S. VI
[240] S. 18
[241] S. 1
[242] S. 16 f.
[243] vgl. auch K. K. Aziz „The Making of Pakistan – A Study in Nationalism", London 1967.

hen. Die Vertreter des pluralistisch zusammengesetzten Kulturmodells sind daher auch immer Verteidiger der säkularen Verfassung ihres Staate

Für diese Auffassung der „Composite Culture" steht im indisch-islamischen Lager vor allem *Humayun Kabir*. In seinem mehrmals aufgelegten Buch THE INDIAN HERITAGE[244] geht er von der Feststellung aus: „Seit undenklichen Zeiten ist Indien Begegnungsland von einander widersprechenden Zivilisationen und Rassen gewesen. Seit undenklichen Zeiten versuchte Indien eine Einigung dieser verschiedenen Elemente zu erreichen" (S. 33). Deswegen sei die indische Kulturgeschichte geradezu eine „Geschichte von Einigung und Synthese, von Versöhnung und Entwicklung, von gänzlicher Fusion alter Traditionen und neuer Werte". Dass diese Einheit in der großen Mannigfaltigkeit zustande kommen konnte, sei durch den „Geist der Toleranz" möglich geworden, der die indische Geschichte charakterisiere (S. 36). „Einheit in der Mannigfaltigkeit" gilt Kabir als Kennzeichen echter Universalität in der indischen Kultur. Ja, Kultur überhaupt bzw. Kultur an sich sei dadurch wesentlich bestimmt, dass sie ein komplexes Gebilde aus vielen Strömungen darstellt (S. 37).

Entsprechend gliedert dieser Autor die indische Kulturgeschichte in die drei Hauptabschnitte: „Die arische Synthese" (mit den Draviden) - „Die mittelalterliche Versöhnung" (von Hinduismus und Islam) - „Das moderne Ferment" (der Einfluss des Westens).

Da Kabir aber somit die indische Kultur auf Kultur schlechthin (Einheit in Mannigfaltigkeit) zurückführt, muss er noch einmal ansetzen, das Eigene der indischen Kultur zu finden: „Was die Kultur Indiens noch besonders unterscheidet, ist ihre besondere Kontinuität ... ein stetes Wachsen und kontinuierliches Sich-Ausdehnen der Kultur, die allmählich alle Klassen und Sektionen der Gesellschaft durchwirkt" (S. 39). Den Hauptgrund für diesen Zug zur Beständigkeit und Einheit sieht er letztlich in der besonderen abgegrenzten geographischen Lage Indiens (S. 41). Der Gedanke einer politisch-nationalen Einheit innerhalb dieser geographischen Grenzen sei dagegen erst neueren Ursprungs (S. 109), und die Aufgabe der gegenwärtigen Generation sei es, eine „neue Synthese" zu erreichen, in welcher „das Erbe der alten, der mittelalterlichen und der neuen Welt" versöhnt seien (S. 138).

Nach Kabir ist nicht das Fehlen einer „perfekten" Fusion von Islam und Hinduismus erstaunlich, sondern der tatsächlich erreichte hohe Einheitsgrad (S. 61).

Bei dieser starken Betonung der Synthese als Wesen und Gestalt indischer Kultur, ist es verständlich, wenn er alle Konflikte und Kämpfe in der Geschichte des Landes als „bloß politisch-ökonomische" Rangeleien zu verharmlosen trachtet.

---

[244] Bombay 1962

Er meint, es ließen sich kaum Spuren von religiösen und sozialen Konflikten in Indiens Geschichte finden (S. 61).

Eine verwandte Position zu Kabir hält auch S. A. Hussain[245]. Er zieht den Begriff der sog. „Hindustani-Kultur" heran. Diese Hindustani-Kultur habe sich unter den Moghuls als Verbindung von altindischem Hindu-Erbe und eindringender Islam-Kultur ergeben. Sie habe die seither bestehende kulturelle Einheit des Landes herbeigeführt und auch die verschiedenen sozialen Gruppierungen untereinander verbunden[246]. Aber diese all-indische Einheitskultur sei in ihrer Kraft während des letzten Jahrhunderts erlahmt, könne jedoch heute wieder durch die Zusammenarbeit von fortschrittlichen Hindus und Muslimen belebt werden. Denn auch die Abtrennung Pakistans sei in Wirklichkeit nicht religiös (und damit kulturell) begründet, sondern „lediglich" politisch-ökonomisch.

Ähnlich wie die islamischen Autoren gehen auch die Christen – unter ihnen vor allem M. M. Thomas und P. Devandan – von der Vielschichtigkeit und Assimilationsfähigkeit der indischen Kultur aus[247]. Freilich fällt gerade an den Arbeiten von Thomas und Devanandan auf, dass sie viel stärker als die Muslime von der gegenwärtigen Säkularisierung, von der zukünftigen Entwicklung, von der „Suche nach neuen Fundamenten", ja von einer „neuen indischen Kultur" überhaupt reden: „The new life in India demands a new culture"[248]. Der besondere Beitrag der Christen sei ihre zuversichtliche Teilnahme an dieser „kulturellen Reformation" in der Gewissheit und der Anerkennung der „Gegenwart Christi in der kulturellen Renaissance Indiens"[249]. Der christliche Beitrag für Indien ist daher nach Ansicht dieser Autoren nicht eine fertige Kultur („a ready-made culture"), sondern die Bereitstellung des einzig wahren Kriteriums für eine humane Entwicklung: das Zeugnis von Jesus Christus, dem wahren Menschen. Deswegen fühle sich die indisch-christliche Gemeinschaft nicht nur der Nation, sondern ebenso dem Evangelium verantwortlich. – Wie die indischen Theologen von dieser Position der „doppelten Loyalität" aus ihren Dialog führen, wurde oben schon skizziert[250].

Auch unter Indern mit Hindu-Herkunft finden sich Vertreter des pluralistischen („composite") Kultur-Modells. Vor allem einige indische Soziologen plädieren für die säkulare Fassung dieser „Einheit-in-Vielfalt"-Variante. Führend unter ihnen ist wohl *M. N. Srinivas,* der in seinem Werk Social Change in Modern

---

[245] „Indian Culture", Bombay 1963.

[246] a.a.O. S. 45

[247] vgl. zum christlichen Beitrag vor allem die zusammenfassende Untersuchung von B. R. Hofmann (s. o. Anm. 236).

[248] Devanandan/Thomas „Christian Participation in Nation-Building", Bangalore 1960, S. 245.

[249] a.a.O. S. 266.

[250] s. o. Teil A, Abschn. IV, 1

INDIA[251] das kulturelle Gefüge seines Heimatlandes als ein Zusammenspiel verschiedener Prozesse darstellt: Sanskritisierung, Säkularisierung und Verwestlichung wirken gegeneinander, nebeneinander und miteinander. Nach Srinivas war die indische Kultur aber auch früher schon sowohl horizontal als auch vertikal gegliedert, d. h. es gab lokale Kultureinheit, die alle Schichten und Kasten einer Region verbanden, wie es wiederum kulturelle Gemeinsamkeiten einzelner Kasten über verschiedene regionale Grenzen hinweg gab und noch gibt[252]. Da Srinivas auch von der Untrennbarkeit des Hinduismus vom sozialen System ausgeht, unterscheidet er auch hier „local, regional, peninsular und All-India Hinduism"[253]. Durch seine Betonung des kulturellen Wandels und der Verschiedenheit kultureller Phänomene in einzelnen sozialen, historischen oder geographischen Räumen gerät die Frage nach der Einheit außer Sichtweite. Vermutlich würde Srinivas aber seinem Kollegen *D. P. Mukerji* zustimmen, der die Einheit der indischen Kultur versteht als einen „kontinuierlichen sozialen Prozess", in dem immer neue Werte geschaffen werden durch die sich entwickelnden Traditionen[254]. Darüber hinaus kennt Mukerji allerdings auch eine „wahren Geist Indiens", den er mit der Bereitschaft identifiziert, Andersartiges aufzunehmen und Hass zu bekämpfen[255]

## b) Das Modell der „Hindu-Culture"

Der „wahre Genius Indiens" wird vor allem von denjenigen Autoren gerne beschworen, die das hinduistische Erbe als die Grundlage indischer Kultur ansehen oder indische Kultur überhaupt mit Hindutum identifizieren. Das geschieht etwa in dem großen vierbändigen Werk der Ramakrishna-Mission THE CULTURAL HERITAGE OF INDIA, das noch unter britischer Herrschaft erstmalig erschien und 1958 zum zweiten Mal aufgelegt wurde. Die Anlage und der Aufbau dieses Werkes machen seine Tendenz deutlich: von den insgesamt 2700 Seiten sind lediglich 80 (= 3 %!) dem islamischen, christlichen und persischen Erbe gewidmet. In einem einzigen Kapitel sind diese drei Kulturströme zusammengefasst unter dem bezeichnenden Titel „Religionen von jenseits der Grenzen". Im übrigen werden Hindu-Kultur und indische Kultur gleichgesetzt. Wie stark auch die offizielle Kulturpolitik des heutigen Indien von dieser Sicht bestimmt wird, geht schon daraus hervor, dass das Vorwort zu diesem Werk von dem späteren Staatspräsidenten Prof. Radhakrishnan stammt. „Spiritual life is the true genius

---

[251] Berkeley/ Los Angeles 1966
[252] a.a.O. S. 9; für regionale Kulturstudien siehe die von der University of Bombay herausgegebene Sociology Series; (daraus z. B.: U. T. Thakur, „Sindhi Culture", Bombay 1959).
[253] a.a.O. S.136+149.
[254] D. P. Mukerji, „Modern Indian Culture", 2. Aufl. Bombay 1947, S. 60.
[255] ebd. S. 213.

of India" schreibt er[256]. Welch andere Spiritualität kann damit gemeint sein als die des Hinduismus? Das wird auch erhärtet durch die seit 1951 vom Bharatiya Vidya Bhavan mit Unterstützung der Regierung herausgegebenen zehn Bände HISTORY AND CULTURE OF THE IINDIAN PEOPLE, deren ganz ähnlicher Aufbau unten im nächsten Abschnitt (B, III) behandelt werden soll.

Auch Einzel-Autoren wie der bekannte Soziologe und Kulturanthropologe Radhakamal Mukerjee greifen bei ihrer Analyse der Kultur ganz selbstverständlich auf die geistig-geistliche Tradition des Hinduismus zurück. So ist es höchst erstaunlich, wie bei Mukerjee die Bestimmung der Kultur überhaupt – also nicht nur der indischen – darin gesehen wird, dass die historische Wirklichkeit „aufgeschlungen" wird vom ideellen Sein: „Being silences for ever man's struggle against history ... The final adventure of the human self is to swallow up the whole historical process in its own depth. Civilization is at its highest when it stimulates and directs the human self beyond evolution and history, beyond itself"[257].

Doch eine *ausdrückliche* Gleichsetzung von Hindutum und indischer Kultur wird nur von orthodoxen Hindu-Autoren vollzogen, die einer modernen Entwicklung überhaupt kritisch gegenüberstehen. Zu ihnen zählt K. G. Dutt mit seinem kleinen Band über HINDU CULTURE[258]. Indische Kultur ist hier identisch mit dem Dharma des Hinduismus (S. 17). Darum sind Rigveda und Bhagavadgita als das von ihm sog. „Alte und Neue Testament des Hinduismus" auch *die* Autoritäten und Quellen für Indiens kulturelle Entwicklung. Wenn auch keine Kultur als entweder vollkommen göttlich oder vollkommen dämonisch zu bezeichnen sei, so stehe doch fest, dass Indiens Kultur in ihren entscheidenden Linien göttlicher Art sei. Damit ist sie unterwegs zum Ziel aller wahren Kultur: Zur Einheit von verkörpertem Purusha (etwa: Menschseele) und höchstem Purusha (etwa: Gott-Mensch), von Siva und Sakti, Nara und Narayana, Arjuna und Sri Krishna (S. 18).

Politisch wird diese Anschauung von indischer Kultur vertreten von der nationalistischen Jan Sangh-Partei, deren Politiker sich auch gerne auf den Rigveda berufen, selbst bei der Rechtfertigung des im politischen Geschäft nicht mehr zu leugnenden Säkularismus. Da heißt es etwa in einem Manifest des Partei-Präsidenten zur Wahl 1967: „ ‚God is one. The wise men call him by different names' – this is the quintessence of Indian philosophy and culture. It has pervaded Indian thinking all through the ages and is the basis of Indian toleration and Indian secularism. Jana Sangh stands for it"[259]. Konsequenterweise heißt es dann weiter,

---

[256] Bd. I, S. XXIII
[257] R. Mukerjee, „The Destiny of Civilisation", London/New Delhi 1964, S. 212+216.
[258] 3. Aufl. Bombay 1951.
[259] B. Madhok „Jana Sangh" in R.G. Bhatkal (ed.) „Political Alternatives in India", S. 220.

Säkularismus sei so alt wie die Hindu Kultur und das indische Volk sei „the most secular people of the world". Damit ist die These vom tiefreligiösen Volk der Inder und vom „spiritual genius of India" plötzlich anscheinend umgekehrt, dialektisch ergänzt oder gar vergessen worden?

Doch was diese sog. „Säkularität" wirklich wert ist, kann man daran sehen, wie reserviert ein solcher orthodoxer Hindu gegen alle modernen Wege der Zivilisation ist: Die Erziehung der Masse der Bevölkerung im modernen Sinne und den entschiedenen Kampf für die Alphabetisierung hält Dutt für etwas Gefährliches: „A nation of literates is like a prepared field in which mass suggestion can bear immediate fruit"[260]. Der Einfluss von Information und Wissen könne das Selbst des Menschen zerstören. Zur Begründung für diese seine Ansicht verweist Guru Dutt auf die alten Kulturen Ägyptens und Europas, die ohne Buch und Maschinenschrift nur vom gesprochenen Wort abhängig gewesen seien. Weil aber nun einmal die Notwendigkeit der Schrift nicht mehr geleugnet werden könne, solle man doch wenigstens den Primat des Individuums („primacy of the individual") hochhalten, denn: „the damage that the scientific outlook has caused is due to the substitution of the abstract mass man in place of the concrete embodied individual"[261]

---

[260] K. G. Dutt, a.a.O. S. 214.
[261] ebd. S. 221.

# III. Zu indischer Geschichte und indischem Geschichtsbewusstsein

## 1. Ausländische und indische Indien-Geschichte

Aus den oben wiedergegebenen Urteilen über indische Kultur ist ersichtlich, dass ihre Differenzen auch begründet sind durch das je verschiedene Bild von der Geschichte des Landes, das Muslime und Hindus, Inder und Ausländer jeweils voraussetzen. Wir wenden uns daher nun dem Problem indischer Geschichtsschreibung zu und untersuchen, welche Indien-Bilder die indischen und ausländischen Indien-Historiker entwerfen.

Tatsächlich besteht hier ein großer Unterschied: Die Europäer stellten bis in unser Jahrhundert hinein die Indien-Geschichte dar als Geschichte eines geographischen Bereichs, d. h. sie sahen „Indien" als eine geographische Größe, die den Rahmen abgab für eine Unzahl dynastischer und ethnischer Kämpfe, für eine Vielzahl von unterschiedlichen Stämmen und Kulturen sowie einen durch Einwanderung und Expansion ständig sich bewegenden Akkulturations-Prozess. Man kam daher (von außerhalb) zu stärkerer Betonung der Mannigfaltigkeit als der Einheit Indiens[262]. Die meisten einheimischen Indien-Historiker haben demgegenüber ein etwas anderes Verhältnis zu der Geschichte ihres Landes: „Die Bedeutung und das Alter ihrer Kultur wird hervorgehoben, der Weg zur nationalen Einheit und Unabhängigkeit als große Linie herausgearbeitet"[263].

Für die erstere (europäisch-britische) Auffassung steht beispielhaft noch die mehrbändige unvollendete CAMBRIDGE HISTORY OF INDIA (1921ff.), die auch in Indien zweimal aufgelegt wurde. Hier gilt der Satz von H. J. Mackinder: *„The one clear unity which India has possessed throughout history has been geographical".* Erst die Briten hätten Indien ein politisches Bewusstsein und ein politisches System gegeben.[264]

Für die zweite (indische) Auffassung lässt sich vor allem das oben schon erwähnte Monumentalwerk HISTORY AND CULTURE OF THE INDIAN PEOPLE anführen. Zwar heißt es da im Vorwort von R. C. Majumdar, dass man sich nicht nur gegen die imperialistisch-westliche Geschichtsschreibung wende, sondern auch gegen die schwärmerisch-nationalistische[265]. Aber es wird doch gleichzeitig sowohl von Majumdar als auch von *K. M. Munshi* betont, dass es bei dieser ihrer Darstellung indischer Geschichte auch um die Ausrichtung auf die gegenwärtigen Lebens-

---

[262] vgl. V. A. Smith in „Oxford History of India" (2. Aufl. hrsg. v. S.M. Edwardes) Oxford 1923, S. X: "European writers as a rule, have been more conscious of the diversity than of the unity of India".

[263] A. T. Embree/F. Wilhelm, „Indien – Geschichte des Subkontinents" in Fischer-Weltgeschichte Bd. 17; Frankfurt/M. 1967, S. 14.

[264] „The Cambridge History of India" ed. by E.J. Rapson 1921 ff. – 2. Aufl. New Delhi, 1962, Bd. I, S. 1

[265] Bd. I, S. 39 f.

kräfte des Landes gehe[266]. Außerdem bestehe „nicht der leiseste Zweifel", dass sich die Zivilisation in Indien in einer Weise manifestiere, die gänzlich verschieden sei „vom Rest der Welt"[267].

Dieses zehnbändige Werk beschäftigt sich denn auch in mehr als der Hälfte der Bände ausschließlich mit der klassischen „Hindu-Periode". Dies ist insofern bedeutsam als es der Herausgeber im Vorwort abgelehnt hatte, die Perioden indischer Geschichte nach Religionen zu benennen (so wie man früher auch von einer buddhistischen oder muslimischen Periode gesprochen hatte)[268]. Daraus folgt, dass der Terminus „Hindu Period" nicht mehr religiös, sondern „bloß kulturell" oder eben national verstanden werden soll. Dem entspricht dann die Tatsache, dass im 700 Seiten umfassenden III. Band, der die Zeit nach der Jahrtausendwende behandelt, dem damals in Südindien anlandenden Christentum nur drei Seiten gewidmet sind – genauso viel wie einem einzelnen buddhistischen Heiligen, namens Buddhagosha, der in jener Zeit lebte. Christentum und Islam werden als Religionen angesehen – Hinduismus und Buddhismus offenbar als Kultur bzw. Nationalerbe.

Wesentlich gemäßigter wird diese indische Position von *K. M. Panikkar* vertreten, der die z. Zt. populärste Indiengeschichte geschrieben hat, die auch ins Deutsche übersetzt wurde[269]. Ihm steht als „gemäßigte" europäische Arbeit die OXFORD HISTORY OF INDIA von W. A. Smith gegenüber[270]. Beide stimmen darin überein, dass sie den geographischen Faktor für die Einheit der Geschichte Indiens hoch einschätzen. Panikkar denkt dabei vor allem an den „Schutzwall", den das Himalaya-Massiv im Norden des Landes für die Kontinuität der indischen Kultur bildete: „Buddha heute wiedergeboren, würde das indische Volk als das seine wiedererkennen. Diese Kontinuität des indischen Lebens ist das wertvollste Geschenk des Himalaya-Massivs"[271]. Smith und Panikkar stimmen aber auch darin überein, dass sie eine kulturelle und ideelle Einheit Indiens voraussetzen, durch die eine „Geschichte Indiens" erst möglich wird. Smith spricht von der „grundsätzlichen Einheit der Hindu-Kultur, die eine indische Gesamtgeschichte ermöglicht"[272] und von der „ideellen politischen Einheit", die Indien durch den langen Zeitraum von 2000 Jahren gehabt habe „trotz der Tatsache,

---

[266] a.a.O. S. 7 + S. 43.
[267] ebd.
[268] a.a.O. S. 24.
[269] „A Survey of Indian History", 1947 ff.; deutsch von F. Bruns: „Geschichte Indiens", Düsseldorf 1957.
[270] ed. by P. Spear, Oxford, 1958.
[271] Panikkar, a.a.O. S. 14.
[272] Smith/Edwardes (2. Aufl. ) S. IX – bzw. Smith/Spear (3. Aufl. ), S. 8.

dass wirklich vollständige Union unter einem Herrscher erst von 1877 datiert"[273]. Panikkar wiederum bezeichnet die Einheit Indiens als „eine bewusste Tat des Hinduismus, nachdem die große arisch-dravidische Synthese vollzogen war"[274], und er fügt als politisch wirksamen Faktor die „Idee des Nationalstaates" hinzu, die er seit Akbar, dem Großen, in Indien wirksam sieht[275].

So kann man insgesamt in der Frage der Einheit indischer Geschichte eine Annäherung der europäischen Forscher an die Position der Inder feststellen, was durch die neueren Arbeiten von A. L. Basham und W. v. Pochhammer bestätigt wird[276]. Beide meinen, dass nur äußere Voraussetzungen durch die Geschichte geschaffen werden mussten, um die grundsätzliche kulturelle und ideelle Einheit in staatlich-politischer Form zu manifestieren. Basham verweist dazu auf die für das große Land lebenswichtigen modernen Verkehrsmittel und den neuzeitlichen (von den Briten eingeführten) Verwaltungsapparat. Pochhammer nennt den Druck der Fremdherrschaft und das „große gemeinsame Erleben" des Unabhängigkeitskampfes.

Dass die Europäer heute gerne von der historisch-kulturellen Einheit „SÜDASIEN" sprechen[277], mag ihnen von selbstbewussten Ceylonesen und Pakistani angekreidet werden. Die Inder werden dem wohl doch zustimmen.

## 2. Zum indischen Geschichtsbewusstsein

Dem Abendländer gefällt es immer wieder, den Inder darauf hinzuweisen, dass er ursprünglich doch gar kein Verhältnis zur Geschichte gehabt habe. Man beruft sich dafür etwa auf ein Zitat aus dem Jahr 1000 n. Chr., als der muslimische Autor *Albiruni* in seinem arabisch verfassten Geschichtswerk klagt: „Die Inder schenken leider der historischen Folge der Dinge nicht viel Aufmerksamkeit; sie sind nachlässig in der Aufzählung der chronologischen Reihenfolge ihrer Könige, und wenn man sie zu einer Aufklärung drängt und sie nicht wissen, was sie sagen sollen, so sind sie gleich bereit, Märchen zu erzählen"[278].

Gewiss finden sich im indischen Altertum nicht so zuverlässige Geschichtsquellen für die beiden vorchristlichen Jahrtausende – und das erste nachchristliche - wie in den Ländern des Mittelmeeres oder wie in China. Aber wenn die Beobachtung H. Heines richtig ist, dass die epischen Gedichte der Inder ihre Ge-

---

[273] Smith/Spear, a.a.O. S. 7.

[274] Panikkar, a.a.O. S. 16.

[275] a.a.O. Kap. XVI

[276] A. L. Basham, „Der indische Subkontinent in historischer Perspektive" SAECULUM (X) 1959, S. 196 ff; W. v. Pochhammer, „Zur Darstellung der indischen Geschichte", SAECULUM (XII) 1961, S.291 ff.

[277] Embree/Wilhelm, a.a.O. S. 9 + S. 15.

[278] zit. nach Embree/Wilhelm, a.a.O. S. 12; vgl. dazu oben (S. 37) auch die Position von R. Mukerjee!

schichte seien, dann kommt es für moderne Historiker darauf an, den Schlüssel zu finden, der diese Schätze erschließt: „Wir können sie erst dann zur Geschichte benutzen, wenn wir die Gesetze entdeckt haben, nach welchen die Inder das Geschehene ins phantastisch Poetische umwandelten"[279].

Schwerer wiegt allerdings der Einwand, dass die Inder aufgrund ihres Weltbildes und ihrer Religion gar kein Verhältnis zur Geschichte haben *könnten*, da dieses Weltbild eine gänzliche Vernachlässigung des Diesseits und der Historie auf Kosten der Transzendenz und des ewigen Gesetzes der Wiedergeburten voraussetze[280]. Wir haben oben (S. 37) gesehen, dass tatsächlich auch moderne indische Denker dahin neigen, die Historie zugunsten des absoluten, ideellen Seins abzuwerten. Dennoch darf man diese Beobachtung nicht zu der Verallgemeinerung ausweiten, dass alle Inder zu allen Zeiten, das Diesseits vernachlässigt hätten. Denn erstens hat es im alten Hinduismus immer neben dem religiösen dharma auch kama (Freude, Lust) und artha (Wohlstand) als gleichberechtigte Lebensziele gegeben, sodass man von der Trivarga, der dreifachen Lebensbestimmung, sprach[281]. Zweitens war ja auch in anderen Kulturen – wie etwa der europäischen – das Verhältnis von Religiosität und Weltlichkeit in älteren Zeiten anders bewertet als heute, während – wie Basham betont[282] – umgekehrt der Hinduismus vor allem durch seine Renaissance im 19. und 20. Jhdt. zur Dominanz des Religiösen in Indien zurücklenkte: „In keiner Periode der alten und mittelalterlichen Geschichte Indiens hätte ein hinduistisches Staatsoberhaupt in so asketischer Einfachheit gelebt wie heute der Präsident der indischen Republik"[283].

Es soll nicht geleugnet werden, dass mit dieser Erneuerung des Hinduismus, die ja durch die Begegnung mit dem Abendland angeregt wurde, in Indien nicht nur das „soziale Gewissen" erwachte, sondern damit gleichzeitig auch eine neue Einstellung zur Historie und zum geschichtlichen Prozess erwuchs. Solche neuen Einstellungen haben aber immer mit älteren Orientierungen zu ringen. Auch Geschichtswissenschaftler in Indien haben das mythische Zeitverständnis noch nicht gänzlich zugunsten des „modernen" preisgegeben[284], und der Mehrzahl der Hindus ist das zyklische Zeitverständnis heute gewiss noch vertrauter als unsere Auffassung von „Geschichtlichkeit". Dennoch muss man mit den neueren Indien-

---

[279]  a.a.O. S. 13.

[280]  hierzu: U. Quecke, „Der indische Geist und die indische Geschichte", SAECULUM (I) 1950, S. 362 ff; U. Schneider, „Indisches Denken und sein Verhältnis zur Geschichte", SAECULUM (IX) 1958, S. 156 ff; W. Haas, „Zeit und Raum im indischen Mythos" im Sammelband „Indien und Deutschland" hrsg. v. H. O. Günther, Frankfurt/M. 1956, S. 77 ff.

[281]  Embree/Wilhelm, a.a.O. S. 70.

[282]  a.a.O. S. 204 f.

[283]  ebd. S. 205.

[284]  vgl. F. Wilhelm, „Die Entdeckung der indischen Geschichte", SAECULUM (XV) 1964, S. 34.

Historiographen darauf verweisen, dass darunter weder das Gefühl der Einheimischen für die historische Kontinuität ihrer Tradition litt noch ihre Einstellung zu den Realitäten von Handel und Wandel: „Bei aller Einsicht in den Kreislauf den Weltgeschehens (Samsara) haben sie politisch nicht viel anders gehandelt als solche, die mit Sicherheit an die Einmaligkeit ihrer Aufgabe glaubten"[285].

Darüber hinaus steht heute die gesamte Geschichtswissenschaft vor neuen Fragen. Wie etwa soll eine wahrhaft sinnvolle Perspektive der WELTGESCHICHTE gefunden werden, die den alten Eurozentrismus ebenso übergreift wie die alten und neuen nationalistischen Geschichtsbilder[286]? Auch die Anfragen der historischen Materialisten müssen bedacht werden, die den alten Historismus seine ideologische Belastung vorhalten. – Dieses Problem ist schon seit einiger Zeit für die Indien-Geschichte akut, denn nicht nur Marx und die älteren Leninisten haben sich zur Geschichte Indiens geäußert[287], sondern auch neuere Arbeiten von ausländischen und einheimischen Marxisten liegen zur Indiengeschichte vor, wie z. B. die von D. D. Kosambi und W. Ruben[288].

## 3. Der Einfluss der Sozialwissenschaften und das Problem des Historismus

In der neueren Darstellung der indischen Geschichte von R. Thapar und P. Spear in „Kindlers Kulturgeschichte"[289] betonen die Autoren, dass sie bewusst den Einfluss der Religion nicht mehr so hoch veranschlagen wollen, ja, dass sie überhaupt eine wertende Analyse der indischen Kultur und ihrer Geschichte vermeiden möchten[290]. Damit stellen sie sich ausdrücklich gegen die Verfahrensweise der Nationalisten, sei es der „Hindu-Kommunalisten" in der indischen Union oder der „Muslim-Kommunalisten" in Indien und Pakistan. Thapar/Spear gehen davon aus, dass die Geschichtswissenschaft „in zunehmendem Maße" auch die Kategorien der soziologischen Kritik aufnehmen muss[291]. Ganz ähnlich wie die genannten Autoren wendete sich Satindra Singh 1964 gegen die nationalzentralistische Darstellung in HISTORY AND CULTURE OF THE INDIAN PEOPLE und in anderen von offizieller Seite geförderten Werken[292]. D. Rothermund, der sich

---

[285] a.a.O. S. 33.

[286] Mit dieser Frage hat sich die 27. Versammlung deutscher Historiker in Freiburg 1967 beschäftigt (siehe SAECULUM, XIX, 1968. S. 1 ff.).

[287] F. Wilhelm, a.a.O. 1964, S. 36.

[288] D. D. Kosambi, „An Introduction to the Study of Indian History", Bombay 1956; ders. „The Culture and Civilization of Ancient India in Historical Outline", London 1965 (deutsch: "Das alte Indien", Berlin 1969); W. Ruben, „Geschichte der indischen Philosophie", Berlin 1954.

[289] „Indien – Von den Anfängen bis zum Kolonialismus", (aus dem Englischen) Zürich 1966

[290] a.a.O. S. 16/18.

[291] ebd. S. 17.

[292] Satindra Singh, „Die Problematik der Geschichtsschreibung Indiens", INDO-ASIA (VI) 1964, S. 155 ff.

gegen Singhs einseitig politische Argumentation abgrenzt, greift auch die Frage nach dem Verhältnis von Geschichtswissenschaft und soziologischer Kritik auf[293]. Ihm geht es aber mehr um eine gegenseitige Ergänzung in der wissenschaftlichen Arbeitsweise, um eine „Synthese historischer und kulturanthropologischer Methoden". Dabei denkt er etwa an die von Sozialwissenschaftlern erarbeitete Unterscheidung zwischen sog. „kleinen Traditionen" und „großen Traditionen" – Überlieferungskörper und Traditionsgefüge, die nicht nach lokaler oder nationaler Herkunft auszugrenzen sind, sondern in den größeren oder kleineren Schichten und Gruppierungen der Gesellschaft beheimatet sind. Soziologen haben diese Begrifflichkeit mit Erfolg für die vielschichtige Hindugesellschaft in Anwendung gebracht – wie etwa M. Singer u.a. Autoren[294].

Für uns bedeutsamer ist hier jenes andere Ergebnis der Soziologie und Sozialpsychologie, dass nämlich Einzelpersonen ebenso wie Gruppen und Völker sich ihre eigene Vergangenheit bzw. das Bild dieser Vergangenheit je nach der gewünschten Identität selbst schaffen, und dass darüber hinaus jede Zugehörigkeit zu einer menschlichen Gruppierung bis zu einem gewissen Grade auch gleichbedeutend ist mit der Prägung durch deren eigenes Geschichtsbild[295]. „Soziale Welten sind wesentlich gemeinsame Perspektive"[296]. Die „reine Historik" gibt es nicht.

„Rein historisch", das bedeutet – wie E. Troeltsch schon vor einem halben Jahrhundert feststellte – „eine ganze Weltanschauung"[297]. Diese Erkenntnis wird heute ideologiekritisch vorgetragen von den sozialistischen Historikern. W. Benjamin tut es, wenn er die Frage aufwirft, in wen sich der Geschichtsschreiber des Historismus einfühle. „Die Antwort lautet unweigerlich: In den Sieger. Die jeweilige Herrschenden sind aber die Erben aller, die je gesiegt haben. Die Einfühlung in den Sieger kommt demnach den jeweils Herrschenden allemal zugute"[298]. Damit erhalten aber auch die überkommenen Kulturgüter, als die „Beute" jener Sieger, eine neue Bedeutung. Der historische Materialist bedenkt auch die Abkunft und gesellschaftlichen Ursprünge dessen, was man „Kulturgut" nennt: „Es dankt sein Dasein nicht nur der Mühe der Genien ... sondern auch der namenlosen Fron ihrer Zeitgenossen"[299].

---

[293] D. Rothermund, Antwort an S. Singh, INDO-ASIA (VI), S. 158 ff.

[294] M. Singer (ed.), „Traditional India – Structure and Change", Philadelphia 1959, S. 141-182 und S. 298-312.

[295] vgl. A. Strauss, „Spiegel und Masken – Die Suche nach Identität", Frankfurt 1968, Kap. VI

[296] T. Shibutani, zit. nach A. Strauss, a.a.O. S. 176.

[297] Gesammelte Schriften, II, 1922, S. 734.

[298] W. Benjamin, „Illuminationen", Frankfurt/M. 1961, S. 271.

[299] ebd.

Auf indische Verhältnisse übertragen heißt das etwa: Welcher Tourist oder einheimische Betrachter denkt z. B. beim Anblick des Taj Mahal an die 20.000 Fronarbeiter, die für dieses „Kultur-Denkmal" unter dem Diktat des Groß-Moghuls zu Ehren seiner Lieblingsfrau Blut, Schweiß und Tränen vergossen haben? Und wiederum: wer könnte errechnen, wie viele Devisen der heutige indische Staat bzw. die Anwohner in und um Agra durch diese Touristenattraktion alljährlich einnehmen bzw. wie viele Menschen davon heute Arbeit und Brot haben?

Mit diesen Fragen stoßen wir auf Grenzen zur Kulturanthropologie und Geschichtsphilosophie, die hier nicht überschritten werden können. Vielmehr müssen wir uns noch jenem Komplex der indischen Kulturgeschichte zuwenden, den alle bisher befragten Autoren in mehr oder weniger starkem Maße als den für Indien entscheidenden dargestellt hatten: der Religion des Hinduismus.

## IV. Der Hinduismus als *die* indische Religion

### 1. Kultur und Religion

Bei unserer Suche nach dem, was „das Indische" ausmacht und kennzeichnet, sind wir immer wieder auf den „Hinduismus" gestoßen. Indologen, Journalisten und Historiker sahen in dieser Religion zumindest einen wesentlichen Kern oder überhaupt das Wesen der indischen Kultur.

Dieser Zusammenhang von Kultur und Religion scheint eine allgemein anerkannte Tatsache zu sein. Der Schriftsteller spricht von der Kultur eines Volkes als von dessen „fleischgewordener Religion"[300]. Der Theologe nennt die Kultur „Ausdrucksform der Religion" und die Religion „Inhalt der Kultur"[301]. Der Religionsphilosoph erörtert die „wesensmäßige dialektische Spannung" im Verhältnis zwischen Kultur und Religion[302], und der Ethnologe und Soziologe sagt schließlich im Blick auf die Hochkulturen: „Das religiös-weltanschauliche System wird hier stellvertretend für den Begriff Kultur schlechthin"[303].

Nicht jeder jedoch, der sich mit dem Humanum beschäftigt, gesteht der Religion eine so hohe Bedeutung zu. Heute sind es vor allem die materialistischen Dialektiker, die eben diese Stellung der Religion angreifen. Es ist jedoch bezeichnend, dass sie – wie wir oben gesehen haben[304] – gleichzeitig auch den herkömmlichen Kulturbegriff in Frage stellen. Die grundsätzliche Zuordnung von Kultur und Religion wird insofern von den Materialisten auch nicht aufgelöst, sie wird durch ihre Doppel-Attacke nur reziprok bestätigt. Die Materialisten stehen damit sogar vor der Frage, ob sie nicht mit einer neuen Kultur auch eine neue Religion einführen wollen.

### 2. Das Problem einer Definition des Hinduismus

Für Indien charakteristisch ist die Religion des Hinduismus, der laut staatlichem Zensus heute noch 85 % der Bevölkerung in der indischen Republik angehören. Doch was heißt „dieser Religion angehören"? Zwar bezeichnen Hindus selbst den Hinduismus gerne als die „älteste der Weltreligionen"[305], aber sie sind

---

[300] T. S. Eliot, a.a.O. S. 36.

[301] P. Tillich, „Die religiöse Substanz der Kultur", Ges. Werke, Bd. IX, Stuttgart 1967; ders. „Religionsphilosophie" (Urban Bücher) Stuttgart 1962, S. 60.

[302] L. Richter, Art. „Kultur.II", RGG, 3. Aufl. , Bd. III.

[303] W. E. Mühlmann in „Menschliche Existenz und Moderne Welt", hrsg. v. R. Schwarz, Berlin 1967, II, 557.

[304] s. o. Abschnitt III, 3 – S. 41 f.

[305] T. M. P. Mahadevan, „Outlines of Hinduism" mit Vorwort v. S. Radhakrishnan, Bombay 1956, S. 12.

sich dabei auch bewusst, dass die unendlichen Variationen des Glaubens im Hinduismus dem Außenstehenden ein höchst widerspruchsvolles Bild darbieten[306].

Westlichen Beobachtern und Religionswissenschaftlern ist es nicht nur zweifelhaft, ob dieses „Hinduismus" genannte Phänomen *eine* Religion ist, sondern ob es überhaupt eine *Religion* darstellt. Glasenapp, der ja eine kulturell-ideelle Einheit des Hinduismus anerkennt, meint, dass man vom Standpunkt des Religionshistorikers aus nicht weniger als 14 Religionen im Hinduismus unterscheiden müsse, allenfalls religions-soziologisch könne man von einer Einheit des Hinduismus reden: der Hinduismus sei dann zu bezeichnen als ein „soziales System, das mit einer Fülle der verschiedensten, oft widerspruchvollsten religiösen Riten verknüpft ist"[307]. Damit stimmt Mensching überein, wenn er sagt, dass der Begriff „Hinduismus" einen „Rahmen" umschreibt, innerhalb dessen sich eine Mannigfaltigkeit religiösen Lebens abspiele[308]. Dem ließen sich eine Unzahl ähnlicher Urteile anfügen[309], sodass man mit *Gensichen* zusammenfassen kann: „Alle Versuche, diese Religion zu systematisieren, sind offenbar zum Scheitern verurteilt"[310].

Dieser Befund westlicher Religionswissenschaftler wird in der Selbstdarstellung des Hinduismus durch seine modernen Interpreten nicht entkräftet. Radhakrishnan beschreibt in seinem Buch Hindu View of Life[311] den Hinduismus als eine „Art des Lebens und der Erfahrung", die dasselbe sei wie „eine Bejahung der zentralen Wirklichkeit durch die ganze Persönlichkeit". Dem stimmt Mahadevan zu, wenn er den Hinduismus als „way of life" kennzeichnet[312] und ihn damit etwa auch dem „American Way of Life" an die Seite stellt, der ja auch als Religion Amerikas angesehen wird[313]. Dies ist nur verständlich, wenn man die doppelte Voraussetzung Mahadevans kennt: „Religion ist das Ganze des Lebens" und „Religiöse Erfahrung ist überall in der Welt dieselbe"[314]. Es entsteht bei Mahadevan

---

[306] a.a.O. S. 16.

[307] H. v. Glasenapp, „Die Religionen Indiens", Stuttgart 1955, S. 18 u. S. 314.

[308] G. Mensching, „Soziologie der großen Religionen", Bonn 1966, S. 72.

[309] R. C. Zaehner: „Der Hinduismus ist – oder war – ebenso sehr Gesellschaftssystem wie Religion" (in: „Der Hinduismus", München 1964, S. 14); W. Nölle: „Der Hinduismus ist mehr als eine Religion; er ist ein unübersehbares Bündel von verschiedenen Glaubensformen der unterschiedlichsten Höhe" (in „Wörterbuch der Religionen", München 1960, S. 194); W. E. Mühlmann spricht vom Hinduismus als einem „rituell-sozialen System" (in „Rassen, Ethnien, Kulturen – Moderne Ethnologie", Neuwied 1964, S. 153).

[310] H.-W. Gensichen, Lutherische Monatshefte, 1968, S. 43.

[311] 9. Aufl., London 1964, S. 15 (deutsch: „Die Lebensanschauung der Hindu", Leipzig 1928, S. 7)

[312] T. M. P. Mahadevan, a.a.O. S. 14/16.

[313] W. A. Vissert Hooft, a.a.O. (s. o. Einleitung, Anm. 2) S. 83, beschreibt diesen „American Way of Life" im Anschluss an W. Herbergs Analyse als die Religion der USA.

[314] Mahadevan, a.a.O. S. 4.

dabei folgende Gedankenreihe: Das Wesentliche im Leben ist die Religion. Das Wesen der Religion ist die Mystik. Mystik ist das Wesen des Hinduismus. Damit ist der Hinduismus nicht nur *die* indische Religion, sondern *die Religion schlechthin*.

Eine derartige Verabsolutierung bedeutet aber gleichzeitig eine totale Relativierung. Ist der Hinduismus *die* Religion, dann hat man keine Möglichkeit mehr, ihn nach außen abzugrenzen: Die Unterschiede unter den Weltreligionen werden relativ. Gleichzeitig findet man freilich die Möglichkeit, die ungeheure Vielfalt an Glaubensformen in Indien selbst als „hinduistisch" zu rechtfertigen und einzuschließen. Damit hat sich aber der „Hinduismus" ins rein Begriffliche verflüchtigt. Entsprechend seiner etymologischen Herkunft bezeichnet das Wort „Hinduismus" dann nur noch die Religionsformen der Menschen, die am Indus bzw. in Indien wohnen. Dass diese orthodoxe Gleichung „Inder = Hindu" nicht zutrifft lässt sich allerdings empirisch leicht nachweisen, insofern seit Jahrhunderten und Jahrtausenden unzählige Inder in ihrem Heimatland lebten und starben, die sich Buddhisten, Jainas, Parsen, Muslim, Christen, Sikhs oder Juden nannten. Dazu kommen die Millionen von Stammesangehörigen und Parias, die vom Hindu selbst nicht zum Hinduismus gerechnet werden, obwohl sie länger in diesem Land leben als er[315].

Die Auflösung des Hinduismus ins rein Begriffliche ist aber auch deswegen nicht zutreffend, weil alle, die vom Hinduismus reden oder gar über ihn schreiben, immer schon ein gewisses Vorverständnis von dieser Größe haben, - ein Vorverständnis, das offensichtlich viele Gemeinsamkeiten aufweist mit dem, was sich dann so schlecht definieren lässt. Ja, die vorhandenen Definitionen ergeben so viele gemeinsame Merkmale, dass zumindest ein skizzenhaftes Bild entsteht, das sich zwar weder als rein religionssoziologisches Schema noch als rein religionspraktische Erfahrungsweisheit gebrauchen lässt, das aber doch jene gänzliche Relativierung oder Verabsolutierung korrigieren kann.

Diese von Fachvertretern der Kultur- und Religionswissenschaften wie auch von Hindugläubigen am häufigsten angeführten Merkmale wollen wir hier nun darstellen, um wenigstens eine Struktur des Hinduismus vor Augen zu bekommen.

## 3. Strukturmerkmale des Hinduismus

a) Wie schon aus den oben angeführten Definitionsversuchen hervorging, hat das „soziale System" des Hinduismus eine kennzeichnende Bedeutung. Inder wie

---

[315] W. E. Mühlmann, a.a.O. S. 149, weist darauf hin, dass es an der Basis des hinduistischen Gesellschaftssystems breite Schichten („Parias") gibt, die von frommen Hindus nicht als „Hindus" anerkannt werden, „die aber für den europäischen Soziologen durchaus und rechtens mit zum soziologischen System des Hinduismus gehören".

Nicht-Inder vertreten die Anschauung, das gesellschaftliche Schichtungsprinzip der KASTE sei das wesentliche Unterscheidungsmerkmal des Hinduismus. Das geht soweit, dass die Kastenordnung den ungebildeten Hindus aus den Dörfern wie eine Naturordnung erscheint[316].

Tatsächlich ist das Kastensystem von Anfang an nur religiös abgestützt gewesen, jedoch derart, dass es mit dem hinduistischen Weltbild und der Vorstellung vom Kreislauf der Geburten („Reinkarnation") untrennbar verbunden war. Der Oxforder Orientalist R. C. Zaehner schreibt: „Der Hinduismus ist - oder war - ebenso sehr Gesellschaftssystem wie Religion. Seine Grundvoraussetzungen sind die Seelenwanderung, das Rad der Geburt, des Todes und der Wiedergeburt und die Hoffnung auf Befreiung von dieser Bindung"[317]. Noch deutlicher sagt es der holländische Indologe Jan Gonda: „Das Kastenwesen ist das auffälligste Charakteristikum der indischen Gesellschaft und muss, weil es durch unlösliche Bande mit Dharma, Karma und Samsara verbunden ist und ein Komplement derselben darstellt, in einer Religionsgeschichte des Halbkontinents zur Sprache kommen"[318]. Brahmanen sehen heute noch in der Anerkennung oder Nicht-Anerkennung der Kastengesetze den Unterschied zwischen Hindu und Nicht-Hindu[319], und der bekannte indische Soziologe S. N. Srinivas betont am Hinduismus seine „außerordentliche Abhängigkeit, ja Untrennbarkeit von der Sozialstruktur"[320].

Insofern wäre die These einzelner hinduistischer Politiker und Historiker, dass Hindu-Religion und Hindu-Gesellschaft zwei verschiedene Dinge seien[321], als Wunschdenken oder als religions-politisches Zukunftsprogramm zu werten. Die sog. „Hindu-Säkularisten" möchten auf diese Weise die in der Staats-Verfassung von 1950 begründete Kasten-Freiheit der neuen Republik mit dem Hindu-Glauben harmonisieren, bzw. sie gebrauchen den modernen säkularen Staat und seine Verfassung als Ansatzpunkt und Motor für religiöse Reform: „The state has thus been pressed into service as the agency of religious reform"[322].

b) Mit dem Kastensystem haben wir gleichzeitig ein zweites Strukturmerkmal des Hinduismus genannt: die sog. WIEDERGEBURTENLEHRE oder Vorstellung von der „Seelenwanderung" - genauer: die Lehre von der *Wiederverkörperung*[323]. Die klassischen Sanskrit-Termini sind dharma (Gesetz/Gerechtigkeit), karma (die Last

---

[316] vgl. G. M. Carstairs, „The Twice-Born - A Study of a Community of High-Caste Hindus", Bloomington 1958, S. 146.
[317] R. C. Zaehner, „Der Hinduismus", München 1964, S. 14.
[318] J. Gonda, „Die Religionen Indiens", Bd. I, Stuttgart 1960, S. 295 f.
[319] vgl. M. Singer, a.a.O. (s. o. Anm. 292).
[320] S. N. Srinivas, a.a.O. S. 136 (s. o. Anm. 249).
[321] Diese These wurde u.a. von K. M. Panikkar („Hindu Society at Cross Roads", 2. Aufl. Bombay 1956) vorgetragen.
[322] D. E. Smith, „India as a Secular State", Princeton 1963, S. 29.

der Taten, Werke), samsara (Geburtenkreislauf) und moksha (das Ziel der Befreiung vom ewigen Kreislauf). Die Summe des irdischen Tuns und Treibens besteht fort und bestimmt das weitere Schicksal des Menschen oder seiner „Seele" nach dem Tode. Der Status, in dem er wiedergeboren wird, ist abhängig vom Vorleben. Lebt der Mensch seinem dharma – auch seinem Kastendharma! – gemäß, dann hat er Möglichkeit zum Aufstieg bei der nächsten Geburt oder gar Aussicht auf moksha, auf Befreiung vom Zyklus der Wiederkehr. Es ist Sünde wider das dharma, wenn man die Reinheitsvorschriften und die Schranken der Kaste nicht beachtet. „Jeder Kontakt zwischen Kasten, die in Ansehen und Rang differieren, verunreinigen den Angehörigen der jeweils höheren Gruppe"[324].

Diese Wiederverkörperungslehre begründet also den Hinduismus als eine Geburtsreligion und als ein gesellschaftliches System mit strenger hierarchischer Ordnung. Hier setzen denn auch die sozialistischen Kritiker und modernen Reformer mit ihrem Vorwurf des „indischen Fatalismus" an[325].

c) Der dharma-karma-samsara-moksha-Komplex mit seiner Relativierung des Geschichtlich-Einmaligen wurde durch die Jahrhunderte von den hinduistischen Denkern überbaut und gestützt durch eine Philosophie, die man schlagwortartig als „idealistischen Monismus" bezeichnet. Diese ursprünglich auf den Vedanta zurückgehende „ADVAITA"-Philosophie wurde die vorherrschende Philosophie des Hinduismus überhaupt. „Einer der fundamentalen Glaubenssätze des Hinduismus ist der, dass es einen alles durchdringenden und alles transzendierenden Geist gibt, der die grundlegende Wirklichkeit ist – Quellgrund und Wesen alles Seienden", sagt T. M. P. Mahadevan[326]. D. S. Sarma stimmt dem zu, wenn er in seinen „Lehren des Hinduismus" voran den Satz stellt: „Der bezeichnende Charakterzug des Hinduismus ist der, dass er alles Lebendige als Einheit sieht. ... Der Geist Gottes (spirit) erscheint als Leben in den Pflanzen. Er erscheint als Geist (mind) und als Leben in den Tieren, und er erscheint als Vernunft, als Geist und als Leben in den Menschen"[327]. Wie stark diese Gedanken im Hinduismus sind, mag man daran ermessen, dass sie sich auch heute in großer Verbreitung erhalten, obwohl verschiedene Hindu-Reformer des 19. Jahrhunderts schon die Alleinheits-Spekulation als Menschen-Vergötzung ablehnten[328].

Es ist in dieser Anschauung aber wohl die denkerische Voraussetzung zu finden, die es auch heute noch gebildeten Hindus ermöglicht, die verschiedensten

---

[323] H. v. Glasenapp, „Indische Welt", S. 237: „Im Mittelpunkt fast aller religiösen und philosophischen Systeme des Gangeslandes steht die Lehre von der *Wiederverkörperung*".

[324] Jan Gonda, a.a.O. S. 296 f.

[325] z. B. R. Segal, s. o. Abschnitt II, 2 (Anm. 234).

[326] a.a.O. S. 23.

[327] D. S. Sarma, „The Tales and Teachings of Hinduism", Bombay 1948, S. 28.

[328] vgl. O. Wolff, „Christus unter den Hindus", Gütersloh, 1965, S. 111.

religiösen Gruppierungen mit theistischen, polytheistischen oder pantheistischen Vorstellungen alle noch als „Hindus" anzuerkennen. Wenn die für Europäer widersprüchlichsten theologisch-philosophischen Gedanken in Indien als nicht so ausschließlich empfunden werden, wenn der indische Geist sich „mit so spielender Leichtigkeit über das uns Europäer hemmende Gesetz des Widerspruchs hinwegzusetzen vermag"[329], so ist das eben darin begründet, dass der verwirrende Polytheismus der Massen und der unerbittliche Monotheismus der höheren Schichten für den Hindu „Äußerungen ein und derselben Macht" sind (Radhakrishnan). Die Welt ist für den Inder – wie E. Abegg in seiner „indischen Psychologie" ausführt[330] – im Grunde geistiger Natur: das Bewusstsein ist die Realität und der nie bezweifelte Grund für die Erscheinungswelt und ihre Trugbilder.

Das heißt nun natürlich nicht, dass alle Hindus dieser „kontinuierlichen Abstraktion bis zu jenem Einen" folgen bzw. folgen können. Es heißt auch nicht, dass alle die religiösen Sondereinrichtungen und Schulen, einschließlich der Bhakti-Anhänger, im Grunde verkappte Advaitins oder Krypto-Vedantins sind. Es heißt aber, dass der idealistische Monismus mit seiner Missachtung der Erscheinungswelt und ihrer Gegensätze das geistig-ideologische Band darstellt, das den Hinduismus mit seiner Vielzahl unterschiedlichster Systeme zusammenhält[331].

Diese „Kraft zur Synthese", dieser „Geist der Assimilation" wird von Indern heute gerne als die Katholizität des Hinduismus gerühmt[332]. Hierin sehen moderne Hindu-Interpreten ihren Sendungsauftrag begründet und ihren Beitrag zu Weltfrieden und Weltgemeinschaft[333].

d) Damit sind wir bei einem ebenfalls häufig angeführten Kennzeichen des Hinduismus angelangt: bei der von Europäern oft überschätzten TOLERANZ der Hindus. Inder sehen darin gerne einen einzigartigen Vorzug des Hinduismus vor anderen Weltreligionen[334]. Doch so großartig die religiöse Offenheit nach allen Seiten und die dogmatische Unverbindlichkeit erscheinen mag, so einseitig ist

---

[329] Fr. König, zit. bei S. Lemaitre „Der Hinduismus", Aschaffenburg, 1958, S. 6 f.

[330] Abegg, „Indische Psychologie", Zürich 1945, S. 121.

[331] S. Lemaitre, a.a.O.

[332] T. M. P. Mahadevan, a.a.O. (oben Anm. 303/304) S. 16+21; G. L. Mehta, „Understanding India", London 1959, S. 6; vgl. auch die Grundthese von H. Kabir, a.a.O. (s. o. Anm. 242).

[333] Mahadevan, a.a.O. S. 16; Swami Nikilananda „Hinduism – Its Meaning of the Spirit" in der Reihe „World Perspectives", ed. by R. N. Anshen, London 1959, S. 15; vgl. auch R. Mukerjee, a.a.O. (s. o. Anm. 255).

[334] D. S. Sarma, a.a.O. (s. o. Anm. 325) S. 41; S. Nikilananda, a.a.O. S. 13.

sie in ihren Auswirkungen. Alle Spezialuntersuchungen zur hinduistischen „Toleranz" weisen daraufhin, dass sie im Grunde nur ideell gültig ist[335].

Es wird nämlich meist übersehen, dass die radikale soziale Intoleranz des Kastensystems auch religiös bedingt ist (vgl. oben S. 45), und dass die vergangenen Jahrhunderte durchaus auch religiöse Kriege zwischen Hindu-Sekten oder auch zwischen Hindus und Nicht-Hindus kannten bis hin zu jener Stelle aus dem Mahabharata-Epos, die in einer Art Eschatologie die Vernichtung aller Nicht-Hindus erträumt[336].

Selbst wenn man die Toleranz im Geistigen bei modernen Hindus anzuerkennen bereit ist, darf man jedoch nicht vergessen, dass eine zum Prinzip erhobene Toleranz auch im Bereich der Ideen zur Intoleranz wird.

e) Das nächste Strukturmerkmal, nämlich das Gebot der RINDERVEREHRUNG, und die Kämpfe, die es darum immer wieder gab und gibt, könnten als beispielhaft gelten für die Praxis der hinduistischen Toleranz. Auch dieses Merkmal der „heiligen Kühe" ist kennzeichnend für fast alle Richtungen des Hinduismus. K. M. Panikkar klagt darüber, dass dieses Tabu, d. h. das Verbot des Rinderschlachtens, in Indien so universell gültig sei, dass selbst die indischen Kommunisten es kaum wagen dagegen anzugehen[337]. Auch das Wörterbuch der Religionen von W. Nölle führt unter drei Gesamtmerkmalen des Hinduismus die Verehrung des Rindes an[338] – neben der Kastenordnung und der Autorität des Veda.

f) Fragen wir nach der dogmatischen Autorität, aus der der Hindu alle diese Anschauungen erhebt und begründet, so stoßen wir auf den „Kanon" des Veda, der in seiner Art auch ein typisches Strukturmerkmal des Hinduismus darstellt. Der Hinduismus wird ja auch gern als die Religion der VEDEN bezeichnet, d. h. als die „Gesamtheit aller Riten, religiösen Praktiken und Anschauungen, Traditionen und Mythologien, die durch die heiligen Bücher und die Vorschriften der Brahmanen ihre Sanktion erhalten"[339]. Dieser westlichen Stimme pflichtet der Hindu-Philosoph Mahadevan bei, wenn er hervorhebt, dass die vielen Hindugruppen und alle einzelnen Hindugläubigen verbunden seien durch die gemeinsame Verehrung der heiligen Schriften, eben der Veden[340]. Dies wird bestätigt durch den Sanskrit-Begriff „vaidika-dharma" (Veda-Religion) für den Hinduismus[341].

---

[335] P. Hacker, „Religiöse Toleranz und Intoleranz im Hinduismus", SAECULUM (VII) 1957, S. 167-179; vgl. auch M. M. Thomas, „Toleration", NCCR (77) 1957. S. 174 f.; H. v. Glasenapp im Schopenhauer-Jahrbuch 1960; J. W. Hauer, „Toleranz und Intoleranz", Stuttgart 1961, S. 73.

[336] zit. bei Hacker, a.a.O. S.171; vgl. auch H. Goetz, „Geschichte Indiens", 1962, S. 21.

[337] K. M. Panikkar, „Common Sense about India", London 1960, S. 168.

[338] a.a.O. S. 194.

[339] A. Lyall, zit. bei Glasenapp, „Religionen Indiens", S. 314.

[340] T. M. P. Mahadevan, a.a.O. S. 22.

[341] ebd. S. 13; vgl. auch R. C. Zaehner, a.a.O. (s. o. Anm. 315), S. 14.

Während nun orthodoxe und fortschrittliche Hindus die Autorität des Veda als gemeinsames Fundament anerkennen[342], besteht im Westen schon länger die These, dass der „eigentliche" Vedismus oder Brahmanismus vom später sich entwickelnden Hinduismus zu unterscheiden sei[343]. Mit J. Gonda muss man jedoch auch betonen, dass der von den Veden ausgehende Traditionsstrom unter den Hindus kontinuierlich durch die Jahrhunderte und Jahrtausende weiterfloss[344]. Freilich sind dahinein immer neue Seitenströme eingemündet, - insofern ist der Begriff „Veda" im Gebrauch schwankend und nicht genau abzugrenzen. Auch hatten die Inder vor der Begegnung und Auseinandersetzung mit der abendländischen Forschung wohl gar keine genauere Kenntnis über die Eigenart des (ursprünglichen) Veda[345]. Dadurch wird aber insgesamt die Tatsache nicht in Frage gestellt, dass die grundlegende Quelle für die hinduistische Tradition im Veda zu sehen ist[346]. Insofern ist es auch richtig, wenn Radhakrishnan sagt, jede Form des Hinduismus und jedes Stadium seiner Entwicklung sei irgendwie bezogen auf den gemeinsamen Vedanta[347].

Es muss hier allerdings auch festgehalten werden, dass die fehlende Abgrenzung der heiligen Schriften bzw. die gänzliche Offenheit dieses „Kanons" nach allen Seiten auch wiederum seine Bedeutung als Schriftautorität zugunsten der persönlichen religiösen Erfahrung einschränkt, denn irgendeine Norm für die Interpretation oder ein Lehramt zur verbindlichen Auslegung gibt es nicht. Es sei denn, man betrachtet – wie es viele tun - die Vorrangstellung der Brahmanen und damit das Kasten-Institut als selbstverständliche hermeneutische Voraussetzung.

Abgesehen von den hier oben angeführten sechs Merkmalen ließen sich noch weitere typische Strukturen am Hinduismus aufzeigen, - wie etwa die Bedeutung der Sanskrit-Sprache als lingua sacra oder die genetische Kennzeichnung durch die Verbindung von arischem und dravidischem Gedankengut. Doch würden wir damit bereits in stärker umstrittene Bereiche vorstoßen, die auch bereits zum größeren Teil jenseits der Grenzen der Religionswissenschaft liegen.

An den angeführten sechs Kennzeichen des Hinduismus ist aber deutlich geworden, dass diese „Religion" in ihrer geistigen Vielfalt und ihrer „unendlichen Flexibilität" (T. Zinkin) auch das Gespräch mit der heutigen Geisteswelt und den modernen gesellschaftsbildenden Mächten führen wird. Zu diesen „Mächten"

---

[342] Radhakrishnan, a.a.O. (s. o. Anm. 309; deutsch) S. 8; Swami Nikilananda, a.a.O. (Anm. 331) S. 15; K. G. Dutt, a.a.O. (Anm. 258) S. 18.
[343] vgl. Jan Gonda, „Change and Continuity in Indian Religion", Den Haag 1965, S. 11 ff.
[344] ebd. S. 7 + S. 13 ff.
[345] ebd. S. 9 f.
[346] W. Nölle, a.a.O. (s. o.S.46 + Anm. 336), S. 196.
[347] zit. bei Gonda, a.a.O. S. 10.

und Ideen gehören auch die anderen in Indien lebendigen Religionen, die den Hinduismus in seinem Anspruch, die schlechthin indische Religion zu sein, in Frage stellen.

Alle herkömmlichen Religionen gemeinsam stehen aber dem Phänomen der sog. „Säkularisierung" gegenüber, das wiederum die Religionen insgesamt vor neue Fragen stellt.

# V. Das „Indische" als Ausdruck von Nationalismus und Nativismus

## 1. Religion und Nationalismus

Ein grundsätzlicher Zusammenhang von Religion und Nationalismus lässt sich leicht von beiden Seiten her zeigen. Die Religionswissenschaft zum einen hat erkannt, dass den Vorstellungen vom „Heiligen Raum" ein Symbolismus des Zentrums zugrunde liegt, d. h. der Gläubige wähnt sich auf oder in heiligen Plätzen oder Räumen wie im „Zentrum der Welt". Dies gilt etwa vom Kosmischen Berg, vom Heiligen Pfahl als axis mundi oder von der Sakralhütte als Abbild des Universums. „All diese Glaubensvorstellungen sind Ausdruck ein und desselben tief religiösen Gefühls: ‚Unsere Welt' ist heiliges Land, weil sie *dem Himmel am nächsten* ist, weil man von hier, von uns aus den Himmel erreichen kann; unsere Welt ist somit ein ‚hochgelegener Ort' "[348].

Auf der anderen Seite erweist eine sozialpsychologische und historische Untersuchung des Nationalismus dessen große Verwandtschaft mit dem Religiösen: Vom äußerlichen Kult mit Hymne, Flagge und National-Feiertagen über Formeln wie „Gott mit uns" (im deutschen Militär) und „In God we trust" (auf Dollarnoten) bis hin zum Bewusstsein, einer „auserwählten Gemeinschaft" anzugehören. Die Integrationskraft des Nationalismus „kann die Angehörigen einer Nation mit einem Teil ihrer Seelenkräfte, aber auch mit Haut und Haaren an sich binden, ihnen neben sich andere Bindungen gestatten oder auf ihr gesamtes Seelenleben, auf ihre Persönlichkeit, auf Leben und Tod Anspruch erheben. Sie kann die Nation zu einer Vorstufe größerer Ordnungen, auch zur letzten und verpflichtenden Instanz für den Einzelnen machen"[349].

In ihrer Mischung von religiöser Inbrunst und politischem Chauvinismus sind Ausdrücke wie „Land der Mitte" (China), „Land des Sonnenaufgangs" (Japan), oder „Deutschland, Deutschland über alles" noch heute wirksam. Die Inder im Bewusstsein ihrer jahrtausende-alten Kultur-Tradition reden entsprechend von der „Mutter Indien" oder gar von „India – Mother of Nations"[350]. Hinsichtlich der gegenwärtigen Wechselwirkung von Religion und Nationalismus in Indien stehen sich nun zwei Grundthesen gegenüber. Zum einen sagen westliche Indologen wie P. Hacker und Ch. H. Heimsath, eigentliche Triebkraft des Neo-Hinduismus sei der Nationalismus[351].

Zum anderen sehen moderne Hindu-Autoren das so: Das geistig-religiöse Erbe des Hinduismus sei so anpassungsfähig und lebenskräftig, dass es sich zur Erfül-

---

[348] M. Eliade, „Das Heilige und das Profane", rde 31, Hamburg 1957, S. 2.

[349] E. Lemberg, „Nationalismus", rde 197-199, Hamburg 1964, Bd. I, S. 21.

[350] Ch. Lal, „India – Mother of Nations", Hoshiapur 1956.

[351] P. Hacker, ZMR (52) 1968, S. 228; Ch. H. Heimsath, INDIAN NATIONALISM AND HINDU SOCIAL REFORM, Princeton 1964.

lung seines Auftrages bei der Erneuerung der Welt auch das Gewand einer nationalistischen Ideologie überstreifen kann, wobei die Bestandteile der „Verkleidung" in der Überlieferung schon mitgegeben seien[352].

Wie immer man sich nun entscheidet, - ob man den Nationalismus als reformerische Kraft in der alten Hindu-Religion ansieht, oder ob man den Hinduismus als fortschrittsfreudige und anpassungsfähige Religion einstuft, in jedem Falle werden die Grenzen zwischen Religion, Ideologie und politischem Anspruch unscharf. Diese für Soziologen bekannte Tatsache hat D. E. Apter in der Feststellung zusammengefasst: *„Politik in ihren moralischen Aspekten kommt der Religion nahe, genau wie Kirchen in ihren institutionellen Aspekten sich der Politik annähern"*[353]. Apter ist es auch, der den Begriff der „politischen Religion" weiter durchleuchtet hat. Er weist dabei nach, wie politische Doktrin vor allem in den sog. Entwicklungsländern besonders deutlich als Religion zu erkennen ist[354].

In Indien lassen sich diese Zusammenhänge von Politik, nationaler Ideologie und Religion bei nahezu jeder der führenden Persönlichkeiten seit Beginn der Modernisierung nachweisen: von Raja Rah Mohan Roy und Dayanand Saraswati bis zu M. Gandhi, Radhakrishnan und Shastri.

Es darf jedoch nicht übersehen werden, dass es heute in Indien neben dem religiösen auch einen - zumindest dem Programm nach – areligiösen Nationalismus gibt. Diese beiden Grundtypen haben wir hier zunächst zu vergleichen.

## 2. Idealistischer und materialistischer Nationalismus

Der idealistische Nationalismus in Indien lässt sich beispielhaft am Werk Sri Aurobindos darstellen. Denn während der Gandhismus in Indien heute praktisch tot ist und Radhakrishnan unter den Einheimischen kaum Anhänger gefunden hat, sind Aurobindos Gedanken sowohl in seiner Heimat wie im Ausland derart lebendig, dass die internationale Sri Aurobindo Society seine Werke in verschiedenen Sprachen edieren kann. An diesem radikalen Nationalisten rühmt man sowohl die mystisch-religiöse Tiefe wie die Ost und West umspannende Weite seines Denkens. Allerdings stellt uns sein Lebensweg vom englisch erzogenen Anwärter für den britisch-indischen Civil Service über den revolutionären Freiheitskämpfer zum weltabgeschiedenen Meisteryogi vor die Frage, inwieweit man hier noch von einer Einheit des Werkes reden kann. Doch lässt sich mit K. Dockhorn darauf verweisen, „dass Aurobindo in all diesem Wechsel nie dem Vorsatz

---

[352] vgl. die politische Ideologie des jungen Sri Aurobindo: K. Singh, „A Prophet of Indian Nationalism", London, 1963.

[353] D. E. Apter, „The Politics of Modernisation", Chicago 1965, S. 272.

[354] ebd. S. 292-298 u. S. 319.

abgesagt hat, seinem Mutterland zu dienen"[355]. Auch glaubt Aurobindo selbst, dass er mit seinem religiösen Spätwerk gerade die „Kontinuität im Beieinander von Entweltlichung und Weltzuwendung" aufgezeigt habe[356]. Dass ihm aber diese vermeintliche Integration der Gegensätze durch seinen Yoga nicht wirklich gelungen ist, das hat K. Dockhorn nachgewiesen[357]. Für uns hier ist bedeutsam, dass sein Ashram in Pondicherry auch nach seinem Tod noch ein national-kulturelles Zentrum ist, das weltweite Ausstrahlung anstrebt. Selbst die für die Ashram-Mitglieder eurythmie-ähnlichen Turnübungen können das nationalistische Motiv nicht entbehren: Die allabendliche Gymnastik-Veranstaltung findet vor der großen Außen-Wand eines Ashramhauses statt, auf die eine riesige Landkarte von „Greater India" (d. h. einschließlich Pakistan, Bangladesh und Birma) gemalt ist. Wenn nach Einbruch der Dunkelheit die Übungen beendet sind, versammelt sich die Mannschaft vor dieser Wand. Ein aufstrahlender Lichtkegel fällt auf die Landkarte, die Ashramites verharren einige Minuten schweigend, ehe sie dann auseinandergehen[358]. Diese enge Verbindung von Nationalismus und Hindu-Religion lässt sich in ausgeführter Form vor allem in Aurobindos Frühwerk nachweisen. Es ist kein Zufall, dass ausgerechnet der Gouverneur und Maharjah von Kashmir, Karan Singh, mit einer Arbeit über den jungen Aurobindo promovierte, die den Titel trug: „A Prophet of Indian Nationalism", zu der dann J. Nehru das Vorwort schrieb[359]. Darin wird deutlich, wie Aurobindo versuchte, den Hindus die „Mutter Indien" als Gottheit zu präsentieren, von deren besonderem Auftrag für die geistige Evolution der Welt er zutiefst überzeugt war[360]. Weil der junge Revolutionär davon ausging, dass radikaler Nationalismus in Indien nur auf religiösem Wege, d. h. als „Hinduismus", zur Massenbewegung werden konnte, hat er sich dieses Vehikels ohne Zögern bedient[361]. Ihm war es – im Gegensatz zu Gandhi – keine Frage, auch die revolutionäre Gewalt als Mittel der Nationalpolitik zu gebrauchen[362]. Als letztes Ziel schwebte ihm freilich nicht nur der indische Nationalstaat vor, sondern dieser Staat mit seinem großen religiös-kulturellen Erbe als Führer der gesamten Menschheit zur Einheit, zu einem neuen Schritt in

---

[355] K. Dockhorn, „Tradition und Revolution – Untersuchungen zu Sri Aurobindos Auslegung autoritärer Sanskrit-Schriften", Gütersloh, o.J. S. 27.

[356] ebd. S. 29.

[357] ebd. S. 224.

[358] Davon berichtet auch H. Koester,„Indien zwischen Gandhi und Nehru", 1957, S. 69. Aber Koester berichtet nicht von der Zeremonie mit dem Lichtstrahl, der auf die Karte fällt, allerdings von der damals noch bei den Übungen anwesenden „Mutter" des Ashrams, einer ehemaligen Partnerin Aurobindos.

[359] K. Singh, a.a.O. (s. o. Anm. 351).

[360] ebd. S. 70.

[361] ebd. S. 77.

[362] ebd. S. 126.

der Evolution zur individuellen Vervollkommnung und – in dieser Reihenfolge – zur vollkommenen Gesellschaft[363].

Mit dieser großartigen Zielvorstellung Aurobindos ist genau ein Kennzeichen jener von Apter geschilderten „politischen Religion" gegeben. Denn diese Religion muss neben den erreichbaren Nahzielen – wie z. B. Beseitigung der Fremdherrschaft - auch Ziele haben, die die Reichweite der gegenwärtigen Generation transzendieren, da sonst der Glaube an diese politische Religion allzu schnell hinfällig wird: „So it is that political religions need to have aims not all of which can be achieved. One such aim is the transformation of human beings into some higher order of being!"[364]

Diese Vervollkommnung von Mensch und Gesellschaft möchte Aurobindo auf idealistisch-spirituellem Wege erreichen: „Sein Idealismus ist der feste Grund, auf dem er den imposanten Überbau seiner politischen Theorie errichtet"[365]. Die große Mehrzahl der Hindu-Politiker aus der Reihe MAKERS OF MODERN INDIA[366] würden Aurobindo in diesem religiös-idealistischen Ansatz zustimmen[367]. Aber auch der Moslem M. Iqbal, der Vater der Staatsidee Pakistans, kommt von der Sufi-Mystik her zu ähnlichen Gedanken! Bei ihm ist das Endziel eines gnostischen Übermenschentums in der Aufrichtung des Gottesreiches auf Erden gegeben, das jenem Bild von der vollkommenen Gesellschaft nicht unähnlich ist[368].

Im Indien der Gegenwart ist die „vollkommene Gesellschaft" freilich auch Leitmotiv der *Sozialisten* und vor allem der *Kommunisten*. Auch sie wollen das „wahre Indien", das bei ihnen allerdings gleichbedeutend ist mit dem „neuen Indien". Denn mit Vehemenz attackieren sie die idealistische Vorstellung vom „Genius Indiens" oder von der „Seele Indiens", der sie ihre Gedanken von der „revolutionären Einheit der werktätigen Bevölkerung Indiens" entgegensetzen[369]. Da sie als materialistische Historiker gerade die vernachlässigten Aspekte der indischen Geschichte ans Licht zu ziehen sich bemühen[370], können sie von der Einheit Indiens nur als von einem Ziel reden: „The unification and integration of the nation thus remains on paper as a desirable goal – nothing more"[371]. Für die linken Sozi-

---

[363] ebd. S. 154 u 157.
[364] Apter, a.a.O. S. 292: Anmerkung.
[365] K. Singh, a.a.O. S. 69.
[366] vgl. das gleichnamige Buch von T. V. Parvate, „Makers of Modern India", Jullundur/Delhi, o.J.
[367] J. Nehru und seine Tochter Indira Gandhi bilden hier wohl eine Ausnahme.
[368] E. Sarkisyanz „Aspekte modernistischer und nationalistischer Reformideologien in Britisch-Indien", SAECULUM (XIX) 1968, S. 83 ff.
[369] vgl. Wahlmanifest der Marxisten 1967 bei R. G. Bhatkal, „Political Alternatives in India", S. 422; E. M. S. Namboodiripad, „Economics and Politics of India's Socialist Pattern", New Delhi 1966
[370] dazu oben im Abschn. (III, 3): W. Benjamin, a.a.O. (Anm. 297).
[371] Namboodiripad, a.a.O. S. 291.

alisten und die Kommunisten fällt das Nahziel der „Einheit Indiens" mit dem
Fernziel der „vollkommenen Gesellschaft" zusammen.

Von den Idealisten unterscheiden sie sich aber vor allem durch die Methode,
mit der sie ihr Ziel erreichen wollen. Ist es dort die Evolution von oben her, d. h.
geistige Vervollkommnung einzelner Individuen der religiösen Elite zur Hebung
des Gesamtniveaus der Gesellschaft, so ist es hier die Revolution von unten, d. h.
vor allem aktive, materielle Verbesserung der Lebensstandards der Masse[372].

In gewissen Sinne kann man also auch die Kommunisten als „Nationalisten"
bezeichnen. Die indischen Kommunisten hatten sich ja auch von Anfang an dem
Unabhängigkeitskampf ihrer Landsleute angeschlossen. Im Sinne ihrer „Volks-
front" (Democratic Front) hatten sie seit Gründung ihrer Partei mitgekämpft für
die „vollständige nationale Unabhängigkeit"[373]. Insofern waren sie kaum weniger
„nationalistisch" (im Sinne von: antibritisch) als die religiösen Nationalisten.
Während es den Linken aber ein Leichtes war, sich gegen die imperialistischen
Fremdherrscher zu engagieren, fiel ihnen nach Independance Day eine viel
schwierigere Aufgabe zu: sie müssen sich jetzt mit ihrem säkular-nationalen Anspruch vor den armen, aber religiös geprägten und zugleich ungebildeten Massen und vor der zumeist idealistisch orientierten Elite rechtfertigen und
behaupten. Das wird zusätzlich noch dadurch erschwert, dass der Hinduismus
nicht nur die Kultur Indiens repräsentieren will und weitgehend auch darstellt,
sondern dass er als Geburtsreligion auch hohe ethnisch-nationale Bedeutung
hat. Wie eng der Hinduismus ursprünglich mit der „Mutter Indien" vermengt
war, ist aus der noch im 19. und Anfang 20. Jhdt. praktizierten Sitte zu ersehen,
dass jeder, der (als Hochkastiger) das „heilige Land" verließ, aus seiner Kaste
und damit aus der Hindu-Gesellschaft exkommuniziert wurde[374].

Aufgrund dieses starken Vorteils der Rechtsparteien, den sie aus der religiös-
kulturellen Prägung des Landes ziehen können, müssen auch die Parteien der
Linken versuchen, sich mit Anleihen bei Indiens Vergangenheit zu rechtfertigen.
Dabei sind sie bemüht, an altindische Vorbilder – wie etwa die Carvaka-Materia-
listen – anzuknüpfen, die jedoch niemals den Rahmen der Hindu-Gesellschaft ge-
sprengt hatten. So führt das Bemühen der Links-Parteien – wie H. J. Klimkeit
gezeigt hat – nicht selten dazu, dass sogar ihr anti-religiöser Charakter „abge-
streift und offiziell geleugnet wird"[375].

---

[372] Wahlmanifest der Marxisten, a.a.O. S. 401 ff.
[373] „Indian Communist Party Documents", ed. By V. P. Karnik, Bombay 1957, S. 23.
[374] O. Wolff, a.a.O. S. 122 (s. o. Anm. 327).
[375] H. J. Klimkeit, „Anti-Religiöse Bewegungen im Modernen Indien", Eine religionssoziologische
Untersuchung. Ungedruckte Habilitations-Schrift, Bonn 1968/69, Kap. II,3.

Die universale Idee des Kommunismus erscheint also auch in Indien – ähnlich wie in China, Jugoslawien und anderwärts – in einem eigenen nationalen Gewand, sodass für Indien schon zu Recht vermutet wurde, „der Kommunismus kann eine Art materialistischer Religion werden"[376].

Wenn wir daher „linken" und „rechten" bzw. materialistischen und idealistischen Nationalismus gegenüberstellen, so hat das diese doppelte Begründung:

Zum einen gleichen - soziologisch betrachtet – die anti-religiösen Bewegungen den religiösen nicht nur strukturell, sondern auch motivatorisch, insofern beide aus der Spannung von „Tradition und Neuschöpfung" leben[377]. Zum anderen sind Universalismus und Nationalismus weitgehend austauschbar: nicht nur beim Vergleich ihrer psychologisch-ideellen Bedingungen, sondern auch und vor allem bei der Frage danach, was man jeweils als „Nation" oder gesellschaftliches „Universum" definiert und wie sich diese Vorstellungen ideologisch manifestieren. So kann der Nationalismus sich zum universalistischen Sendungsbewusstsein wandeln, und der Universalismus aus einer geschichtlich erweiterten Perspektive als Nationalismus erscheinen[378].

## 3. Zum Begriff einer „indischen Nation"

Bei der Frage nach der Entstehung des indischen Nationalismus und der indischen Nation lässt sich erkennen, dass hier jede Antwort mehr oder weniger ideologisch belastet ist. Den britischen Fremdherrschern war es selbstverständlich, dass es vor ihrer Ankunft im Land so etwas wie „indische Nation" nicht gegeben habe: der multi-ethnische Subkontinent erhalte allenfalls erst durch sie eine Stämme und Ethnien übergreifende Einheitsstruktur. Nach der Regel „divide et impera" wurde hier Herrschaft begründet[379]. Nicht ganz unabhängig von dieser älteren britischen Anschauung sind natürlich andere westliche Autoren wie H. Goetz: „Erst eine lange Periode britischer Herrschaft und europäischen Kultureinflusses schuf die Grundlage eines modernen Nationalismus"[380] oder auch Ch. Heimsath: „The all-India nationalism ... was a British-European phenomenon in an Indian setting"[381].

Dem stehen die mindestens ebenso ideologisch belasteten Thesen der „Hindu-Kommunalisten" wie der „Hindu-Säkularisten" gegenüber. Die ersteren wollen eine mehrbändige „Geschichte des indischen Nationalismus" herausgeben, in

---

[376] J. Gonda, „Religionen Indiens", Bd. II, S. 343.
[377] vgl. Klimkeits Ergebnis, a.a.O. S. 190.
[378] E. Lemberg, a.a.O.(Anm. 348), Bd. I, Kap. II,b: „Universalismus als Nationalismus", S. 43 ff.
[379] vgl. dazu oben Abschn. III,1 und Namboodiripad, a.a.O. (Anm. 368) S. 287.
[380] H. Goetz, „ Die Entstehung des indischen Nationalismus", SAECULUM (VI) 1955, S. 371.
[381] Heimsath, a.a.O. (Anm. 350), S. 143.

der bereits im indischen Altertum, nämlich in den Upanishaden, „Nationalismus" und „nationale Einheit" nachgewiesen werden. Die letzteren – vertreten etwa durch K. M. Panikkar – führen die indische Idee der Nation auf Großmoghul Akbar zurück und werten den Freiheitskampf gegen die Briten lediglich als „Renaissance"[382].

Tatsächlich wurde die Vorstellung von der „einen indischen Nation" (im Sinne einer vielfältigen Einheit) noch während des Freiheitskampfes in diesem Jahrhundert aus drei einheimischen Lagern angegriffen: von der Hindu Mahasabha (Hindu-Orthodoxie), von der Muslim-League (Moslem-Orthodoxie) und von den Kommunisten[383]. Weiteres Faktum in diesem Zusammenhang ist auch die Teilung nach der Unabhängigkeit in „Hindustan" und „Pakistan".

Damit ist sowohl die europäische Idee von einer Stiftung der Nation durch die Kolonial-Herrschaft wie auch die indische Idee vom jahrhundertealten Nationalstaat ad absurdum geführt. Aber auch die futuristische Idee der Kommunisten scheint sich nicht zu bestätigen. Denn wider alles Erwarten hat der „Vielvölkerstaat Indien" wie das eigenartige Staatsgebilde „Pakistan" mehr als zwei Jahrzehnte überdauert.

Ob es nun berechtigt ist, in Indien oder Pakistan von „nationaler Einheit" zu reden, das soll hier nicht entschieden werden. Jedoch lässt sich sagen, dass die Grundthese Lembergs zur Entstehung moderner Nationalstaaten durch die Entwicklung auf dem indischen Subkontinent beispielhaft bestätigt wurde. Nach Lemberg vollzieht sich die Herausbildung moderner Nationen auf zwei verschiedenen Linien. „Die eine dieser Linien ist die Ausbildung moderner Nationen durch den Staat"[384]. Damit ist gemeint, dass das „gemeinsame politisch-militärisch-wirtschaftliche Schicksal" ein Einheitsbewusstsein fördert, das Menschengruppen unterschiedlicher Sprache und Abstammung zu integrieren vermag.

Die zweite Linie zur Entstehung moderner Nationen ist gekennzeichnet durch sprachlich-ethnische oder kulturell-ideologische Gemeinschaft. Hier sind außerstaatliche Merkmale entscheidend.

Es liegt auf der Hand, dass in Indien beide Linien wirksam wurden.

Die erste Linie kennzeichnet heute noch die Einheit der Indischen Union, die sich trotz ideologischer Attacken von rechts und links in ihrer verfassungsmäßigen säkularen Staatlichkeit behaupten will[385]. Die zweite Linie hat zu der rein staatlich, d. h. politisch-wirtschaftlich kaum zu rechtfertigenden ideologisch be-

---

[382] K. M. Panikkar, a.a.O. (Anm. 268).
[383] D. E. Smith, a.a.O. (Anm. 321). S. 141.
[384] E. Lemberg, a.a.O. (Anm. 348) Bd. II, S. 152 f.
[385] vgl. hierzu die umfassende Untersuchung von D. E. Smith, a.a.O. (Anmerkung 321).

gründeten Gemeinschaft von Ost- und Westpakistan geführt. Auch diese „Nation" hat die jüngsten Angriffe gegen ihre Einheit (noch einmal?) überstanden[386].

## 4. Nativismus und die Suche nach Identität

Die beiden angegebenen Linien der Nationwerdung überschneiden sich heute überall in der Welt und schaffen soziale Konflikte. Das gilt für die sog. „alte Welt", wo man das staatliche Modell eines geeinten Europa mit den verschiedenen national-ideologischen Modellen zum Ausgleich bringen muss. Das gilt für die sog. „neue Welt", wo die staatlichen Integrationskräfte in Nord- und Südamerika kaum mehr ausreichen, um der ideologischen Sprengkraft der rassisch oder sozial benachteiligten Minderheiten stand zu halten.

Dies gilt vor allem aber für die sog. „dritte Welt", in der die postkolonialen Staatsgebilde stark bedroht sind von sozial oder ethnisch begründeten Ideologien. Mit solchen Konflikten hat auch die indische Republik zu tun. In ihr sind neben den wenigstens vierzehn großen Sprach-Gemeinschaften zahllose Stämme und Gruppen verschiedener ethnischer Herkunft zusammengefasst; dazu kommen die religiösen Spannungen und die sozialen Gegensätze in der Hindu-Gesellschaft selbst.

Angesichts solcher Vielfalt bekommt die indische Staatsidee und der ihr zugrunde liegende säkulare Nationalismus einen ganz anderen Stellenwert als der Nationalismus in der jüngeren europäischen Geschichte. Der heutige indische Staat mit seinem pluralistischen Gesellschafts-Modell kann allenfalls verglichen werden mit der Idee und dem Modell des vereinigten Europa[387]. Ja, nicht einmal dieses Gesamt-Europa hätte mit einer solch großen Vielfalt rassischer, sprachlicher und sozialer Gegensätze zu tun, wie sie in Indien vorliegt.

Alle diese Gruppierungen, die sog. „Communities" Indiens, haben ihre eigenen Vorstellungen vom „neuen Indien" oder auch von dessen „ruhmreicher Vergangenheit" oder „verheißungsvollen Zukunft". Sie verteidigen diese Vorstellungen meist aus Furcht rigoros. Die einen fürchten, von der Majoritätsgruppe dominiert oder geschluckt zu werden. Andere befürchten, dass die moderne Entwicklung sie überrollen oder dass man ihnen ihre (bis dato) privilegierten Rechte nehmen könnte. Wieder andere müssen fürchten, dass ihnen die notwendige Lebensgrundlage zu einer eigenen, selbst-gestalteten Existenz vom derzeitigen System nicht gewährt oder auch genommen wird.

---

[386] Einen Vergleich von indischem und pakistanischen Nationalismus gibt K. K. Aziz, a.a.O. (Anm. 242) im Schlusskapitel.

[387] Das ist wenigstens seit Steche, a.a.O. (Anm.233) in der Indologie gesehen worden.

Aus solcher Furcht nähren sich etwa die Aufstände der südindischen Drawiden- bzw. Tamil-Gruppe gegen die vorherrschende Sanskrit-Gruppe des Nordens. Eine ähnliche Furcht treibt auch die Nagas im Nordosten, die Kashmiris im Nordwesten oder die Sikhs im Punjab in ihre Sezessions- und Aufstands-Bewegungen. Letztlich lag diese Furcht auch der Sezession und Gründung von Pakistan zugrunde, und sie nährt noch heute die innerindischen Fehden zwischen den Religionsparteien.

Soziologen nennen diese aus Furcht vor Identitätsverlust entstandenen Bewegungen „nativistisch“. Mit W. E. Mühlmann ist dieser Nativismus zu definieren als „kollektiver Aktionsablauf, der von dem Drang getragen ist, ein durch überlegene Fremdkultur erschüttertes Gruppen-Selbstgefühl wieder herzustellen durch massives Demonstrieren eines ‚eigenen Beitrages‘ “[388]. Die nativistischen Bewegungen suchen also die Identität einer Gruppe zu wahren im Gegenüber zu einer wirklich oder vermeintlich überlegenen Fremdgruppe.

Dies kennzeichnet zunächst weitgehend die innerindischen „community clashes or conflicts“, - sowohl im Verhältnis der Gruppierungen untereinander wie in ihrem Verhältnis zum Staat bzw. zu Regierung und Verfassung.

Man kann jedoch auch das Verhältnis des gesamtindischen Nationalismus zur Völkerwelt als nativistisch bezeichnen. Überträgt man nämlich diese „Behauptung der eigenen Identität durch Demonstrieren eines eigenen Beitrags“ auf weltweite Ebene, so nimmt vor allem der Nationalismus der „jungen Staaten“ nativistische Züge an. Vor dem Angriff der übermächtigen technologischen (im Westen entsprungenen) Weltzivilisation versuchen diese Staaten im wehrhaften Nationalismus ihre Identität zu wahren. Hier kann man davon reden, dass der Nativismus eine „psychische Infrastruktur“ des Nationalismus ist[389].

Von daher ist es verständlich, wenn ein Asiate den Nationalismus auffasst als Synonym für die Freiheit. Aus seiner Sicht rückt der „Nationalismus“ an die Stelle, wo bei Westlern das Wort „Demokratie“ steht. „Das einigende Prinzip der nationalen Gesellschaft, das nationale Ideal, der Gegenstand der nationalen Sendung, das Ziel der Entwicklung der eigenen und der übrigen Nationen: das alles heißt bei den Amerikanern Demokratie, bei den aufsteigenden Völkern Asiens aber Nationalismus“[390].

Nationalismus und Nativismus können also auf internationaler und nationaler Ebene der ideologische Ausdruck für das Freiheitsverlangen unterdrückter

---

[388] W. E. Mühlmann, „Chiliasmus und Nativismus – Studien zur Psychologie, Soziologie und historischen Kasuistik der Umsturzbewegungen“, Berlin 1961/64, S. 11 f.
[389] a.a.O. S. 7.
[390] Lemberg, a.a.O. (Anm. 348) Bd. I, S. 307.

Gruppen sein, die im weltweiten Kulturkontakt ihre Identität zu verlieren drohen - Auch Indien steht in dieser universalen Akkulturation, die man auch als „rapid social change" bezeichnet hat.

# VI. Das „Indische" im Verhältnis zu Kulturwandel und Welt-Zivilisation

## 1. Sozialer Wandel in Indien: Das Dorf als Beispiel

Auf dem Dorf lebt die Masse der indischen Bevölkerung. Im dörflichen Indien hat sich die überkommene Sozialstruktur des Hinduismus in seiner herkömmlichen Form am besten erhalten. „Das Dorf ist Indien". Die sog. „Urbanisierung" wiederum ist eine neue von außen eindringende Kraft.

Es ist daher sinnvoll, wenn T. Zinkin mit ihrem Buch über das sich verändernde Indien beim Dorf einsetzt[391]. Seine besondere Struktur erhält das indische Dorf durch die soziale Gliederung der Kastengruppen, die etwa auch den Besitz-Verhältnissen entsprechen. Zwar gibt es fast überall in der Welt und besonders in Entwicklungsländern sozio-ökonomische Schichtungen mit reichen Grundherren und mittellosen Landarbeitern, aber „was an der indischen Situation einzigartig ist, das ist die Tatsache, dass Landbesitzer, Pächter und besitzlose Arbeiter ... dauerhafte, erbliche Kastengruppen bilden"[392].

Innerhalb des Kastensystems gibt es zwei sich überschneidende „Solidaritätslinien". Man kann sie mit Srinivas die vertikale und die horizontale Solidarität nennen:

Einmal besteht eine regionale Einheit von der untersten bis zur obersten Kaste für gewisse Bereiche der Kultur, wie die Sprache, „kleine Traditionen" der Religion, lokale Herrschaft usw. Das ist die „vertikale Linie".

Zum anderen gibt es Kultureinheit innerhalb überörtlicher, überregionaler Schichtungen mit entsprechenden Kastenangehörigen andernorts. Zu diesem Bereich gehören: der religiöse Reinheitsstatus, Heiratsgesetze (Endogamie), translokale Herrschaft etc. Das ist die „horizontale Linie".

Je höher eine Kaste eingestuft ist, desto weiter reichen auch ihre überregionalen Kulturtraditionen, in Entsprechung zu der historischen Entwicklung, in der die Brahmanenkasten für die all-indische Ausbreitung des Hinduismus sorgten[393].

Dieses Gefüge von vertikaler und horizontaler Solidarität wird durch eine Prozess gestützt, den Srinivas als „Sanskritisierung" zu bezeichnen gelehrt hat. Dabei wird die Pluralität der Kasten durch strengste Einhaltung der Kastenregeln und -grenzen von den oberen Schichten her betont und überwacht[394]. Die „natürliche" Tendenz der unteren Kasten, durch Imitation der oberen ihr Anse-

---

[391] a.a.O. (Anm. 226)
[392] S. N. Srinivas, a.a.O. (Anm. 250), S. 12.
[393] vgl. K. M. Panikkar, „Geschichte Indiens", S. 16.
[394] Srinivas, a.a.O. S. 14 ff.

hen aufzubessern, wird so gesteuert, dass sie die rituellen Schranken des ganzen Systems nicht durchbricht: Es können sich allenfalls neue Kasten bilden oder einzelne Kasten auf- und auch absteigen, aber eine Angleichung grundsätzlicher Art kommt nicht in Frage. Das gilt auch für solche Gruppen, die noch außerhalb dieses Ordnungsprinzips stehen. So wurden die ersten Christen Indiens als Unterkasten ins System ebenso eingegliedert wie auch diejenigen Stämme der Ureinwohner (Adivasis), die sich den Hindus anzupassen versuchten. Sie erhielten alle ihren Platz im Kasten-Institut, das allmählich zu einem „pluralistischen Universum" wurde, aber im Prinzip nie in Frage gestellt werden konnte. Die egalitären Tendenzen in der buddhistischen Periode und während der Aufbruchszeit der Bhakti-Bewegung konnten sich nicht durchsetzen. Auch die Muslim-Herrschaft konnte der Ordnung der Hindu-Gesellschaft keinen Schaden zufügen, weil von innen her nichts verändert wurde. „While individual castes moved up or down, the structure remained the same"[395].

Heute tritt nun nach Ansicht der Sozialwissenschaftler ein allmählicher, aber grundsätzlicher Wandel ein. In einer kaum mehr zu überschauenden Literatur-Fülle wird der sozio-ökonomische Veränderungsprozess in der indischen Gesellschaft und besonders im indischen Dorf von Soziologen und Wirtschafts- und Agrarwissenschaftlern untersucht[396]: Man spricht von „Modernisierung", „Urbanisierung", „Säkularisierung", „Industrialisierung", „Westernisierung" und ähnlichen Prozessen. Sie alle sind veranlasst durch den Kontakt und die Kommunikation Indiens mit nicht-hinduistischen Kulturen, d. h. vor allem mit der durch die Europäer importierten westlichen Kulturtraditionen.

Die Bedeutung der modernen Kommunikationsmittel für den Wandel (nicht nur) im indischen Dorf kann kaum überschätzt werden. Wie revolutionär allein die Einrichtung von Buslinien zwischen indischen Marktflecken ist, das geht schon aus der sarkastischen Feststellung hervor: „es ist unglaublich schwierig, in einem überfüllten indischen Bus auf rituelle (Kasten-)Distanz zu achten"[397]. Vor allem machen die neuen Verkehrsmittel die Hindu-Gesellschaft mobiler und stellen eine lebensnotwendige Voraussetzung für die all-indische Verwaltung dar. Schulbücher und Zeitungen sind weitere wichtige Kommunikationsmittel,

---

[395] ebd. S. 30.

[396] T. S. Epstein, „Economic Development and Social Change in South India", Manchester 1962; K. Ishwaran, „Tradition and Economy in Village India", London 1966; Barrington Moore, „Soziale Ursprünge von Diktatur und Demokratie. Die Rolle der Grundbesitzer und Bauern bei der Entstehung der modernen Welt", Frankfurt/M. 1969 (Moore bietet eine umfassende Theorie für die Entwicklung der „dritten Welt"); A. R. Desai „Rural India in Transition", Bombay 1961; weitere Literatur bei Besters/Boesch (ed.) „Entwicklungspolitik – Handbuch und Lexikon", Berlin/Mainz, 1966.

[397] T. Zinkin, a.a.O. (Anm. 226), S. 115.

die in der Bedeutung für das Dorf noch durch Radio und Fernsehen übertroffen werden, weil diese auch Analphabeten erreichen können. Da aber nur einzelne (reiche) Dörfler in der Lage sind, sich solche Geräte zu leisten, hat man begonnen, ein Programm für Gemeinschaftsradio für die Dörfer aufzubauen[398]. In kleineren Städten können die Inder darüber hinaus auch schon ihrer Liebe zum Kino-Film frönen.

Natürlich werden durch die neuen Kommunikations-Mittel auch die traditionelle Kultur und ihre „kleinen Traditionen" gepflegt[399]. Aber auch dies geschieht doch in immer neuen, vom all-indischen „Kulturmanagement" gesteuerten Interpretationen unter Umgehung der herkömmlichen Autoritäten des Dorfes aus der lokalen Priester- und Brahmanenschicht[400]. Auch wenn diese Dorfpatriarchen gegenwärtig noch die Kommunikationsmittel auf Grund der gegebenen Besitzverhältnisse mehr oder weniger stark kontrollieren können, so ist doch ihre absolute Vormachtstellung erschüttert[401].

Eine große Zahl indischer und westlicher Sozialwissenschaftler beklagt freilich, dass diese Entwicklung viel zu langsam gehe. Vor allem Barrington Moore's große vergleichende Analyse läuft darauf hinaus, dass er für Indien die Herrschaft des status quo konstatiert und Änderung nur auf mehr oder weniger gewaltsamen Wege – evtl. durch staatliche Lenkung – für möglich hält[402]. Das liberale Argument, man müsse einen gewissen Verlust an Geschwindigkeit der Entwicklung in Kauf nehmen „um der Demokratie willen", ist – nach Ansicht dieses Autors – gänzlich entkräftet durch die Tatsachen der nach wie vor herrschenden wirtschaftlichen Krisensituation, in der die Armen sogar noch die Hauptlast der Reformen zu tragen haben[403].

Doch gibt es – selbst im Westen – noch Stimmen, die das alte Kastensystem preisen und vor einer forcierten Änderung der alten Sozialstruktur der Hindus meinen warnen zu müssen[404]. Dabei geht man z. B. davon aus, dass „echtes, inneres Glücklichsein" und „innerer Friede" durch die Kastengesellschaft besser garantiert sei als durch eine moderne Gesellschaftsordnung[405].

---

[398] P. Neurath, „Der Rundfunk im indischen Dorf" im Sammelband „Soziologie der Entwicklungsländer", hrsg. von P. Heintz, Köln/Berlin 1962, S. 244-255.

[399] Srinivas, a.a.O. S. 132 f.

[400] ebd. S. 135.

[401] vgl. Zinkin, a.a.O. S. 97.

[402] B. Moore, a.a.O., Kap. 6.

[403] ebd. S. 472.

[404] M. Boss, „Indienfahrt eines Psychiaters" (Herder-Bücherei), Freiburg, 1966; L. v. Wiese „Die klassischen Grundlagen der Sozialorganisation der Inder" (Buchbesprechung) in „Indien und Deutschland", a.a.O. S. 104-112.

[405] M. Boss, a.a.O. S. 68+180 ff.

Wohin immer man nun die Entwicklung auch treiben sieht oder lenken will, wie immer man den Wandel beurteilt oder sein Ausmaß einschätzt, - die Veränderung als solche lässt sich nicht mehr aufhalten. Denn die einzig denkbare Möglichkeit des Ausweichens durch eine völlige Abkapselung des indischen Dorfes muss außer Betracht bleiben, - sie bedeutet seinen Tod. Leben ist abhängig von Kommunikation. Kommunikation aber bedeutet Veränderung. Der Kontakt mit dem Fremden, dem Neuen ist hergestellt und dieser Kulturkontakt bewirkt auf jeden Fall irgendeinen Wandel[406].

Die Richtung aber, in die der Wandlungsprozess tendiert, bleibt im Zeitalter weltweiter Kommunikation auch abhängig von der Gesamtrichtung der Weltentwicklung.

## 2. Weltweiter Kulturwandel und der Wandel des Indienbildes

Wenn heute von „Globalisierung" oder „Planetisierung" der Gesellschaft die Rede ist, erinnert man sich zunächst des Weltverkehrs, des Welthandels, der Telekommunikation sowie der weltweiten Gemeinschaft durch gemeinsame Zeitrechnung nach Datum bzw. Tages-, Monats- und Jahreszählung. Daneben denkt man an internationale Zusammenschlüsse der Völker wie die verschiedenen UN-Organisationen, das IKRK oder die Welthungerhilfe und internationale Entwicklungsfonds. Auch verschiedene Militär- und Wirtschaftsbündnisse wie Commenwealth, Centro, Comecon und kontinentale Gemeinschaften wie die Organisation Afrikanische Staaten etc. stellen mehr und mehr Internationalität des Lebens auf der Erde her[407].

Während jedoch in diesen Groß-Organisationen meist nur die Führungseliten einzelner Länder wirklich aktiv beteiligt sind, gibt es andere globale Strukturen, die einen wesentlich höheren Prozentsatz der jeweiligen Bevölkerung erfassen. E. Lemberg hat darauf verwiesen, dass moderne wirtschaftliche Großbetriebe innerhalb der Industrienationen an die Stelle der Grafschaften und Herzogtümer treten und ihre eigene Art von „Patriotismus" und Gruppenintegration hervorbringen[408]. Dies gilt dann auch für grenzüberschreitende Zusammenhänge internationaler Konzerne. So stehen Namen wie Shell, IBM, Volkswagen oder Siemens bei Menschen verschiedenster Herkunft und Nationalität als Zeichen für Arbeit und Brot. Aber nicht nur die Wirtschaft, sondern auch der Sport, die Wissen-

---

[406] vgl. W. E. Moore, „Die Wirkung der fremden Kultur" in „Soziologie der Entwicklungsländer" hrsg. v. P. P. Heintz, S. 119 ff.; G. Eisermann, „Die Bedeutung des Fremden für die Entwicklungländer" in „Soziologie der Entwicklungsländer" hrsg. v. G. Eisermann, Stuttgart 1968, S. 131 ff.

[407] vgl. „Taschenbuch der Weltorganisationen", hrsg. v. W. Grosse, 3. Aufl. , München 1955 (und folgende Jahrgänge).

[408] Lemberg, a.a.O. (Anm. 348), Bd. I, S. 58.

schaft und die Kultur vermögen heute auf internationaler Ebene große Menschenmassen mittels Telekommunikation zu vereinen. Sie überwinden mit ihren „neutralen" Foren und Plattformen wesentlich leichter die ideologischen oder nationalen Schranken.

Doch auch im ideologischen Bereich gibt es heute unzählige Überschneidungen. Internationale Partei- und Propaganda-Organisationen der verschiedenen Lager und weltweite Verbindungen der Religionen, Konfessionen, Kulte und Sekten sorgen für immer neue Querverbindungen und Verflechtungen.

Hinzu kommt die Mobilität der Gruppen und Individuen: Emigranten, Flüchtlinge, Umsiedler, Gastarbeiter, Entwicklungshelfer, Austauschstudenten und Touristen. Auch die internationalen Not- und Hilfsgemeinschaften und caritativen Organisationen oder internationale Katastrophen-Einsätze stellen ad hoc weltweite Kommunikations- und Integrations-Gebilde dar.

Darum ist es selbstverständlich, dass die Identität einer einzelnen ethnisch-national oder staatlich geformten Gruppe nicht nur abhängt und beeinflusst wird von ihrem eigenen Selbstverständnis und ihrer autochtonen Entwicklung, sondern ebenso von den genannten universalen Strukturen und Einflüssen. Insofern ist die sog. Selbstbestimmung oder Selbständigkeit im Osten wie im Westen immer nur relativ.

Das „Indische" oder die indische Identität ist also nicht nur abhängig von der Vielfalt der Gruppierungen und Bewegungen im eigenen Land, sondern ebenso von der Vielzahl der Verflechtungen nach draußen. Auch hier würde eine totale Abkapselung den Lebensstrom der Entwicklung unterbrechen.

Damit soll nicht gesagt sein, dass sich etwa eine weltweite Gleichschaltung oder Uniformierung unausweichlich vollziehen würde[409]. Vielmehr soll hier festgehalten werden, dass heute jede lebendige Kultur an der weltweiten Kommunikation teilhat, und dass darin eine Wechselbeziehung entsteht, die immer auch Veränderungen und kulturellen Wandel schafft. Es ist daher verständlich, wenn heutige Kulturwissenschaftler die Geschichte als einen ständigen Kulturwandel ansehen oder als einen allmählichen Entwicklungsprozess sozialer Ordnungen[410], „denn keine lebende Kultur ist statisch"[411].

---

[409] vgl. zu Ausmaß und Tendenzen der Entwicklung die oben (Anm. 395) angegebene Literatur.

[410] „War der ‚Kulturwandel' nicht nur ein anderes Wort für ‚Geschichte'?" – fragt O. Köhler in „Probleme des Kulturwandels", Freiburg, 1965, Vorwort (abgedruckt in SAECULUM XVI, 1965, S. 108 ff.); vgl. R. F. Murphy, „Cultural Change" in BIENNIAL REVIEW OF ANTHROPOLOGY ed. by Siegel/Beals, Stanford, 1967, S. 1: „History, in its inclusive sense, is social reality, and it emerges from chaos only when studied as the unfolding of a social order".

[411] M. J. Herskovits, „Akkulturation", in „Historische Völkerkunde", hrsg. v. C. Schmitz, Neuwied, S. 395.

Die Idee des Wandels jedoch kann nur auf dem Hintergrund einer korrespondierenden Vorstellung eines stabilen Kontinuums behauptet werden: „There can be no proper understanding of modification unless the matrix within which shifts are taking place is thoroughly studied"[412]. Der Begriff des Wandels erfordert einen Gegenbegriff des Beständigen, der Kontinuität. Dieses Begriffspaar muss also jenem von Einheit und Vielfalt zur Seite gestellt werden, sofern wir eine Kultur nicht nur als toten Gegenstand, sondern als Lebensbereich und Lebensausdruck einer Vielzahl von Menschen verstehen wollen.

Aber nicht nur „Indien" als lebendiger Gegenstand der Forschung, sondern auch das „Indienbild" der Forscher selbst ist ganz analog eben jener Spannung von Kontinuität und Wandel ausgesetzt. Wie sich nun das Bild von Indien allein unter deutschen Autoren durch die Jahrzehnte und Jahrhunderte verändert bzw. konstant erhalten hat, das zeigen modellartig die Untersuchungen von Glasenapp über DAS INDIENBILD DER DEUTSCHEN DENKER[413] und die kleinere Arbeit von W. Rehfeld über DAS INDIENBILD IN DER DEUTSCHEN LITERATUR[414]. Entsprechende Untersuchungen zum Indienbild der neueren fachbezogenen Kulturwissenschaft gibt es nicht. Doch trifft Rehfelds Gesamturteil zum literarischen Indienbild sicher weitgehend auch dasjenige der Fachdisziplinen: wissenschaftliche und sprachliche Leistung vermischen sich mit Illusion und Selbsttäuschung, - zumal der ideologische Hintergrund der Forscher sich auch in der Indologie stark auswirkt. Das wird deutlich etwa an der Auseinandersetzung zwischen Glasenapp (BRD) und Ruben (DDR), die beide ihren eigenen Standpunkt für wissenschaftlich halten, den des anderen jedoch für Glaubensangelegenheit[415].

Aber auch unabhängig vom ideologischen Ost-West-Gegensatz zerfallen Ethnologie und Kulturanthropologie in eine Unzahl geistesgeschichtlich geprägter Schulen. Der älteren Auseinandersetzung zwischen Vertretern der Kulturkreis-Lehre und den „reinen" Kulturhistorikern folgten die Gegensätze von Evolutionisten und Strukturalisten, von Kulturmorphologen oder „Holisten" und Kulturmaterialisten, von Funktionalisten und Linguisten[416]. Die Wissenschaft, die in Wien „Völkerkunde" genannt wird, heißt in England „Sozial-Anthropologie", in USA aber „Kulturanthropologie". Doch auch hier gibt es heute viele Überschneidungen. Die Amerikaner Kroeber und Kluckhohn geben in ihrer Untersuchung zum Begriff „Kultur" nicht weniger als 164 verschiedene, ausgeführte Definitio-

---

[412] R. F. Murphy, a.a.O.
[413] Stuttgart 1960
[414] INDO-ASIA (8) 1963, S. 346-355.
[415] vgl. Glasenapp „Indienbild", II, 2.
[416] Zur Darstellung der verschiedenen Schulen vgl. W. E. Mühlmann, „Geschichte der Anthropologie", Frankfurt/M. 1968; Marvin Harris, „The Rise of Anthropological Theory" London 1969; B. Holzner, „Völkerpsychologie – Leitfaden mit Bibliographie", Würzburg, o.J.

nen an, die sie nach Schulrichtungen ordnen, ohne damit die ganze Forschung umfassen zu können[417].

Insofern ist es möglich, ein Wort Wolfgang Bauers, das er für China geprägt hatte, auch auf Indien anzuwenden und zu formulieren: *Die Beurteilung Indiens ist zu einem guten Teil ein Spiegelbild der Utopien und Ideologien, denen der einzelne im Westen anhängt*[418].

## 3. Universale Utopie

Idealistische und materialistische Nationalisten haben – wie wir oben aufzeigten – dasselbe *Endziel* im Auge. Ihre *Methoden*, dieses Ziel zu erreichen sind grundsätzlich verschieden. Das liegt u.a. daran, dass sie je ein verschiedenes Bild von der Vergangenheit der eigenen Gruppe und unterschiedliche Analysen von ihren gegenwärtigen Bedürfnissen zugrunde legen.

Eine Einheit über den Gegensätzen kann also nicht durch bloße Ausrichtung nach vorne gewonnen werden, wenn dabei die Auffassung von der Vergangenheit ungeklärt bleiben. Der Mensch ist nicht nur Zielwesen, sondern er ist zuerst und vor allem durch die Natur- und Kultur-Geschichte bestimmt. Wer darum heute von der „Großräumigkeit der Existenz" redet[419], der sollte dies nicht nur tun im Hinblick auf die geographisch-kosmische oder die sozio-kulturelle Dimension, sondern damit gleichzeitig im Hinblick auf die historisch-geschichtliche Ausdehnung der Gesamtexistenz der Menschheit.

Auch die utopischen Ideologien kommen ohne diesen Bezug auf die Tiefendimension der Geschichte nicht aus. Bei ihnen wird Geschichte vergegenwärtigt in Form einer „mythischen Anaklisis", d. h. ihrem endzeitlichen Entwurf vom „goldenen Zeitalter", den die Utopisten der jetzigen „verkehrten Welt" entgegenstellen, rechtfertigen sie durch Rückgriff auf das Mythologem der konfliktfreien Urgesellschaft oder durch eine gänzlich ahistorische und unkritische Vorstellung von der Geschichte der eigenen „uralten" Kultur. W. E. Mühlmann hat dies am Zusammenhang von Chiliasmus und Nativismus, von Sozialrevolution und religiösem Schwärmertum aufgezeigt[420]. Er hat auch die historischen Entwicklungslinien herausgearbeitet, die vom urchristlichen Chiliasmus und gnostischen Dualismus über die Katharer und Wiedertäufer bis zu Marx und zum „externen Proletariat" der Entwicklungsländer reichen. „Zwischen den Pauperes im Mittelalter (den echten, nicht den kultisch nachgemachten), den Pariakasten oder Pariaklassen und dem externen Proletariat der ‚Entwicklungsländer' von

---

[417] A. L. Kroeber/C. Kluckhohn, „Culture – A Critical Review of Concepts and Definitions", NY, 1952.
[418] W. Bauer, „Chinas Vergangenheit als Trauma und Vorbild", Stuttgart 1968, S. 16.
[419] A. Weber, „Kulturgeschichte als Kultursoziologie", München 1951, S. 457.
[420] Mühlmann, „Chiliasmus und Nativismus", 2. Aufl. , Berlin 1964.

heute besteht also eine Kongruenz der Situation und damit auch eine weitgehende Deckung der Motivation und Disposition zu - eschatologisch-christlich chiffrierten - Umstürzen. Und ebenso besteht eine Entsprechung der Gegentypen ..."[421].

Das Besondere der heutigen Situation bestehe darin, dass sich der Klassenkampf gegenwärtig auf globaler Basis vollzieht, dass nahezu alle Populationen der Erde eingetreten seien in den „revolutionären Zyklus", der durch das Gleichheitsmotiv ausgelöst wurde. Dieses Motiv habe nicht – wie die alte Aufklärung meinte – zur moralischen Vervollkommnung des Menschen im globalen Sinne geführt, sondern zur Anerziehung eines „sozialen Gewissens" einerseits und zur Ausbreitung eines „progressiven Verlangens" andererseits[422].

Die Vielzahl der heutigen „Sozialreligionen" lässt sich also auslegen als eine Vielzahl von Konfessionen zu jener einen – von W. Freytag[423] so genannten – „neuen Weltreligionen der diesseitigen Götter". Durch die Ausweitung des Erwartungshorizontes ist allmählich ein universelles Ziel in den Mittelpunkt gerückt: die ökonomische Entwicklung. Das gilt auch – wie W. E. Moore zu Recht betont[424] – für Kulturen, die traditioneller Weise auf ideologischen Systemen fußen, welche die Außerweltlichkeit betonen. Die Neu-Interpretation des hinduistischen „moksha"- Begriffes ist dafür bezeichnend: hatte man früher damit die übergeschichtliche Befreiung vom Geburtenkreislauf gemeint, so wird „moksha" auch bei einem religiösen Mann wie Gandhi schon zur geschichtlichen Befreiung vom Joch der Fremdkultur[425].

In dieser Entwicklung ist auch der Grund zu sehen, warum sich in sozialpsychologischer Hinsicht die idealistische und die materialistische Ideologie in einem Land wie Indien so sehr gleichen.

Nun ist der indische Staat nach seiner Verfassung bewusst und betont als säkular-pluralistischer in die Geschichte eingetreten. Er hat sich also weder den religiösen Nationalisten noch den sozialistischen Utopisten angeschlossen. Das kann jedoch nicht darüber hinwegtäuschen, dass auch dieser vom Westen importierten Idee der konstitutionellen Demokratie jener Glaube an den neuen Menschen in der gerechten Gesellschaft zugrunde liegt. Der indische Politologe V. P. Varma

---

[421] a.a.O. S. 355.

[422] Mühlmann, „Weltrevolution auf Zeit gestreckt", in „Soziologie der Entwicklungsländer" (s. o.) S. 179 ff.

[423] Freytag, „Nach Ghana: Neue Aspekte der Weltmission", in „Reden und Aufsätze", hrsg. v. Hermelink/Margull, Bd. I, S. 123.

[424] W. E. Moore, „Der soziale Rahmen der ökonomischen Entwicklung" in „Soziologie der Entwicklungsländer", hrsg. v. G. Eisermann, S. 9-36 (S. 13).

[425] Mühlmann, „Chiliasmus und Nativismus", S. 233.

hat dies mit aller Deutlichkeit hervorgehoben: „Hence democracy is being inter-
preted today as a kind of faith, a new valuational outlook on society and politics,
a concept almost of the remaking of man"[426]. Er als Hindu findet hinter dieser
Idee der Demokratie und der Gleichheit die christliche Anthropologie vom 'neu-
en Menschen', für die sich Christus, Paulus und Luther eingesetzt hätten: „The
Christian anthropology is at the basis of Western constitutionalism"[427]. Und ohne
diese christliche Anthropologie näher zu untersuchen, fährt er fort und ver-
gleicht sie mit der hinduistischen Spiritualität, die nach seiner Meinung an die
Stelle der christlichen treten könne: „Indian culture also accepts a spiritual psy-
chology. It conceives of man as an immortal being or *atman* and it believes in the
ethics of universal goodness.... Only the firm believe in the sanctity of the human
being can....make imperative the task of realizing the social and political equal-
ity of man"[428].

Hier stoßen wir also wieder auf unser Thema der Indigenisation, jetzt in der
Form einer ganz „weltlichen" Einheimisch-Machung christlicher Anthropologie.
Zugleich sehen wir, dass sich der oben dargelegte etymologische Befund auch inhaltlich bestätigt: die Frage nach Indigenisation als die Frage nach dem „Indischen" trifft auf die heute universelle Suche nach dem neuen Menschen[429].

---

[426] .V. P. Varma, „Modern Indian Political Thought", Agra 1961, S. 724
[427] a.a.O. S. 727.
[428] ebd.
[429] vgl. oben das Ende von Abschn. B, I,1 – S. 27.

# VII. Rückblick: Identität und Kommunikation der Inder

## 1. Unvermeidliche Typisierung

„Das Indische" gibt es nur als eine Unzahl von Indienbildern, die jeweils in einem bestimmten sozial abgrenzbaren „Feld" gültig und wirksam sind.

Da sind einerseits die traditionalistisch oder utopistisch, nativistisch oder universalistisch geprägten Indienbilder der verschiedenen Ideologien. Da sind andererseits die vielfältigen Indienbilder der Forscher und auswärtigen Beobachter, die ebenfalls von einem „erkenntnisleitenden Interesse" abhängig sind.

Denn auch der Forscher ist begrenzt dadurch, dass er aus der unendlichen Fülle der Beobachtungen eine Auswahl treffen muss, und dass er in dieser Auswahl und in deren Auswertung bestimmt ist durch „vorgefasste Meinungen, Stereotype und Idiosynkrasien" bei sich selbst und bei seiner Umwelt[430]. Auch haben schon ältere Untersuchungen zum Problem des „National-Charakters" deutlich gemacht, dass vom Objekt der Forschung wie von der Methode her Gegensätze aufbrechen, die nur noch in einer philosophischen Anthropologie oder weltanschaulichen Postulaten zu harmonisieren sind[431]. Den zuständigen Wissenschaften der Psychologie, Soziologie, Kulturanthropologie und Religionswissenschaft ist nicht weniger aufgegeben als die „großen Themen" der Metaphysik: sei es die Frage nach der „Einheit in den Gegensätzen" oder die nach dem Miteinander von „Seele und Außenwelt", sei es die Verhältnisbestimmung von „Akt und Sein" oder die von „Individuum und Allgemeinheit"[432].

Da wir hier nicht den Versuch eines metaphysischen „Panperspektivismus" machen können, - auch nicht im Sinne einer „Enzyklopädie des Verstehens" (F. Heinemann), ist zur Gewinnung einer vorläufigen Übersicht eine gewisse Typisierung des bisher Erarbeiteten unvermeidlich. Suchen wir die Indienbilder der außenstehenden Beobachter und der einheimischen Autoren und Bevölkerungsgruppen zu ordnen, so ergeben sich die folgenden drei Grundmodelle:

## a) Das „Hindu-Modell"

Ausgangspunkt hierbei ist die Identität von Indischer Kultur und Hinduismus, von Indienbild und Hindu-dharma (s. o. II, 3b). „Durch die Jahrhunderte" war Indiens Einheit manifestiert im Veda-Grundsatz „Gott ist einer (eines), die weisen Männer nennen ihn (es) mit verschiedenen Namen" (s. o. S. 37, Anm. 256). Alles,

---

[430] B. Holzner, „Völkerpsychologie", Würzburg, 1961, S. 35.

[431] M. Mead „National Character" in „Anthropology Today – Selections", ed. by Sol Tax, Chicago 1962, S. 396-421; B. Holzner, a.a.O. ; W. E. Mühlmann, „Homo Creator – Abhandlungen zur Soziologie, Anthropologie, Ethnologie", Wiesbaden 1962.

[432] Das wird deutlich bei einem Vergleich der Themenkreise bei Mühlmann's „Homo Creator" mit H. Heimsoeth, „Die sechs großen Themen der abendländischen Metaphysik", Stuttgart 1965.

was (negativ) nicht in diese Einheitsvorstellung passt oder passen soll, stammt von „jenseits der Grenzen", auch wenn es schon seit Jahrhunderten innerhalb dieser Grenzen existierte (s. o. S. 36). Alles, was als positiv empfunden wird und auch von „jenseits der Grenzen" kommt, wird in die eigene Überlieferung und die alte Einheitsvorstellung hineininterpretiert oder darin „neu entdeckt" und wiedergeboren („Renaissance"). So sind die Hindus seit je das „säkularste Volk der Welt" und auch die Demokratie war ihnen längst vor dem Kontakt mit Europa bekannt (Jana-Sangh-Partei). Wandel bedeutet hier allenfalls „Evolution von oben", und Fortschritt heißt „Erschließung neuer Bewusstseinsebenen" (Sri Aurobindo) im Namen der „Seele Indiens".

Schematisch vereinfacht ließe sich dieses (Hindu-)Modell in der folgenden Doppel-Skizze anschaulich machen:

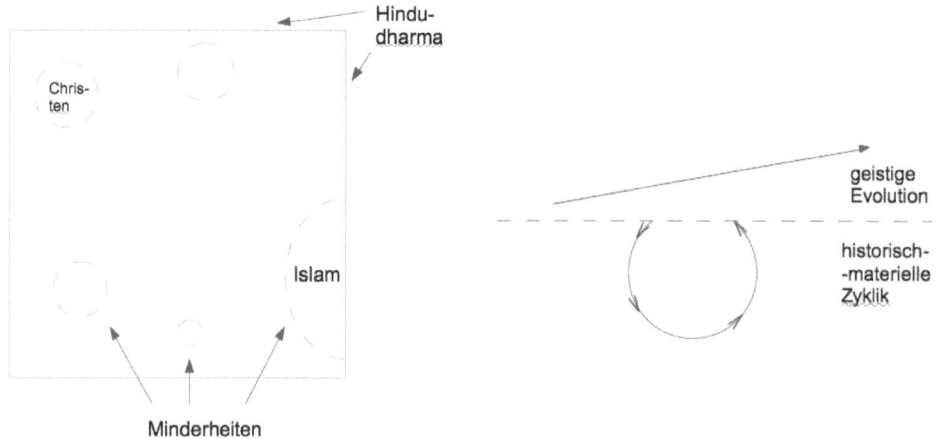

## b) Das „Säkularisten-Modell"

Hier geht man aus von den Gegebenheiten, d. h. vom säkular-pluralistischen Staat, der in sich einer Vielzahl von „Community"-Ideologien Raum gibt. Wegen der anerkannten Pluralität der Ideologien ergibt sich aus den unvermeidlichen Gruppen-Konflikten ein Verständnis von der Einheit Indiens, das zu bezeichnen ist als „kontinuierlicher sozialer Prozess" (s. o. S. 36). Die Verkörperung dieser Einheit stellt die Institution des Staates selbst dar, die jedoch auch nicht ohne ideologische Rechtfertigung auskommen kann, sei es vom Begriff der „Humanität" oder vom Begriff der Demokratie her (s. o. S. 35f.).

Schematisch wäre dieses Modell in der folgenden Doppel-Skizze näherungsweise anschaubar zu machen:

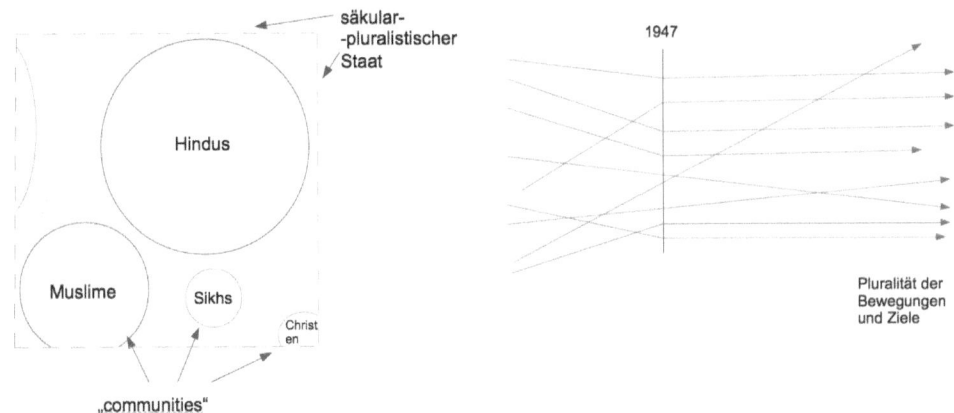

## c) Das „Utopisten-Modell"

Ausgangspunkt ist die Zielvorstellung der neuen Weltgesellschaft. Auch die Einheit Indiens ist daher „nichts anderes als ein Ziel" (Namboodiripad), denn sie ist zu verstehen als die „revolutionäre Einheit der werktätigen Bevölkerung Indiens" (s. o. Abschn. V, 2). Der Weg zu diesem Ziel ist zu kennzeichnen als eine „Revolution von unten". Schematisch vereinfacht In der folgenden Doppel-Skizze dargestellt:

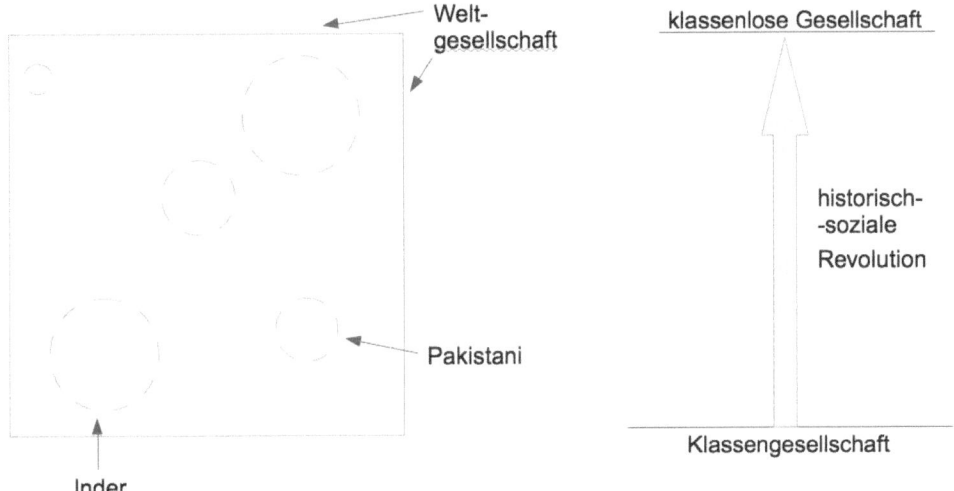

Entscheidend ist nun, darauf zu achten, dass keines dieser drei Modelle in „Reinheit" bestehen oder angewendet werden kann. Denn zum Ersten stellt jedes der drei Denkmodelle bereits die Integration von einer Vielzahl von Einzel-Vorstellungen dar. Als ideologischer Programmatik eignet vor allem den Modellen a) und c) ein hoher Grad an Abstraktion. Zum Zweiten führt das Nebeneinander dieser drei Grundmodelle notwendig zu gegenseitiger Beeinflussung: Die utopischen Internationalisten geben sich nationalistisch oder gar religiös, die religiösen Nationalisten aber tendieren dazu, sich ein säkulares oder universalistisches Gewand überzuwerfen (s. o. S. 50ff.). Alle drei Modelle stehen in einem weltweiten Kommunikations- und Entwicklungsprozess, der sie vom Allgemein-Menschlichen her relativiert und korrigiert (s. o. Abschn. VI,2).

Von daher ergibt sich die Frage nach einer Begrifflichkeit, die den sozial-anthropologischen Gegebenheiten besser angepasst ist als das meristisch-numerisch misszuverstehende Begriffspaar von „Einheit und Mannigfaltigkeit". Gleichzeitig sollte diese Begrifflichkeit dem Problem von „Kontinuität und Wandel" angemessen entsprechen.

## 2. Identität und Kommunikation

Die in der gegenwärtigen Sozialpsychologie gebräuchlichen Begriff „Identität" und „Kommunikation" scheinen unseren Zwecken am besten zu dienen[433]. Jedes einzelne der oben dargestellten Gruppenleitbilder bzw. Modelle setzt bereits eine bestimmte Integration bzw. einen grundlegenden Kommunikationsprozess voraus. Einzel-Interessen werden zugunsten des Gruppenprogramms zurückgestellt, d. h. einzelne Gruppen werden durch das größere Leitbild wiederum integriert zur „Community", zur Partei, zur Interessengemeinschaft oder zur Nation. Die Kommunikation besteht jedoch nicht nur hinsichtlich der Anhängerschaft eines bestimmten Leitbildes, sondern sie besteht auch hinsichtlich der historisch-ideengeschichtlichen Genese des Leitbildes. Denn ohne Kommunikation mit der Vorgeschichte („Tradition") kann der Hindu nicht zu seiner Idee von der „Seele Indiens" kommen, und ohne Kommunikation mit der „Internationale" kann der indische Sozialist nicht von der klassenlosen Weltgesellschaft reden. Jeder einzelnen Identitäts-Ideologie liegt also genetisch schon ein Kommunikationsprozess zu Grunde.

Aber auch in ihrem gegenwärtigen Bestand ist jede Ideologie notwendig auf eine zumindest minimale Kommunikation mit anderen Ideologien angewiesen, da ihr sonst der Berechtigungsgrund entzogen ist: Gibt es nicht eine konkurrierende Gegenideologie („die anderen"), dann erweist sich die eigene als überflüssig. Das „Phänomen der Unifikation" entsteht am Grundvorgang der Polarisation[434]. So ist auch keine Identitäts-Ideologie nativistischer oder univer-

---

[433] Zum Begriff „Identität" siehe u.a. E. H. Erikson, („Kindheit und Gesellschaft", 3. Aufl., Stuttgart 1968) und A. Strauss („Spiegel und Masken", Frankfurt/M. 1968); zu „Kommunikation" vor allem W. Schramm, „Grundlagen der Kommunikationsforschung", 2. Aufl. München 1968).

[434] P. R. Hofstätter, „Gruppendynamik", rde 38, Hamburg 1957, S. 98; vgl. Erikson, a.a.O. S. 408.

salistischer Prägung denkbar ohne einen Bezug auf die entsprechende Gegenposition.

Identität setzt Kommunikation voraus. Das gilt nicht nur für Gruppen, sondern ebenso für die Ich-Identität des Einzelnen, die sich nur aus einem psychosozialen Vorgang bilden kann. Der Mensch muss Partner sein, um sich als „Selbst", als „Ego" bzw. als „Person" zu begreifen und diese Identität zu bewahren[435].

Kommunikation setzt aber wiederum Identität voraus. Denn ohne (unterscheidende) Identität des Einzelnen oder der Gruppe ist nicht nur die „Dauerhaftigkeit zwischenmenschlicher Beziehungen und Verpflichtungen" gefährdet[436], sondern es entsteht durch die dann unvermeidliche Nivellierung so etwas wie ein „sozialer Wärmetod", ein Stillstand der Entwicklung.

Wird aber Identität mit Kommunikation gleichgesetzt, d. h. funktional als Kommunikation verstanden, dann wird mit der Identität auch die Kommunikation preisgegeben. Diese Gefahr entsteht dort, wo die eigene Geschichte zugunsten einer uniformistischen Universalutopie verneint oder geleugnet wird.

Setzt man Identität jedoch antithetisch als Gegenbegriff zu Kommunikation, so ist mit der Kommunikation ebenso die Identität gefährdet, denn Leben erfordert Kommunikation (vgl. oben Abschn. VI, 2 (S. 58f.). Diese Gefahr, Identität auf Kosten der Kommunikation zu behaupten, droht jeder introvertierten Nativismus-Ideologie, die durch die Preisgabe der Offenheit (für Zukunft und Außenwelt) zur Stagnation in der Isolierung führt.

Wir wollen versuchen darzustellen, wie unter der neuen Begrifflichkeit die Suche nach dem „Indischen" zu stehen kommt. Es ergeben sich dann analog zu den obigen Darstellungen der drei „Modelle" die folgenden beiden schematischen Bilder.

---

[435] Erikson, a.a.O., S. 232, 235, 402; A. Strauss, a.a.O. S. 29.
[436] P. R. Hofstätter, „Personale Identität und das sog. Brainwashing", in „Dialektik und Dynamik – Festschrift für R. Heiss", hrsg. v. H. Hildmann/Fr. Vonessen, S. 155-170 (S. 157).

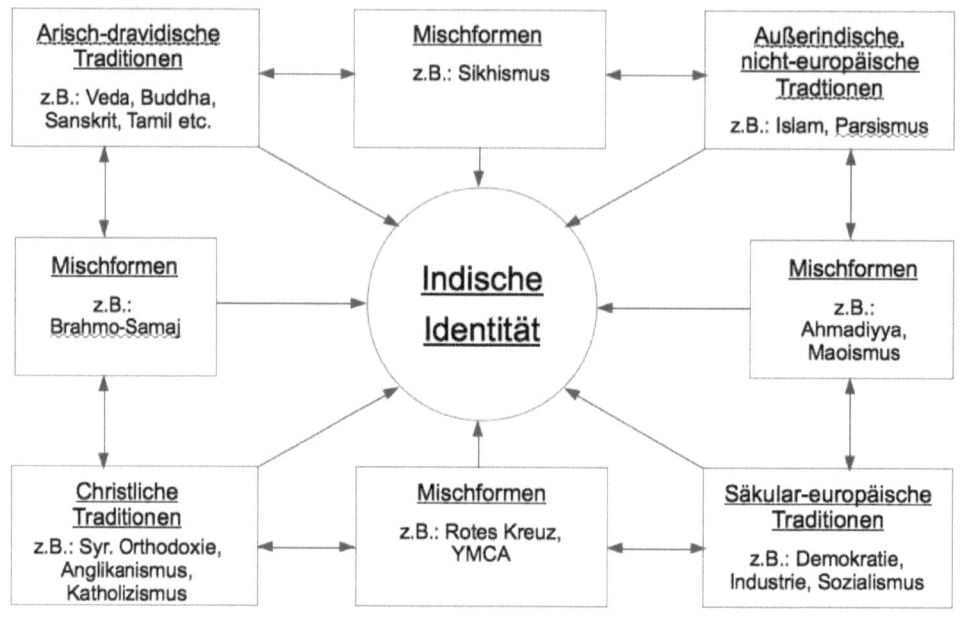

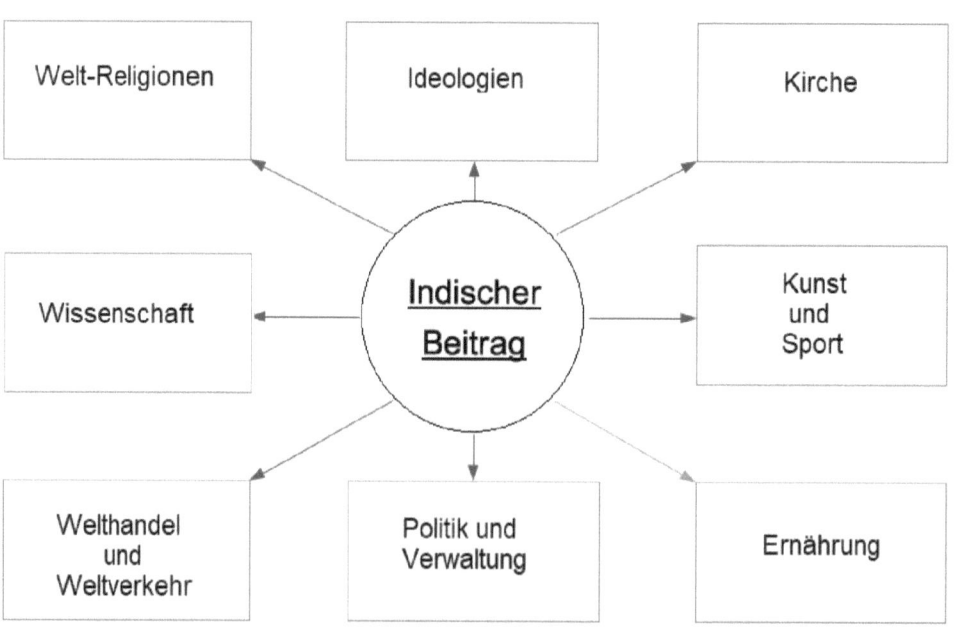

Innerhalb des innerindischen wie des weltweiten Kommunikationsprozesses ergibt sich die jeweilige Verhältnisbestimmung von Identität und Kommunikation aus dem sozio-historischen Standort des Einzelnen oder der Gruppe. Nur von einer bestimmten Position aus lassen sich die beiden Formalbegriffe „Identität" und „Kommunikation" füllen. Eine anthropologische Grundentscheidung ist notwendig.

Dazu bestimmen wir nun in Teil C den Standort der christlichen Theologie in Indien.

# Teil C

## THEOLOGISCHE UNTERSUCHUNG DES BEGRIFFS „INDIGENISATION"
Die Christenheit und einheimisches Christentum

# I. „Indisches Christentum" – Konfession oder Kirche?

## 1. Regionale, soziale und konfessionelle Gliederung der Kirchen

Nach Herwig Wagner muss Indigenisation – im weitesten Sinne – verstanden werden als „ein Akt des konkreten Gehorsams, der nur von der Kirche an ihrem konkreten Ort in der Welt geleistet werden kann"[437]. Leider hat er es versäumt, hier auch von der konkreten Kirche zu reden. Statt dessen spricht er vom „magnus consensus ecclesiae", der nötig sei, um der dogmatischen Entscheidung einer indischen Denominationskirche theologische Gültigkeit zu verleihen. Erst wenn dieser Konsens im Blick auf die Abwehr einer Häresie errungen ist, könne man auch von „einheimischer Theologie" reden. Die eigene theologische Arbeit in Indien kann, nach Wagner, etwa mit der Abwehr einer pneumatologischen Häresie beginnen, weil indische Theologen dafür besonders anfällig seien[438].

Wer aber konstatiert den „magnus consensus ecclesiae"? Welche ecclesia ist hier gemeint? Selbst für das römisch-katholische Lehramt ist es heute schwierig, eine universell gültige Pneumatologie, Ekklesiologie und Theologie durchzusetzen. Wer aber soll für die protestantischen und die orthodoxen Kirchen entscheiden?

Nicht nur die indischen Christen, sondern ebenso die Christen Europas, die Amerikas und anderwärts sind in unzählige kirchliche Organisationen zergliedert. Volkskirchen, Landeskirchen, Staatskirchen und Freikirchen bestehen nebeneinander und haben verschiedene Lehrgrundlagen und Leitungsgremien. Wenn daher H. Kraemer in seinem Tambaram-Buch sagt, erst müsse es wirkliche *Kirche* (real Church) geben, ehe von *einheimischer* Kirche (indigenous Church) geredet werden soll[439], dann bleibt doch die Frage, was denn die „wirkliche Kirche" kennzeichnet und inwiefern die derzeitigen Kirchen Indiens gerade dies nicht wären. Auf keinen Fall darf man von der gegebenen Kirchlichkeit eines Landes abstrahieren, wenn man die „einheimische Kirche" (zu errichten) sucht.

Nach dem WORLD CHRISTIAN HANDBOOK (1968) gibt es in Indien 40 große Kirchengemeinschaften mit über 10.000 Mitgliedern, dazu 42 kleinere mit 1.000 bis 10.000 Gliedern. Darüber hinaus existieren noch eine Anzahl christlicher Kleinstgruppen und als größte Gemeinschaft die römisch-katholische Kirche Indiens. Historisch betrachtet gibt es alteingesessene Kirchen wie die Orthodoxen in Malabar/Kerala und ganz junge Bewegungen wie die „Glaubensmissionen" der Pfingstler. Die kirchliche Palette Indiens ist wohl bunter als die der meisten europäischen Länder, aber kaum so vielfältig wie die der USA.

---

[437] H. Wagner, a.a.O. (s. o. S. 1, Anm. 2).
[438] a.a.O. S. 267.
[439] s. o. Teil A, S. 8 (Anm. 57).

Eine Analyse der Namen indisch-christlicher Gruppen ergibt eine überraschende Ähnlichkeit zwischen alten orthodoxen und jungen protestantischen Kirchen. Namen wie „Syrian Orthodox Church of Malabar" und „Assemblies of God of Great Britain and Ireland in India" zeigen eine ganz parallele Struktur: ein rein konfessionelles Element („Orthodox" bzw. „Assemblies of God") ist verbunden mit dem Namen einer ausländischen Nation, aus der die Missionare kamen („Syrian" bzw. „Britain"); erst als drittes Namenselement erscheint die Bezeichnung einer einheimischen Region („Malabar" bzw. „India"). Nicht anders ist es mit den „römischen" Katholiken, und auch die Anglikaner tragen in ihrem Kirchennamen „Church of India, Pakistan, Birma and Ceylon" die Erinnerung an alte politische Ordnungen. Erst die Unionskirche Südindiens („Church of South India") bildet eine Ausnahme, insofern sie weder eine dogmatische Abgrenzung im Namen sichtbar macht, noch durch ausländische Bezeichnungen auf ihre übernationalen Verbindungen hinweist. Weil diese Kirche aber neben die anderen christlichen Gemeinschaften tritt und niemals alle Christen (Süd-)Indiens integrieren kann oder will, bleibt die Frage nach der indischen Kirche bestehen. Der nationalistische Vorwurf von Seiten etwa der Hindus, die Christen gehörten einer „Fremdreligion" an, wird ohne Unterschied gegen alle indischen Kirchen erhoben. Selbst die seit vielen Jahrhunderten alteingesessenen Kirchen der Malabar-Küste werden davon nicht ausgenommen, obwohl sie sich doch stark dem einheimischen Gesellschaftssystem angepasst haben[440]. Für die Gegner der christlichen Kirchen stellen die Christen aus verschiedenen Denominationen doch eine Einheit dar. Die Ausgrenzung durch orthodoxe Hindus erfolgt gegenüber der Religion des Christus Jesus als einer Religion von „jenseits unserer Grenzen".

Obwohl es also nicht möglich ist, die vielen Konfessionen der indischen Kirche unter *einer* Organisation oder *einem* Bekenntnis zusammenzufassen, erscheinen die Christen den Außenstehenden als Einheit auf Grund ihres *christlichen Namens*.

Dies ist umso verwunderlicher, als nicht nur historische und dogmatische Voraussetzungen die Mannigfaltigkeit der indischen Kirche bestimmt haben, sondern auch soziale Unterschiede die Vielfalt christlicher Präsenz in Indien noch steigern. Auf Veranlassung des Weltkirchenrats hat der Nationale Christenrat Indien eine Reihe von Studien erarbeiten lassen, die das Leben indischer Kirchen in regional, ethnisch und soziologisch abgegrenzten Gebieten analysieren. Untersuchungen wie „Die Kirche in Delhi", „Die Kirche in den Kond Bergen", „Die Kirche unter Tamils und Telugus" und einige weitere kirchensoziologische

---

[440] vgl. N. Koshy, „Caste in the Kerala Churches", Bangalore 1968.

Arbeiten machen deutlich, wie sehr sozio-kulturelle Gegebenheiten das indische Christentum prägen[441].

„Einheimisches Christentum" lässt sich natürlich nicht finden unter Absehung von der vorhandenen, der „überkommenen" Kirche des Landes. Wenn Indigenisation den konkreten Gehorsam am konkreten Ort der Welt erfordert, so darf dabei auch nicht die konkrete, d. h. die historisch-soziologische Gestalt der Kirche übergangen werden.

Um unserem Anliegen der „einheimischen Theologie" näher zu kommen, wollen wir hier die theologische Grundstruktur von drei Typen indischer Kirchlichkeit im Hinblick auf ihre Möglichkeit zur (weiteren) Indigenisation vergleichen.

## 2. Drei Modelle von „indischer Kirche"

### a) Das orthodoxe Modell

In einer Marburger Dissertation von N. J. Thomas liegt eine deutschsprachige Darstellung der „Syrisch-Orthodoxen Kirche der südindischen Thomaschristen" durch einen ihrer Theologen vor[442]. Darin heißt es in einer Zusammenfassung zum „Wesen der Orthodoxie":

> „Die St.-Thomas-Kirche von Malabar ist nichts anderes als ein Glied der universalen orthodoxen Kirche ... Die orthodoxe Kirche glaubt, weder etwas von den alten apostolischen Lehren, die der einen, früher ungeteilten Kirche zu treuer Bewahrung anvertraut worden waren, wegzulassen oder hinweginterpretiert noch etwas hinzugefügt zu haben. Die Berufung auf die apostolischen und patristischen Lehren ist das Merkmal, das diese Kirche am deutlichsten von andern unterscheidet"[443].

Diese seit nahezu 1500 Jahren in Indien ansässige Kirche stellt sich also auch heute noch als Glied der „universalen orthodoxen Kirche" dar, die sich als Bewahrerin der ursprünglichen Lehren der „frühen, ungeteilten Kirche" versteht. Orthodoxie ist „Berufung auf das Alte", deswegen ist die Kirche der Thomas-Christen „in ihrer gesamten Einstellung sehr konservativ und eifrig darauf bedacht, diese Haltung zu bewahren"[444].

Trotz dieser klaren Bekenntnisse zum konservativen Grundcharakter der Orthodoxen versucht N. J. Thomas dann doch die Orthodoxie darzustellen als glückliche Vereinigung der Extreme von rechts und links, von Konservativismus

---

[441] J. P. Alter/H. J. Singh „The Church in Delhi", Lucknow 1961; E. Y. Campbell „The Church in the Punjab", Lucknow 1961; S. Estborn „The Church among Tamils and Telugus", Lucknow 1963; M. B. Boal, „The Church in the Kond Hills", Lucknow 1963.

[442] Würzburg, 1967.

[443] a.a.O. S. 221.

[444] a.a.O. S. 86 + S. 222.

und Liberalismus, von Freiheit und Autorität, von Charisma und Amt[445]. Dieser Widerspruch ist nur zu verstehen, wenn man wie Thomas davon ausgeht, dass die christliche Wahrheit identisch ist mit der orthodoxen „traditio veritatis", die von allem Anfang an getragen und bewahrt wurde durch „die ununterbrochene apostolische Sukzession der Kirche"[446].

Wie sehr hier die Ordnungs- und Verwaltungsaufgabe der Kirche vor das Thema der Glaubenswahrheit tritt, macht schon der Aufbau des Buches deutlich: Nach einer geschichtlichen Einleitung erscheint als Hauptteil I: „Die Leitung und Verwaltung der Kirche", während erst im zweiten Teile „Glaube und Lehre" abgehandelt werden. Dabei ist es verräterisch und nicht ganz unbedeutend, dass dieser zweite Teil im Text des Buches anders überschrieben ist als im Inhaltsverzeichnis: dort heißt er „Lehre und Kult"[447]. Eine Sammlung von Kirchengesetzen aus dem 13. Jhdt., der sog. „Nomokanon" des Mar Gregorios, ist die entscheidende Richtschnur für Leben und Handeln dieser Kirche:

> „Weil jedoch der Nomokanon uns die Lehren der frühen Kirche und der Väter in reiner systematischer Ordnung von Regeln und Satzungen, die für die Verwaltung nötig sind, gegeben hat, ist er die einzige Richtschnur, die für diese Kirche verbindlich ist"[448].

Diese Kanon-Vorstellung ist systematisch jedoch nicht weiter geklärt – etwa im Verhältnis zum Neuen Testament. Denn an anderer Stelle bezeichnet der Autor auch einmal die Bibel und ein anderes Mal die „Gesamtkirche" je als „höchste Autorität". Auch das Verhältnis dieser Autoritäten zu den Glaubensbekenntnissen wird nicht weiter erörtert, vielmehr wird konstatiert: „Der Glaube der indischen Kirche ist enthalten im Apostolischen und Nicaenischen Glaubensbekenntnis, sodann in den Dekreten der ersten drei Konzilien ..."[449]. Durchgängig ist jedoch die Betonung der alten Tradition, die Freude am aufweisbaren Lehrbestand der Kirche und an ihrem Alter. Auch vom Gottesdienst der Thomas-Christen sagt der Autor, dass er „den urchristlichen Charakter gewahrt" habe[450].

Hinsichtlich unserer Frage nach Indigenisation sind nun drei Beobachtungen an dem Werk von N. J. Thomas besonders aufschlussreich. Zum Ersten erscheint in dem gut gegliederten Aufriss des Buches nicht ein einziger Abschnitt über die Welt oder die Umwelt der Kirche oder über den Auftrag der Kirche zu Mission

---

[445] a.a.O. S. 222 f.
[446] a.a.O. S. 223.
[447] vgl. a.a.O. S. 86 u. Inhaltsverzeichnis
[448] a.a.O, S. 67.
[449] a.a.O. S. 86.
[450] a.a.O. S. 224.

und Diakonie in ihrer Welt[451]. Zum Zweiten wird zwar gesagt, die indische orthodoxe Kirche habe ihre Besonderheiten, aber es wird nicht ausgeführt, worin diese bestehen, vielmehr heißt es im folgenden Satz: „Ihre Mitglieder nehmen es
sehr ernst mit der Beibehaltung aller Sitten und Bräuche der alten ererbten Orthodoxie, um mit den orthodoxen Kirchen der ganzen Welt überein zu stimmen"[452]. Zum dritten wird dann doch wieder festgestellt, die orthodoxe Kirche
habe „nationalen Charakter", ohne dass versucht wird, das Verhältnis von nationaler Ausrichtung und universalem Anspruch weiter zu klären.

In diesem ungeklärten Nebeneinander von Universalismus und Nationalismus
mag es begründet sein, dass die Thomaschristen sich in soziologischer Hinsicht
(durch Übernahme des Kastenprinzips) ganz der Hindu-Gesellschaft angepasst
haben[453], dass sie sich aber gleichzeitig durch den Gebrauch der syrischen
Fremdsprache in Kultus und Lehre ihre Eigenexistenz bewahren konnten. Diese
Eigenexistenz wird von N. J. Thomas dann wiederum dadurch unterstrichen,
dass er sagt: „Die orthodoxe Kirche kennt in ihren grundlegenden theologischen
Lehren keine Entwicklung"[454].

## b) Das unionistische Modell

Stark auf Entwicklung eingestellt ist hingegen die CHURCH OF SOUTHINDIA (CSI).
In der Verfassung dieser Kirche wird gleich zu Anfang das Jahr der Vereinigung
(1947) genannt, und es werden die verschiedenen Kirchenkörper und Traditionen aufgezählt, aus denen sie sich bildete. Von diesem Anfang blickt man hinaus
auf die zukünftige Entwicklung. Unter dem Abschnitt „Zweck und Wesen der
Union" heißt es:

> „Die Kirche von Südindien ... glaubt, dass durch diese Union aus der südindischen
> Kirche ein wirksameres Werkzeug in Gottes Hand werden wird, und dass es grö-
> ßeren Frieden, engere Gemeinschaft und volleres Leben innerhalb der Kirche ge-
> ben wird, und gleichzeitig erneuten Eifer und größere Vollmacht für die
> Verkündigung des Evangeliums für Christus. Sie hofft, dass sie ein wahrer Sauer-
> teig der Einheit im Leben Indiens sein wird, und dass durch sie in stärkerer Weise
> die Zwecke Gottes in seiner Welt erfüllt werden"[455].

Hoffnung auf Erneuerung und Ausblick auf Erfüllung durch immer stärkere
Hingabe an den Willen Gottes sind Kennzeichen dieser ersten Sätze der Konstitution bzw. Verfassung der CSI. Freilich wird auch gesagt: „Die Kirche von Südindi-

---

[451]  In der geschichtlichen Einleitung des Buches findet sich ein kleiner Abschnitt über „Land und
       Leute" und auf Seite 61 eine kurze Erwähnung der Mission.
[452]  a.a.O. S. 85.
[453]  vgl. Koshy, a.a.O. (oben, Anm. 437).
[454]  N. J. Thomas, a.a.O. S. 86.
[455]  Constitution of the CSI, - (?) - S. 2.

en braucht das Erbe einer jeden der sich vereinigenden Kirchen"⁴⁵⁶. Man über-
geht hier also nicht das historische Geworden-Sein der Kirche, aber es dominiert
doch eher die Ausrichtung auf das „Endziel" (final aim), das in der Vereinigung
all derer besteht, die den Namen Christi tragen: „.... the final aim must be the
union in the Universal church of all who acknowledge the name of Christ"⁴⁵⁷.

Es handelt sich hier also offensichtlich um eine „Kirche unterwegs". Einer der
Theologen der CSI hat dann auch 1952, also fünf Jahre nach der Gründung der
Kirche (1947), eine Darstellung herausgegeben, die den Titel trägt: „The Pilgrim
Church"⁴⁵⁸. Darin wird als erstes die Sendung, „die Mission der Kirche", behandelt, in Entsprechung zur Konstitution, die im Anschluss an die Frage nach
„Zweck und Wesen der Union" sofort „die evangelistische Berufung der Kirche"
betont und diesen Abschnitt noch vor denjenigen über „die Kirche und ihre Mitglieder" setzt und vor die folgenden Kapitel über Glaube, Sakramente und Amt
der Kirche.

Durch diesen doppelten Einsatz beim eschatologischen Ziel der Einheit einerseits und beim missionarischen Auftrag andererseits, ist es ganz natürlich, dass
in dieser Kirchenverfassung auch die Umwelt stärker ins Blickfeld rückt. Wie aus
der oben zitierten Passage der Konstitution hervorgeht, wird die Einheit Indiens
als anzustrebender Wert angesehen, der von dem kirchlichen Auftrag zu Einheit
und Mission nicht zu trennen ist. Darüber hinaus wird auch im Blick auf die Vergangenheit das vorhandene Erbe der indischen Tradition positiv aufgenommen:

> „Die Kirche von Südindien ist bestrebt, alles zu bewahren, was im indischen Erbe
> geistlichen Wert hat, damit sich unter indischen Bedingungen und in indischen
> Formen der Geist, das Denken und Leben der universalen Kirche ausdrücke"⁴⁵⁹.

Bei dieser Ausrichtung auf Leben und Auftrag in der Welt ist es verständlich,
wenn in der Konstitution auch ein eigenes Kapitel dem „Dienst der Laien" gewidmet ist, wozu auch der soziale Einsatz (social service) gehört. Zu dieser Offenheit
gegenüber der Umwelt gehört auch die ständige Bezugnahme auf die anderen
christlichen Kirchen und Konfessionen, die in der selben Region arbeiten. So
heißt es in den „Governing Principles" der Konstitution weiter, dass sich die Kirche von Südindien in ihrer Gemeinschaft mit den anderen Kirchen am Ort versteht (being in fellowship with other regional Churches) - als Verkörperungen
der Universalen Kirche in dieser Region⁴⁶⁰.

---

[456] ebd.
[457] a.a.O. S. 3.
[458] M. Ward: „The Pilgrim Church – An Account of the First Five Years in the Life of the Church of
South India", London 1953.
[459] a.a.O. S. 43-46.
[460] „Constitution of the CSI", a.a.O. S. 8.

Die Bereitschaft, auf andere Kirchentraditionen einzugehen, spiegelt sich auch in der Freiheit, die hinsichtlich des Gottesdienstes gelassen wird. Man weiß um die (liturgische) Vielfalt im eigenen Erbe und stellt die jeweiligen Gottesdienstform der Gemeinde vor Ort in deren christliche Verantwortung, sodass keine Vereinheitlichung der Form erzwungen wurde. Vielmehr spricht man von „freedom either to use historic forms or not to do so as may best conduce to edification and to the worship of God in the Spirit and in truth"[461].

Als „supreme and decisive standard of faith" werden die heiligen Schriften des alten und neuen Testamentes genannt. Die Kirche müsse immer bereit sein, die Lehre dieser Schriften zur Korrektur und Reform anzunehmen, wie es der heilige Geist jeweils offenbart. Als besondere Zeugen für diesen Glauben werden das apostolische und das nizänische Credo genannt. Die Kirche sieht sich allerdings auch ermächtigt, selbst ergänzende Verlautbarungen (supplementary statements) zur weiteren Erbauung der Gläubigen zu verfassen „- vorausgesetzt, dass diese Verlautbarungen nicht im Widerspruch zu der in den Heiligen Schriften offenbarten Wahrheit stehen"[462]

### c) Das pfingstlerische Modell

Wesentlich stärker ausgerichtet auf die (prophetische) Vergegenwärtigung der heiligen Schriften sind die Pfingstgemeinden. Sie sind Gemeinschaften, die sich von anderen christlichen Gruppen vor allem durch die Geistestaufe und Charismen (nach Art der Heilungsgabe oder der Zungenrede) unterscheiden. Wie wenig sich jedoch die Pfingstbewegung systematisch erfassen lässt, geht aus der neuen großen Arbeit von W. J. Hollenweger hervor[463].

Nach dem WORLD CHRISTIAN HANDBOOK (WChH) gibt es in Indien wenigstens zehn pfingstliche „Kirchen" mit insgesamt weit über 100.000 Mitgliedern. W. J. Hollenweger nennt jedoch 52 Organisationen und Gruppen[464].Da aber keine einheimischen Selbstdarstellungen bekannt sind, müssen wir uns auf die allgemeinen Abhandlungen von Hollenweger, D. J. du Plessis[465] und Paul Fleisch[466] stützen.

Man könnte wohl die gesamte Schar der Pfingst-Gemeinden charakterisieren als eine *Bewegung*. Der Satz „die sichtbare Kirche ist eine stets sich ändernde" (bzw. „ecclesia semper reformanda est") wird zwar auch auf lutherische oder

---

[461] a.a.O. S. 14.

[462] a.a.O. S. 5.

[463] „Enthusiastisches Christentum", Wuppertal/Zürich, 1969, - siehe dort besonders die Einleitung S. XXII.

[464] W. Hollenweger, „Handbuch der Pfingstbewegung", Teildruck, Genf 1965, S. CXVII - CXIX

[465] „The World Pentecostal Movement" in WChH, 1968, S. 15-18.

[466] P. Fleisch, „Die moderne Gemeinschaftsbewegung" I/II, 1912/1914.

methodistische Kirchen bezogen[467], aber er trifft in viel höherem Maße auf die Pfingstler zu, die jegliche nationale oder internationale verbindliche Organisation ablehnen[468]. Das bedeutet aber, dass sich eine „offizielle" (Darstellung der) Pfingstbewegung insgesamt in Indien oder in einem anderen Land nicht finden lässt. Auch folgt daraus, dass jede einzelne Gruppe von Gemeinden sich als „genuiner pfingstlich" verstehen kann als andere Gruppen[469].

Eine Übereinstimmung zwischen ihnen kann allenfalls eine „Übereinstimmung der Empfindungen" sein, die sich wiederum schlecht in die Kommunikationsmittel des Buchstabens und des Buches aufnehmen lässt.

Hollenweger fasst diejenigen Pfingstgruppen zusammen, die eine Stufung des religiösen Erlebens lehren: 1. Wiedergeburt und Bekehrung; 2. Geistestaufe (mit Zungenrede). Diese individuellen Fundamental-Erlebnisse bedeuten normaler Weise nicht nur einen Bruch mit der eigenen Vergangenheit, sondern meist auch mit Umwelt und Kultur. Von der Ablehnung von Schminktöpfen, Musikinstrumenten bis zur Verweigerung von Eid und Wehrpflicht und Polemik gegen Politik oder die UNO reicht die radikale Ethik der Pfingstler[470] – wobei freilich zu beachten ist, dass keines dieser moralischen „Gesetze" bei allen Gemeinden oder allen Gläubigen gültig ist.

Ein wesentliches Motiv für diesen Bruch der Pfingstler mit Umwelt und Kultur ist ihre Sehnsucht nach der anderen Welt, oder – wie Hollenweger formuliert – ihre „Sehnsucht nach dem Übernatürlichen". Diese Sehnsucht begründet gleichzeitig die Dämonologie der Pfingstler, ihren Kampf „wider Satans Reich", wie auch ihre Ausrichtung auf Wunder und Geistesgaben, mit denen sie hoffen, wie die Urchristenheit „die Welt auf den Kopf stellen" zu können[471].

Sie glauben, in der letzten Erweckungszeit vor dem Weltende zu stehen, und gehen davon aus, dass das Ende der Kirchengeschichte zu ihrem Anfang zurückkehrt[472]. Ihre Idealvorstellung von der Urgemeinde entnehmen sie der Apostelgeschichte des Lukas, die sie als „normatives Protokoll" auffassen[473]. Von daher stammt wohl auch ihr starker Antrieb zur Mission, der dazu führt, dass sich die Pfingstbewegung „sturmwindartig" (Hollenweger) über die ganze Welt ausbreitete. D. J. du Plessis meint, die Pfingstbewegung sei in gleichem Maße auf Missi-

---

[467] vgl. R. Prenters Dogmatik: „Schöpfung und Erlösung" Stuttgart 1960, S. 481; O. Hagen „Die Kirche und das Amt", S. 121 im Sammelband „Der Methodismus", hrsg. v. E. Sommer, Stuttgart, 1968, S. 120 ff.

[468] vgl. Hollenweger, „Enthusiastisches Christentum", S. 72+479; du Plessis, a.a.O. S. 16.

[469] Hollenweger, a.a.O. S. XXI f.

[470] a.a.O. S. 450, 452, 533.

[471] a.a.O. S. 417.

[472] a.a.O. S. 465 f.

[473] a.a.O. S. 359.

on und Evangelisation gegründet wie sie sich auf religiöse Erlebnisse aufbaue[474]. Tatsächlich dürfte die Mission der Pfingstler nur die soziologische Kategorie oder Konsequenz zum psychischen Erlebnis sein, - die Geisteserfahrung drängt zur Weitergabe. Manchmal scheint die „Glaubensmission" noch vor Konstituierung der Heimat-Gemeinde unterwegs gewesen zu sein: „Before ‚assemblies' of believers had developed, some of those who had first come into the experience were on their way to distant heathen lands as ‚faith'- missionaries"[475]. Daher ist nicht verwunderlich, dass die Pfingstler heute schon etwa 10% aller protestantischen Missionskräfte stellen[476].

Aus der Spontaneität dieser „Glaubensmission" folgt auch ihre große Unabhängigkeit gegenüber der Heimat: überörtlich organisierte Missionsgesellschaften oder „Mutterkirchen" gibt es nicht, - gemäß der pfingstlerischen Abneigung gegen Organisationen. Darum kann du Plessis auch sagen: „Their work became indigenous, for there was no controll from any sending church or board"[477].

Doch nicht nur aus diesem Grund konnten sich die Pfingstler als „einheimisch" bezeichnen. Auch die pfingstlerische Frömmigkeit konnte rasch anknüpfen an einheimische Elemente enthusiastischer Religiosität in Afrika, Lateinamerika, Australien und auch Indien[478]. Dieses Anknüpfungs- oder Brückenphänomen darf nicht übersehen werden, wenn man die Distanzierung der Pfingstgemeinden vom sozio-kulturellen und ökonomisch-politischen Leben einzelner Staaten richtig einschätzen will.

## 3. Einheimische Kirche im Miteinander von orthodoxer und protestantischer Tendenz

Nicht nur die Pfingstbewegung Indiens, sondern auch die Orthodoxie ist in viele Untergruppierungen gespalten: Neben der „Syrian Orthodox Church" gibt es die „Church of the East", die „Mar Thoma Church", die „Syrian Independent Church" und schließlich die mit Rom unierten Kirchen der syrisch-orthodoxen (malabarische und malankarische) Riten. Der „genuin pfingstlichen" Gemeinde entspricht die „wahrhaft orthodoxe" Kirche, für die sich jede Teilgruppe hält oder ausgibt. Auf internationaler Ebene zeigt sich jedoch, dass die Orthodoxie nicht wie die Pfingstbewegung nach dogmatischen oder ethischen Kriterien unterteilt ist, sondern weit mehr nach ethnischen oder Verwaltungsgesichtspunkten, sodass Paul Varghese formuliert: „Im allgemeinen sind orthodoxe Gemeinden geschlossene Gemeinschaften einer einzigen nationalen oder ethni-

---

[474] du Plessis, a.a.O. (s. Anm 463) S. 16.
[475] ebd.
[476] ebd.
[477] ebd.
[478] vgl. Hollenweger, a.a.O. S. 65–90.

schen Gruppe"[479]. Für die Syrian Orthodox Church in Indien könnte man – nach N. Koshy's Untersuchung[480] – auch sagen, dass sie eine geschlossene Kasten-Gemeinschaft darstellt.

Alle Orthodoxen wie alle Pfingstler glauben, dass sie in ihrer Gemeinschaft den Wesenskern des Christlichen verkörpern, - ein Anspruch, der auch von den großen „mittleren" Konfessionen, Lutheranern, Katholiken und Anglikanern, mehr oder weniger deutlich erhoben wird. Damit scheint die Frage nach der Indigenisation des Christentums relativiert zu werden durch die Vielfalt kirchlicher Traditionen und kultureller Prägungen und ethnisch-regionaler Schattierungen der Konfessionen.

Hier könnte sich aber eine aus der biblischen und historischen Theologie bekannte Unterscheidung als hilfreich erweisen. Bekanntlich gab es sowohl im alten Israel wie in der frühen Christenheit die „Spannung zwischen kirchlicher Beamtung einerseits und charismatischer Vollmacht andererseits"[481], und – wie es neutestamentlich zu formulieren wäre – „Christliche Tradition ist ihrer Art nach historisch und kerygmatisch-pneumatisch zugleich"[482].

Auch der Kirchenhistoriker spricht von einem in der Geschichte der Kirche wirksamen „Kräfteparallelogramm" zwischen der alten, an der Form festhaltenden Schar, und der sich davon lösen wollenden Gruppe des Aufbruchs[483]. Dieses Kräfteparallelogramm lässt sich nun aber nicht auf die vorhanden Konfessionen so aufteilen, dass man von zwei Lagern rechts und links sprechen könnte, wenn auch gewisse Tendenzen näher bei der einen Seite, andere wiederum bei der zweiten stehen. Vielmehr muss man sich klarmachen, dass in allen christlichen Kirchen, die über längere Zeit lebendig und aktiv sind, beide Tendenzen wirksam sind. Man bezeichnet sie wohl am besten als die „orthodoxe" und die „protestantische" Tendenz. Dies erscheint uns hilfreicher und sachgemäßer als die in Amsterdam 1948 gebrauchte Unterscheidung von „katholischen" und „evangelischen" Kirchengemeinschaften[484].

Die beiden Grundtendenzen, die auch an die Bezeichnungen „konservativ" und „fortschrittlich" oder „statisch" und „dynamisch" erinnern, lassen sich in allen lebendigen christlichen Kirchen nachweisen - nicht nur bei Katholiken und Lutheranern, Anglikanern und Reformierten, sondern auch bei Orthodoxen und Pfingstlern. Sie sind darum natürlich auch in den Unions-Kirchen spürbar. Stellt

---

[479] P. Varghese, „The Orthodox Churches", in WChH 1968, S. 11-14 (S. 13).
[480] a.a.O. (s. o. Anm. 439)
[481] G. v. Rad, „Theologie des Alten Testamentes", Bd. I, 4. Aufl. München 1962, S. 106.
[482] L. Goppelt, „Die apostolische und nachapostolische Zeit", Göttingen 1966, S. 105.
[483] H. Rückert bei L. Präger, „Frei für Gott und die Menschen", Stuttgart 1959, Einleitung S. 5.
[484] „Amsterdamer ökumenisches Gespräch", Bd. V, S. 63.

man diese beiden Tendenzen durch stichwortartige Charakteristika einander gegenüber, dann wird einsichtig, dass keine der beiden Strömungen für sich alleine das christliche Lebenselement vollständig repräsentiert, sondern dass unbedingt beide Seiten zusammengehören, wenn das Evangelium von Christus in neue Zeiten und Räume hineingetragen werden soll. Bleibt eine Seite für sich allein, so ist dann nicht nur keine kritisch-theologische Wissenschaft möglich, sondern auch keine Indigenisation. - Hier nun diese beiden Tendenzen:

| Orthodoxe Tendenz | Protestantische Tendenz |
|---|---|
| Betonung des Überkommenen | Betonung der Erneuerung |
| Mittlerschaft von Tradition und Kirche | Unmittelbarkeit des Einzelnen zu Gott |
| Dogma als Kriterium des Christlichen | Geistliche Erfahrung als Kriterium |
| Hierarchie und Amtsautorität | Gleichheitsprinzip und Laienaktivität |
| Liturgisch geordneter Gottesdienst | Offener Gottesdienst und freies Gebet |
| Sakramentale Frömmigkeit | Ethisch-missionarische Frömmigkeit |
| Vernachlässigung der Eschatologie | Vernachlässigung der Schöpfungslehre |
| Nicht mehr verstandene Kultsprache | Unverständliche Zungenrede |
| Ritualisiertes Getto | Spiritualistisches Getto |

*Für beide folgt jeweils: Keine kritisch-theologische Wissenschaft - keine Indigenisation*

So wie nun beide Tendenzen „alle Arten echter christlicher Tradition" kennzeichnen[485], so sind sie auch beide nötig, um „einheimisches Christentum" entstehen zu lassen. Das einheimische Christentum ist nirgends anders zu finden als dort, wo das sog. „Wesen des Christentums" gefunden werden kann. R. Schäfer hat in einer neueren Untersuchung zur Geschichte dieser Frage festgestellt: „Wenn aus der Geschichte des Problems etwas zu lernen ist, dann ist es die Erkenntnis der Unmöglichkeit, das Wesen des Christentums in eine Formel einzufangen"[486]. *Genausowenig lässt sich aber das Wesen des „indischen" oder des „europäischen" oder eines anderen „einheimischen" Christentums in eine Formel einfangen*[487].

Wenn es jedoch richtig ist, dass man von allen Seiten auf einen Mittelpunkt oder Kern des Christentums zuzustreben versucht, in dem zugleich die Einheit der Theologie liegt[488], dann ist das Suchen nach Indigenisation ein Teil dieses Strebens.

---

[485] L. Goppelt, a.a.O.

[486] R. Schäfer, „Welchen Sinn hat es, nach einem Wesen des Christentums zu suchen?" in ZThK (65) 1968, S. 344.

[487] Ein übles Beispiel für solch zwanghaften Versuch einer „Einheimisch-Machung" von Christentum haben in Deutschland die sog. „Deutschen Christen" im Dritten Reich geliefert.

[488] R. Schäfer, a.a.O. S. 346.

## II. „Indischer Christus" – Jesus im Fleisch oder Kosmokrator?

### 1. Erste Christus-Interpretationen in Indien

Im Zentrum der christlichen Theologie steht die Christologie. „Wenn Christus befreit werden kann vom westlichen Gewand und in ein indisches gekleidet werden kann, dann wird er und seine Religion verstehbar und annehmbar für das indische Volk". Dies ist – wie V. P. Thomas[489] richtig sieht – der Ansatzpunkt für die indischen Christus-Interpretationen, die bisher sowohl innerhalb wie außerhalb der Kirche unternommen wurden. Thomas selbst untersucht das Verhältnis der kirchlichen zur außerkirchlichen Christologie in Indien nicht näher, doch zeigt er die Verbindung der beiden, die in der gemeinsamen Suche nach dem „Oriental Christ" bzw. dem „indischen Christus" besteht.

Diese Suche nach dem östlichen Christus hat allerdings nicht erst mit dem 20. Jhdt. begonnen[490], sondern sie findet sich schon bei den großen Reformatoren des Hinduismus im 19. Jahrhundert. Die Brahmo-Samaj-Führer Keshub Chandra Sen (1866) und P. C. Mazoomdar (1883) betonen ebenso wie später der protestantisch-indische Bischof Sadiq (1947): „Christ was an Easterner" (Christus war ein orientalischer Mensch). So wie man in Afrika und Nordamerika vom „schwarzen Christus" redet und man sogar hören kann: „Jesus ist ein schwarzer Mann gewesen"[491], ebenso versuchen die Inder, Jesus als Sanyasi, als Guru und als Yogi darzustellen[492].

Sucht man die Vorstellung vom orientalischen oder indischen Christus genauer zu erfassen, so zeigen sich gewisse strukturelle Ähnlichkeiten zwischen kirchlicher und außerkirchlicher Christologie in Indien. Drei Punkte sind besonders auffallend: a) Eine Tendenz zur universalistischen Geistchristologie unter Vernachlässigung der Heilsgeschichte. b) Ein ausgeprägtes Interesse an der Bedeutung Christi für das Frömmigkeitsleben c) Eine Abhebung der Christologie von der Ekklesiologie bzw. umgekehrt.

Diese drei Strukturmerkmale seien im folgenden nun weiter ausgeführt:

### a) Geistchristologie gegen Heilsgeschichte

Unter allen biblischen Schriften erfreut sich in Indien das Johannesevangelium besonderer Beliebtheit. In nahezu dogmatischen Rang erheben indische Theologen das Wort des Neutestamentlers und späteren Bischofs Westcott von Durham,

---

[489] V. P. Thomas, „Towards an Indian Christology", IJTh (XIV) 1965, S. 1 f.
[490] ebd.
[491] zit. bei A. Lehmann, „Afro-asiatische christliche Kunst", Konstanz 1967, S. 45; vgl. auch H. Wolf, „Indisches Bilderbuch zum Leben Jesu", Stuttgart 1955, S. 7.
[492] H. Wolf, ebd.

dass der indische Geist dem des Evangelisten Johannes besonders kongenial sei[493]. Das gilt nicht nur für die Theologen der „Rethinking-Group", sondern auch für einen Einzelgänger wie Saddhu Sundar Singh[494] und noch für neueste Vertreter indischer Theologie[495]. Besonders die Verwendung des griechischen Logos-Begriffs im Johannes-Evangelium nehmen die indischen Theologen zum Anlass, ähnliche Brücken zwischen der einheimischen Philosophie Indiens und der Christologie zu bauen. P. S. Kanavalli hat kürzlich aufgezeigt, welche Sanskrit-Termini in Indien an die Stelle des Logos-Begriffs gesetzt werden – und zwar sowohl von christlich-kirchlichen wie von hinduistischen Denkern[496]. Die Verwendung der heiligen Silbe OM für das griechische „logos" scheint dabei heute wieder Anklang zu finden, z. B. bei Radhakrishnan und Jesudason[497]. Das Wort „Cit" (etwa „Vernunft") wird von Keshub und Brahmabandav verwendet[498]. R. Panikkar gebraucht „Isvara" (etwa „Herr", personhafter Gott), während Appasamy, Chakkarai und andere von Christus, dem wahren „Avatar" („Abkömmling" oder „Inkarnation")[499] reden. Seit Vivekananda gibt es auch die These, die johanneischen Logos-Gedanken seien indischen Ursprungs und über Alexandria nach Palästina gelangt[500]. Damit wird in noch gesteigerter Weise deutlich gemacht, wie sehr sich das indische Denken dem johanneischen verwandt fühlt. Vor allem stützen sich die Inder auch gerne auf Joh. 10,30 und auf alle anderen Aussagen über das Einssein von Vater und Sohn im Johannesevangelium[501].

Hand in Hand mit dieser Vorliebe für das Johannes-Evangelium geht eine Abneigung gegenüber der Heilsgeschichte und historischen Fragestellungen überhaupt. Der alte Vorschlag von K. M. Banerjea und Brahmabandav, die Schriften des Alten Testaments in Indien durch die Veden zu ersetzen[502], wirkte sich noch im letzten Jahrzehnt aus in der Diskussion darüber, ob Indiens Theologen alttestamentliche Kurse und Vorlesungen brauchten[503], bis hin zu A. V. Mathew, der 1964 wieder die Frage aufwirft: „Gibt es eine praeparatio evangelica nur in

---

[493] H. Wagner, a.a.O. (s. o. Anm. 2, S.1) S. 20+203.

[494] S. Sundar Singh, „Zu des Meisters Füßen", hrsg. v. F. Melzer, Stuttgart 1955, S. 10.

[495] vgl. O. Waack, „Christologisches Gespräch mit dem Hinduismus", EMZ (XXIII) 1966, S. 130 ff; S. Jesudason, „Unique Christ", Bangalore 1966, S. 40.

[496] P. S. Kanavalli, „The Concept of LOGOS in the Writings of John and Justin", ungedruckte Dissertation, München 1969, S. 76-96.

[497] Kanavalli, a.a.O.; Jesudason, a.a.O.

[498] R. H. S. Boyd, „Introduction" (s. o. Anm. 14) S. 239.

[499] Kanavalli, a.a.O; R. H. S. Boyd, a.a.O. S. 240 f.

[500] Vivekananda, Works IV, S. 48.

[501] O. Wolff, „Christus unter den Hindus", Gütersloh 1965, S. 216.

[502] zu Banerjea vgl. die Darstellung von K. Baago, „Early Independant Christian Movements in India", INDIAN CHURCH HISTORY REVIEW (ICHR) I , 1967, S. 73.

[503] s. o. Teil A, Abschn. IV, 3 (Anm. 187).

Israel?"[504] Es ist erstaunlich, wie leicht indische Denker die Historie preiszugeben bereit sind.

Selbst bei Radhakrishnan und Akhilananda werden Krishna, Rama, Buddha und Jesus so nebeneinander gestellt und zitiert, „als ob es sich um vier Autoren gleicher historischer Belegtheit handelte"[505]. Von daher ist es verständlich, dass diese indischen Denker Jesus Christus gerne von einem idealistisch-metaphysischen Geistverständnis her interpretieren. Bei den frühen Hindu-Reformern ist es die Geistigkeit einer rationalistischen Moral (z. B. Raja Ram Mohan Roy) oder der „feurige Kult des Enthusiasmus" (z. B. Keshub Chunder Sen). Bei Sri Aurobindo ist es die Geistsphäre der „mentalen Person", als die Christus interpretiert wird; bei den Theologen der „Rethinking-Group" ist es entweder die Mystik (so bei Appasamy) oder die Vorstellung einer kosmischen Evolution (Chenchiah) oder auch die Identifikation von Christus und Pneuma (Chakkarai).

Hierin ist es auch begründet, dass Herwig Wagner die Übereinstimmung der von ihm dargestellten drei Theologen im Geistbegriff findet[506]. Auch R. H. S. Boyd verweist auf die uralte Tradition der Spiritualität in Indien, weswegen er der Feststellung von Chenchiah zustimmt, die Lehre vom Heiligen Geist würde der Eckstein der christlichen Theologie in Indien werden[507].

Darum reden auch indische Theologen der Gegenwart gern vom „kosmischen Christus"[508] oder dem „ewigen Christus"[509], der schon immer „vor uns da" ist. Darum soll auch – nach Chenchiah – Indische Theologie „von der Kirche zum Heiligen Geist, vom Kreuz zur Auferstehung, vom Gottesdienst zum Yoga" weisen[510], und man glaubt darum auch durch die orientalische Spiritualität Christus besonders nahe zu sein.

## b) Homo religiosus gegen homo faber

Mazoomdar hat die Hindu-Frömmigkeit einmal in vierfacher Weise charakterisiert:

Zum Ersten sei sie die existentielle Erfahrung des „immanenten Geistes" (Transzendenz in der Immanenz); zum Zweiten ist sie geprägt durch „Introspektion", weil aller Mysterien Anfang die gottgeschaffene Seele sei, zum Dritten hafte der Hindu-Frömmigkeit Spontaneität an im Gegensatz zur bloßen Ritual-

---

[504] GUARDIAN 1964, S. 93; vgl. auch H. Wagner, a.a.O. (s. o. S. 1, Anm. 2) S. 175 f.-236.
[505] O. Wolff, a.a.O. S. 216.
[506] Wagner, a.a.O. , S. 266.
[507] Boyd, a.a.O. S. 241.
[508] vgl. die Aufsatz-Reihe zu diesem Thema im IJTh (XV) 1966, S. 89-142.
[509] Jesudason, a.a.O. (Anm. 494), S. 41.
[510] NCCR (63), 1943, S. 63.

frömmigkeit; und viertens seien Askese und Entsagung typisch für alle Hindus, denn „alle Orientalen sind Nachfahren Johannes des Täufers"[511]. Weil und soweit Christus den so gekennzeichneten homo religiosus anspricht, fühlt der fromme Hindu sich zu diesem Christus Jesus hingezogen.

Neben dem spekulativ-pneumatischen Christusbild ist es eben vor allem das ethische Bild des frommen Lehrers Jesus, das die Hindus fasziniert. Das gilt von Ram Mohan Roy bis zu Subba Rao. „Christus ist für Indien nicht nur einer der Avataren, nicht nur eine von vielen religiösen Möglichkeiten geworden, man hat ihn auch zum großen Lehrer, zum Guru, gemacht"[512]. Dabei ist er dann einmal der „Führer zur absoluten Alleinheit" (Vivekananda), ein andermal der „Fürst der gewaltlos Überlegenen" (M. Gandhi), und immer wieder der „unvergleichliche Lehrer" (Ram Mohan Roy, Akhilananda, Subba Rao). Die „Immitatio Christi" wird von indischen Christen und Hindus in gleicher Weise gepriesen[513]. „Wir sollten nicht Christen, sondern Christusse werden", verkündet Subba Rao[514].

Diese Form indischer Christus-Frömmigkeit glaubt man der westlichen Christus-Interpretation entgegensetzen zu müssen. Denn der östliche Christus gilt als die „Inkarnation grenzenloser Liebe und Gnade", während der westliche empfunden wird als „Inkarnation von Theologie, von Formalismus, von ethischer und physischer Gewalt"[515].

Es ist deutlich, dass hier das Bild des westlichen Menschen, wie er den Indern begegnete, auf den „westlichen" Christus übertragen ist, und umgekehrt findet man das Bild vom „sanften, toleranten Hindu" im „östlichen" Christus wieder. Erst Radhakrishnan hat diesen Gegensatz der beiden Christusse in Jesus selbst hineinversetzt: „In Jesu Geist widerstreiten der Universalismus und die Passivität mit der Ausschließlichkeit und dem Militarismus seiner jüdischen Vorfahren"[516].

## c) Christologie gegen Ekklesiologie

Weil viele Inder in den christlichen Kirchen das jüdisch-römische oder westliche Christusbild verkörpert finden, glauben sie, Christus, dem „wahren Christus", auch außerhalb der Kirche nachfolgen zu können. „Die Missionare haben uns verfehlt, Christus hat uns erreicht", sagt Mazoomdar[517] und auch Keshub äußert sich abfällig darüber, dass die Engländer ihren Gott ständig in der Ge-

---

[511] Mazoomdar, zit. bei O. Wolff, a.a.O. S. 94.
[512] K. Hartenstein, „Das Christusbild Indiens", Stuttgart/Basel, o.J. S. 9.
[513] R. H. S. Boyd, a.a.O. S. 93.
[514] K. Baago, „The Movement around Subba Rao", Bangalore 1968, S. 26.
[515] zit. O. Wolff, a.a.O. S. 100.
[516] a.a.O. S. 177.
[517] zit. bei O. Wolff, a.a.O. S. 101.

meinschaft suchen: „Warum gehen sie nicht gelegentlich auf die Höhen der Berge, um die Süße der einsamen Gemeinschaft mit Gott zu erfahren?" Die Gemeinschafts-Frömmigkeit wird der Individual-Frömmigkeit gegenübergestellt wie Kultus und Dogma der spirituellen Erfahrung[518].

In diesen Attacken gegen „die christliche Kirche" wird niemals auf die Pluralität der christlichen Konfessionen oder der Verschiedenheit kirchlicher Frömmigkeitsformen reflektiert. Dass auch der Westen eine große Breite und eine lange Entwicklung des religiösen Lebens kennt, wird nicht beachtet.

Das gilt nicht nur für die Hindu-Autoren, sondern auch für diejenigen Inder, die als Christen sozusagen von innen her eine ähnlich kirchenkritische Haltung einnehmen. Zwar verteidigt Appasamy – als Bischof! – die Notwendigkeit und Nützlichkeit der Kirche, aber er ist doch der Meinung, dass eine sichtbare religiöse Organisation dem geistlichen Genius Indiens widerspreche. Chakkarai kritisiert von seiner spirituellen Christus-Erfahrung her die „Kirche als historische Gegebenheit" und Chenchiah findet sich mit dem Kirchenbegriff ab, indem er eine Ekklesiologie nach Erkenntnisstufen einführt, so ähnlich wie sie die Gnostiker und die griechischen Väter auch kannten[519].

Es besteht Anlass zu der Frage, ob diese Autoren nicht in der heutigen Pfingstbewegung eine ihnen gemäßere Form der Kirchlichkeit gefunden hätten, oder ob sie von daher angeregt worden wären, das Verhältnis von Christologie, Ekklesiologie und religiöser Erfahrung neu zu überdenken.

## 2. Altkirchliche Christus-Interpretationen im Raum des Hellenismus – Ein Vergleich

Die Erwähnung der griechischen Kirchenväter im Zusammenhang mit Chenchiahs „Indisierung" des Christus und der Kirche ist nicht zufällig. Denn Chenchiah versteht den Beitrag der Inder zur Gesamtentwicklung der Christenheit in Analogie zum Beitrag der Juden und Griechen, des petrinischen und des paulinischen Christentums[520]. Doch nicht nur Chenchiah, sondern auch alle anderen Theologen, die sich um die Einheimisch-Machung der christlichen Botschaft bemühen, sehen ihre Arbeit gerechtfertigt und ermöglicht durch die theologische Leistung der neutestamentlichen Schriftsteller, der griechischen und lateinischen Kirchen-Väter. Da wird etwa in einem Statement des NCC 1961 auf die Freiheit der Autoren des NT verwiesen, in der sie „Begriffe und Vorstel-

---

[518] a.a.O. S. 74.
[519] H. Wagner, a.a.O., S. 165f.; vgl. auch Appasamy's theologisch-kritischen Kirchenbegriff (a.a.O. S. 92 ff.) und denjenigen Chakkarai's (a.a.O. S. 248 ff).
[520] vgl. H. Wagner, a.a.O. S. 107.

lungen aus zeitgenössischen religiösen Bewegungen heranzogen"[521]. V. P. Thomas sieht die Orientalisierung Christi direkt in Analogie zu dem „was die alte Kirche tat, als sie Christus verkündigte vor Menschen mit dem geistigen Erbe der Juden und Griechen"[522].

Auch die in Indien tätigen westlichen Missionare gründen das Recht zur Indisierung der Theologie gerne auf die Verfahrensweise der alten Kirchenväter[523]. Der britische Kirchenhistoriker und Chinamissionar John Foster zieht in seinem Buch „Junge Kirche – einst und jetzt"[524] viele Väterzitate heran, um die Parallelen in der Situation der Kirche des christlichen Altertums zur gegenwärtigen Lage auf dem „Missionsfeld" besonders deutlich zu machen.

Mag man darin – vom deutschen Standpunkt aus – eine „typisch angelsächsische" Überschätzung der Patristik erblicken, so ist doch die Bezugnahme der ersten indischen Theologen auf die Verfahrensweise der ersten griechisch-lateinischen Theologen nicht ganz unberechtigt. Die Dogmengeschichte der alten Kirche lässt gerade in der Christologie eine erstaunliche Struktur-Ähnlichkeit beim Problem der Universalisierung und Indigenisierung der christlichen Botschaft erkennen.

## a) Hellenistische Geistchristologie

Die bekannte Untersuchung von A. Gilg zur altkirchlichen Christologie macht klar, dass die erste, als ausgeformte Christologie zu bezeichnende Interpretation des Christus-Kerygmas in nachapostolischer Zeit eine Geistchristologie war[525]. Sie hält Gilg für die damals „dominierende" und „maßgebliche" Christus-Lehre. Diese pneumatische Christologie rückt Christus ganz in die göttliche Sphäre. Auch W. Pannenberg sieht die Übereinstimmung in den Christus-Aussagen der apostolischen Väter und der nachapostolischen Zeit darin, dass sie Christus als den Kyrios ganz auf der Seite Gottes sehen[526].

Bei Ignatius taucht dann auch schon der Logos-Begriff auf, der in der nachfolgenden Zeit so maßgeblich für die Entwicklung der Christologie wird. Es ist das Johannesevangelium, das auch hier als vorbildlich empfunden wird, um den griechisch-philosophisch geschulten Menschen der hellenistischen Zeit das Christus-Geschehen verstehbar zu machen. Den valentinianischen Gnostikern wurde das Johannes-Evangelium bald zum Haupt-Evangelium[527], die Logos-Vor-

[521] RELIGION AND SOCIETY (VIII) No.4, 1961, S. 43.
[522] V. P. Thomas, a.a.O. (s. o. Anm. 488).
[523] z. B. R. C. Hall, „The Cardinal Virtues and Hinduism", NCCR (68) 1948, S. 26 ff.
[524] Hamburg, 1951
[525] A. Gilg, „Weg und Bedeutung der altkirchlichen Christologie", München, 3. Aufl., 1966, S. 18.
[526] W. Pannenberg, Art. „Christologie II", RGG, 3. Aufl. Bd. I, Sp. 1762.
[527] K. Heussi, „Kompendium der Kirchengeschichte", 12. Aufl., Tübingen 1960, S. 51.

stellung aber wurde allgemein der Haupt-Begriff der Christologie. Und zwar wird der in stoischer und platonischer Gedankenwelt wurzelnde und „in allen Farben des spätantiken Synkretismus schillernde" Logos-Begriff um des missionarischen Anliegens willen nicht verschmäht, denn „es ging um den Vorstoß der Botschaft in das Leben einer in sich einheitlichen Geisteswelt, also um ein missionarisches Geschehen, wobei die verwendbaren, weil dem Christentum innerlich verwandten Begriffe und Denkformen bejaht und weitergebildet werden mussten"[528].

Während sich aber nun die nachapostolische Kirche gerade daran herausbildet, dass ihre Theologen den historischen Jesus und den Geistchristus zusammenhalten und auch den Bezug auf den alten Bund mit Israel nicht preisgeben, entwickelt die Gnosis eine „enthusiastische Geistchristologie", die bei Marcion zur völligen Verdammung des AT und der Schöpfung führt. Mit dieser gnostisch-spiritualistischen Preisgabe der Schöpfung und der Heilsgeschichte und mit einer Erlösungsvorstellung im Sinne der „Wiederaufhebung eines uranfänglichen Irrtums" entwickelt sich die Geistchristologie bis zum puren Doketismus.

Erst auf diesen scharfen Angriff der Gnosis hin entwerfen Männer wie Irenäus, Tertullian und später Athanasius eine wirkliche Inkarnationschristologie, die der Geistchristologie die Waage hält und schließlich zur Dialektik des kirchlich-christologischen Dogmas führt. Die Kirche entstand und wuchs gerade daran, dass sie am „ganzen Christus" festhielt.

## b) Das ethische Christusbild der Alten Kirche

Noch vor der Inkarnationschristologie gab es ein Bild vom „menschlichen" Erlöser, das man am besten als das „ethische" Christusbild der nachapostolischen Zeit bezeichnet. Dabei überschneiden sich allgemein-moralische und erfahrungs-theologische Kategorien. Die Dogmengeschichtler stimmen darin überein, dass sie dem Denken der ersten Theologen des hellenistischen Raumes einen stark „rationalistisch-moralistischen" Zug zuerkennen. Die Tatsache, dass die vielleicht wichtigste außerkanonische Schrift der alten Kirche den Titel „Apostel-Lehre" trägt, mag dafür Ausdruck und Grund sein. Bei den Apologeten wird der Logos-Christus als die fleischgewordene göttliche „Vernunft" zunächst zum großen Lehrer, „der mitten drin in so viel Irrtum und Erkenntnislosigkeit, Trug und Aberglauben die Wahrheit über Gott und über die vom Menschen verlangte Tat und Tugend eröffnet" (Gilg). Die schon in der „Didache" zu findende Bezeichnung des Christus als „sophia" gehört auch in diesen Zusammenhang. Dem entspricht dann freilich auch die Vorstellung, dass die göttliche Vernunft „keimhaft" allenthalben schon vor und außer Christus vorhanden war und ist,

---

[528] A. Adam, „Dogmengeschichte", Bd. I, Gütersloh 1965, S. 137; wir folgen hier seiner Darstellung.

und dass das Evangelium dem gemäß zum „Neuen Gesetz" (kainos nomos) wurde.

In der lateinischen Ausprägung verfestigt sich diese Vorstellung später zu jener „Nova Lex", die einen bestimmten Traditionsstrom des abendländischen Christentums über Jahrhunderte hin prägte und auch dazu führte, dass indische Theologen pauschal vom „juridisch-dogmatischen" Religionsbegriff der Westler reden. Wie sehr jedoch das „ethische" Christusbild der nachapostolischen Zeit durch das existentiell-religiöse Moment der Erfahrung und des Enthusiasmus bestimmt war, lässt sich nicht nur durch den Hinweis auf die gnostischen Strömungen belegen. Vielmehr kann man mit A. Adam den Enthusiasmus oder die Geisterfahrung als einen der Antriebe zum dogmatischen Denken auch bei „kirchlichen" Theologen nennen[529].

Adam meint freilich, das Wesen der urchristlichen Geisterfahrung von der der Gnosis grundsätzlich trennen zu müssen. Doch ist diese scharfe Scheidung kaum aufrecht zu erhalten, wenn man an das spätere Aufkommen des Montanismus und an den Lebensweg des Tertullian denkt. Der Übergang zwischen kirchlicher und außerkirchlicher Geisterfahrung war wohl fließend. Auf jeden Fall bildeten sich Theologie und Christologie der alten Kirche nicht nur aus Sakrament, Amt und Kanon, sondern ebenso aus der lebendigen Erfahrung des Geistes in der Gemeinde. Und gerade durch das Festhalten am Miteinander von Institution und Geist unterschied sich die Kirche von der noch auf die Geistausgießung wartende Synagogengemeinde einerseits und von „reinen Pneumatikern" der Gnosis und der Mysterienkulte andererseits.

### c) „Ekklesiologie im Vollzug"

Bei der Klärung des Verhältnisses der Christologie der Alten Kirche zu ihrer Ekklesiologie entsteht zunächst die Frage, ob in der Zeit des Hellenismus eine Ekklesiologie überhaupt entworfen wurde. Diese Frage wird von den neueren protestantischen und katholischen *Dogmatikern* negativ beantwortet: „Das Lehrstück von der Kirche ist von der Theologie erst spät und auch dann nur fragmentarisch bearbeitet worden. Sowohl bei den Kirchenvätern als auch in den großen Summen der Scholastik finden sich zahlreiche, sehr verstreut liegende Äußerungen über die Kirche, aber ein besonderes Lehrstück über die Kirche fehlt"[530]. Bei den Systematikern billigt man den griechischen und lateinischen Vätern wohl ein „Kirchenbewusstsein" und eine „Kirchenfrömmigkeit" zu[531], aber eine ausge-

---

[529] a.a.O. S. 124.

[530] U. Valeske, „Votum Ecclesiae", München 1962, S. 9; dort auch weitere Verweise.

[531] L. Bouyer und P.-Th. Camelot in ihren Beiträgen zu „Sentire Ecclesiam", Festschrift für K. Rahner, hrsg. v. J. Daniélou/H. Vorgrimler, Freiburg 1961.

sprochene Ekklesiologie, wie man sie im „Jahrhundert der Kirche" sucht und lehrt, glaubt man bei den Theologen der alten Kirche nicht finden zu können.

Die in hellenistischer Zeit verwendeten ekklesiologischen Begriffe und Vorstellungen sind allerdings mehr als nur „verstreut liegende Äußerungen". Sie reichen von Cyprians juridischen Formeln bis zum spiritualistischen Stufenschema des Origenes. *Dogmengeschichtler* sprechen daher sogar von einem „Reichtum der Ekklesiologie" in der alten Kirche[532]. Aber entscheidend ist, dass diese Ekklesiologien nicht im Mittelpunkt der Diskussion standen wie etwa das Problem der Trinität oder die Christologie. Ekklesiologie war gewissermaßen ein Nebenprodukt der epochemachenden Dogmenkämpfe. Erst an den christologischen und trinitarischen Entscheidungen entdeckte man Grenzen zwischen Kirche und Nicht-Kirche. Innerhalb dieser Grenzen war jene reiche Vielfalt der ekklesiologischen Auffassung möglich, die man heute nur mit der Vielfalt der Denominationen vergleichen kann. *Insofern ist es sinnvoll, bei der frühen Christenheit statt von einer „Ekklesiologie der Reflexion" von einer „Ekklesiologie im Vollzuge" zu reden*[533].

## 3. Die permanente Dialektik der Christologie und der „andere Christus" in Indien

### a) Alexandrinischer und antiochenischer Typ der Christologie

Die großen Fragen der christlichen Lehrentwicklung scheinen seit altkirchlicher Zeit ohne endgültige Lösung geblieben zu sein und kehren immer wieder. W. Pannenberg bemerkt: „Die Geschichte der Christologie ist bis in die jüngste Zeit beherrscht von den auf immer neuer Stufe auftretenden Gegensätzen zwischen alexandrinischer *Verschmelzung* Jesu mit Gott und antiochenischer *Trennung* zwischen Jesus und Gott"[534].

Ein Vergleich der ersten Christus-Interpretationen in hellenistische Zeit mit den ersten Christologien der Inder legt die Vermutung nahe, dass es sich in beiden Fällen um den „alexandrinischen" Typ der Christologie handelt: eine teils pneumatisch, teils spiritualistisch zu nennende Geist-Christologie geht Hand in Hand mit einer gewissen Abstraktion vom historischen Jesus und von der Heilsgeschichte. Als äußere Kennzeichen dafür stehen die Bevorzugung des Johannes-Evangeliums und die Vernachlässigung oder Ablehnung des Alten Testamentes zugunsten philosophisch-religiöser Gedanken der Umwelt. Eine rationalistisch-moralistische Auslegung der Botschaft Jesu und enthusiastisch-erfahrungstheologische Kategorien runden dieses Bild ab. Auch eine bewusste systematische

---

[532] A. Adam, Art. "Kirche III", RGG, 3. Aufl., Bd. III, Sp. 1307.

[533] E. Schlink, „Einheit und Mannigfaltigkeit der Kirche" bei R. Groscurth (Hrsg.) „Christliche Einheit", Genf, 1969, S. 34 ff.

[534] W. Pannenberg, „Grundzüge der Christologie", Gütersloh 1964, S. 9.

Verbindung der Christologie mit der Ekklesiologie liegt in beiden Fällen nicht vor.

Es ist weiter deutlich geworden, dass sich dieser „alexandrinische" Typ der Christologie aus einem missionarischen Anliegen heraus entwickelte. Einerseits wollen die Christen das Christus-Geschehen den Menschen der Umwelt in ihrem Verstehens-Horizont darstellen, daher etwa die bevorzugte Verwendung des Logos-Begriffs im Hellenismus und der entsprechenden Sanskrit-Wörter in Indien. Andererseits hatte aber auch die Umwelt offensichtlich das Bestreben, dieses neue Phänomen des Christus und der Kirche sich zu assimilieren. Daher die selbständige Beschäftigung mit Christus in der Gnosis wie im Hinduismus.

So stellt die „alexandrinische" Christologie ohne Frage eine Brücke zwischen kirchlich-christlichem und nicht-christlichem Denken dar. Die Entscheidung zwischen beiden Denkformen, zwischen kirchlicher und nichtkirchlicher Christologie, fällt offenbar an dem Verhältnis zum zweiten Typ der Christologie, der als „antiochenisch" zu bezeichnen wäre. Die Entwicklung dieser „anderen" Christologie im ost- und weströmischen Reich bis hin zur dialektisch-ausgrenzenden Formulierung von Chalcedon braucht hier nicht dargestellt zu werden. Es entsteht aber die Frage, ob in Indien eine solche zweite, korrigierende Christologie neben den Entwürfen zum „indischen Christus" existiert.

## b) Der „antiochenische" Typ der Christologie in Indien

In dreifacher Weise kam innerhalb Indiens eine die Geistchristologie korrigierende und eingrenzende christologische Theologie zu Wort.

Zum Ersten bildete die verfasste *Kirche* der römisch-katholischen, der prostestantischen und auch der syrischen Tradition eine Gegenposition zur einseitigen Identifizierung des „indischen Christus" mit dem Geistchristus der Hindus und der dem Hinduismus nahe stehenden Theologen. In ihren Bekenntnissen, in ihren Gottesdiensten, Gebeten und Liedern, vor allem aber in der Heiligen Schrift, die sie unverkürzt verehrten, auslegten und tradierten, trugen diese Kirchen nicht nur die Anschauungen der christologischen Dogmen in die Geschichte Indiens hinein, sondern sie bewahrten darin die biblische und kirchliche Vielfalt des Zeugnisses von Jesus Christus. Durch dieses Weitergeben des Zeugnisses in seiner Vielfalt war der Verengung der indischen Christologie auf den alexandrinischen Typ allein ein Riegel vorgeschoben. Hier wurde aber auch der Tatsache Rechnung getragen, dass „indisch" nicht einfach dasselbe ist wie „hinduistisch". Denn in der indischen Kirche finden sich ja auch Christen, die niemals Hindus waren, sondern vom Islam, Sikhismus, Parsismus oder von verschiedenen Stammeskulten übergetreten waren . Auch diesen Gruppen der indischen Bevölkerung war ja das Evangelium zu verkündigen. Gleichzeitig stellten die Kirchen auch den Zusammenhang mit der weltweiten Christenheit her, wodurch immer daran erinnert wurde, dass der indische Christus nicht ein grundsätzlich anderer sein konnte als der afrikanische, japanische oder westliche Christus. Von daher ist zu verstehen, wenn die Verfechter des „indischen Christus" (im Sinne eines gleichsam hinduistischen Christus) die Ekklesiologie und die dogmatische Tradition als Anstoß empfanden.

Zum Zweiten stießen indische Theologen an die Grenzen jener alexandrinischen Christologie dort, wo sie sich mit modernen *säkularen Problemen* zu beschäftigen hatten. Bei der oben[535] geschilderten Arbeit des CISRS auf gesellschaftspolitischem und sozialem Feld musste die Frage nach dem Verhältnis Christi zur modernen Welt brennend werden. Die Probleme der nationalen Einheit und des Weltfriedens, der Arbeitslosigkeit und der Unterernährung, der demokratischen Erziehung und des sozialen Wandels konnten mit Hinweis auf geistig-kosmische Evolution und spirituale Christus-Realisation nicht gelöst werden[536]. Die Direktoren des CISRS verstanden die Formel „Christ is ahead of us" nicht nur so, dass Christus in den Nachbar-Religionen wirksam sei, sondern sie betonten ausdrücklich, dass er auch gegenwärtig sei in der gesamten kulturellen Renaissance Indiens, also im nationalen Aufbau des säkularen Staates und im sozialen Wandel: „Die Kirche muss die Gegenwart Christi in der kulturellen Erneuerung Indiens anerkennen"[537]. Diese Gegenwart Christi im außerkirchlichen Bereich wird von Devanandan und M. M. Thomas allerdings dialektisch verstanden, denn sie fügen hinzu, dass das Wort der Versöhnung durch Christus „in all diesen Situationen" auch erst verkündigt werden muss[538].

Es zeigt sich also hier eine ähnliche Haltung der CISRS-Vertreter, wie wir sie bei ihnen schon im Verhältnis zu den Religionen festgestellt hatten[539]. Die Absicht ist aber in beiden Fällen die selbe. Diese indischen Theologen, wollen ihre Mitchristen daran hindern, sich in ein kirchliches Getto zurückzuziehen und die Umwelt sich selbst zu überlassen: „Wo Christen sich fernhalten von Bewegungen und Anhängern des Säkularismus oder von nicht-christlichen Religionen, da halten sie sich fern von Christus selbst"[540].

Indem indische Theologen sich also mit der säkularen Welt und mit Fragen des sozio-kulturellen Wandels beschäftigen, stoßen sie auf jene andere Seite der Christologie, die sie als Kriterium einer humanen Entwicklung bezeichnen: Jesus

---

[535] Abschn. A, IV, 1

[536] B. Hoffmann, „Christian Social Thought in India", Bangalore 1967.
P. Devanandan/M. M. Thomas, „Christian Participation in Nation-Building", Bangalore 1960.

[537] Devandan/Thomas, a.a.O. S. 226.

[538] a.a.O. S. 267.

[539] vgl. oben Teil A, S. 21.

[540] Devanandan/Thomas, a.a.O., S. 267.

Christus, den *wahren Menschen*[541]. Dies ist die christologische Voraussetzung für die „common humanity", die zum Schlüsselbegriff in der theologischen Arbeit des CISRS wurde[542]. Von hier aus ergibt sich auch ein Zugang zu Themen der Weltgesellschaft und Weltgeschichte sowie des menschlichen Individuums, die über ein nur enthusiastisches Erleben des homo religiosus hinausführen zur sozialen Verantwortung und zu einer Bejahung der Schöpfung, die der orthodoxe Hindu und Karma-Samsara-Verehrer nicht kennt[543].

Schließlich zum Dritten wird diese „antiochenisch" genannte Seite der Christologie gegen den „orientalischen Christus" ins Feld geführt von westlichen Missionaren und Missionswissenschaftlern. Vor allem die beiden Niederländer H. Kraemer und A. v. Leeuwen sind Gegner jener alexandrinischen Tendenzen in der Theologie der jungen Kirchen. Eine Analyse der entscheidenden Werke dieser beiden Theologen auf die christologische Grundlage ihrer Argumentation macht deren stark heilsgeschichtliche Orientierung deutlich.

Im Mittelpunkt von Kraemers Tambaram-Theologie steht die Tat Gottes, die an und durch Christus offenbar wird[544]. Hallencreutz stellt dazu fest: „Kraemer sprach von den Offenbarungsfunktionen Christi; Christus war Gottes Werkzeug, um seine Wirksamkeit zur Wiederherstellung des Menschen und der Welt zu bezeugen. Gleichzeitig sprach Kraemer von Christus als dem Begründer des Gottesreiches"[545]. Gott ist nach Kraemer (wie nach K. Barth) als der „ganz Andere" gekennzeichnet durch „Heiligkeit und Gerechtigkeit" Ihm steht ein tief gefallener Mensch gegenüber, dessen große Sünde darin bestehe, Gott sein zu wollen[546]. Christus ist daher vor allem der „Christus der Sünder", dessen „wesentliche Angelegenheit" die Sündenvergebung ist[547]. Weil Gott und Mensch in Kraemers „radikalen biblischen Realismus" total geschieden sind, muss auch die Christologie davon geprägt sein. Sie wird tatsächlich aufgehoben in der Soteriologie, die vom Kreuz und von der Soteriologie her entwickelt wird[548]. Auf dem Hintergrund des ständig betonten „unendlichen qualitativen Unterschiedes" zwischen Gott und Mensch wird die Einzigartigkeit des erlösenden Sühneleidens Jesu besonders deutlich. Von der Schöpfungsmittlerschaft und der kosmischen Herrschaft Christi wiederum ist bei Kraemer jedoch nicht die Rede.

---

[541] ebd.
[542] s. o. Teil A, IV, 1
[543] Devanandan/Thomas, a.a O., S. 268 ff.
[544] H. Kraemer, „Die christliche Botschaft in einer nicht-christlichen Welt", Zürich 1940, S. 70+73.
[545] C. F. Hallencreutz, a.a.O. (s. o. Anm. 55), S. 296.
[546] Kraemer, a.a.O. S. 67+71.
[547] ebd. S. 67+75.
[548] ebd. S. 69-71.

Auch bei A. van Leeuwen lässt sich eine Christologie erkennen, die wesentlich auf Inkarnation und Kreuz konzentriert ist: Das Kreuz als „Urteil Gottes über alle Kulte und Tempel der Welt"[549] und das Dogma der Inkarnation als Grundlage zum „prophetischen Widerstand" gegen allen „ontokratischen Monismus"[550]. A. van Leeuwen versteht Jesus ganz vom Alten Testament her: „Das Evangelium für die Völker besteht darin, dass Jesus das AT erfüllt hat. Das AT kommt zu ihnen, damit sie sich seiner Botschaft öffnen, sich bekehren und Vergebung der Sünden empfangen können, und nicht damit sie es wiederholen ... denn Israel vertritt die Völker"[551].

## c) Einheimische Christologie im Miteinander von alexandrinischem und antiochenischem Typ

„Konfrontation mit dem lebendigen Christus, damit Indien seine Entscheidung fällen kann", lautete eines der Motive für die Indigenisations-Forderung[552]. In unreflekierter Weise wird darin ausgedrückt, dass antiochenische und alexandrinische Christologie zusammengehören, wenn es wirklich um den Christus Jesus geht. Denn sowohl der abstrakte Geistchristus wie auch der historisch isolierte Israelit aus Nazareth sind tote Gestalten. Schöpfung, Inkarnation, Kreuz, Auferstehung und Pfingsten gehören zusammen, wenn der lebendige Christus in Indien einheimisch werden soll.

Dies soll abschließend an einer Gegenüberstellung der beiden christologischen Typen gezeigt werden:

| Alexandrinischer Typ | Antiochenischer Typ |
| --- | --- |
| Christus, offenbarer Gott | Christus, wahrer Mensch |
| Spiritualistische Kategorien | Heilsgeschichtliche Kategorien |
| Betonung von Schöpfungsmittlerschaft und Auferstehung Christi | Betonung von Inkarnation und Kreuz Christi |
| Christus als Urbild und Vorbild des frommen Lebens | Christus als Sühnemittel der Kirche in Wort und Kult (Sakrament) |
| *Gewinn der Universalität auf Kosten der Geschichtlichkeit* | *Gewinn der Geschichtlichkeit auf Kosten der Ganzheit* |

Indische Christologie hat also Anteil am Grundproblem der Theologie und umgekehrt: Nur der ganze Christus kann einheimisch werden, und nur wenn Chris-

---

[549] A. v. Leeuwen, „Das Christentum in der Weltgeschichte", Stuttgart ,1966, S. 97.
[550] a.a.O. S. 201.
[551] a.a.O. S. 79 f.; zur indischen Kritik an v. Leeuwens Werk vgl. RS (XIV) 1967, No. 1.
[552] s. o. Teil A, Abschn. II,3.

tus einheimisch in Indien wird, ist es der ganze Christus. O. Waack schließt seine Untersuchung über das neuere christologische Gespräch mit dem Hinduismus, indem er fordert: „Der johanneische Satz ‚das Wort ward Fleisch' muss im Zusammenhang des ganzen Evangeliums ausgelegt werden, das Johannes-Evangelium im Zusammenhang des ganzen NT. Nur wenn das geschieht kann er eine tragfähige Grundlage indischer Theologie sein"[553]. Dem wäre nur die Frage anzufügen: Gilt das nur für indische Theologie? Wenn es aber für alle christliche Theologie gilt, dann ist auch die Christologie der „Einheimischen" und „Eingeborenen" nur das, was alle rechte Christologie ist: reflektiertes Bekenntnis zum lebendigen Christus am jeweiligen Ort.

---

[553] O. Waack, „Christologisches Gespräch mit dem Hinduismus", EMZ 23, 1966; S. 143.

## III. „Indische Verkündigung" – Schriftauslegung oder Seelsorge?

### 1. Das hermeneutische Problem in Indien

Wir haben oben gesehen, dass die Motivationen für die Forderung nach Indigenisation von zwei Seiten herrühren: aus der Umwelt und ihren Erwartungen einerseits und aus dem Anliegen und Auftrag der Christen andererseits[554]. Sozialpsychologisch begründet nannten wir die Motive des Patriotismus und des Sozialprestiges, theologisch begründet die des „eigenen Ausdrucks" und der kirchlichen Selbständigkeit.

Das Motiv des eigenen Ausdrucks äußerte sich vor allem in dem Verlangen nach einer für Indien verstehbaren „eigenen" Sprache der Verkündigung[555]. Auch die Formulierung einer indischen Christologie wird unter diesem Aspekt verstanden, denn dabei geht es nicht darum, „Christus nach unserem eigenen Geschmack und Interesse zu verändern und zu gestalten, sondern wir gebrauchen ein Kommunikationsmittel, das dem Volk bekannt ist, und interpretieren Christus in Denkformen und Vorstellungen, die den betreffenden Menschen verstehbar sind"[556]. Indische Theologen wollen also erreichen, was als grundsätzliche Verpflichtung aller Theologen der Jungen Kirchen gilt: „Die Mitte zwischen sterilem Europäismus und partikularistischer Isolierung zu finden und zu zeigen, wie die universale christliche traditio als Anleitung zu eigenständiger Verantwortung des Evangeliums in der jeweiligen Situation ergriffen werden kann"[557].

Nun wurde von der Seite der Dogmatik und der Dogmengeschichte her aufgezeigt, dass es seit jeher Aufgabe christlicher Theologie war, „gerade die Spitzenbegriffe des philosophischen Denkens der Umwelt" zur Verherrlichung des einen Herrn (Christus) zu gebrauchen und gleichzeitig der Notwendigkeit Rechnung zu tragen, „eine Übersetzung aus der einen philosophischen Begrifflichkeit in die andere" vorzunehmen[558]. In der Fähigkeit zu solchem Übersetzen bewährt sich die „Freiheit der Theologie von der Philosophie" (W. Link). Die Verbindung von universaler christlicher Tradition mit der jeweiligen Situation ist also die Hauptaufgabe und Grundverantwortung des Theologen überhaupt. Insofern ist auch die Suche nach „indischer Verkündigung" nichts anderes als *eine* Form des hermeneutischen Problems.

---

[554] s. o. Teil A, Abschn. II, 5

[555] s. o. Teil A, Abschn. II, 3

[556] V. P. Thomas, a.a.O.

[557] H.-W. Gensichen, THEOLOGISCHE STIMMEN, Bd. I, S. 26.

[558] E. Schlink, „Hermeneutik – Denkformen – Verstehen", in „Neue Grenzen – Ökumenisches Christentum Morgen", hrsg. v. K. v. Bismarck und W. Dirks, Stuttgart/Berlin/Freiburg, 1966, Bd. I, S. 18 f.

Im Westen erwuchs die neuere Hermeneutik in der Auseinandersetzung mit dem Historismus. Das Verstehensproblem wurde hauptsächlich als ein Problem der Schriftauslegung und Textinterpretation empfunden, wobei unterschiedliche Auffassungen von historischer und dogmatischer Theologie zur Sprache kamen[559]. Erst später trat die praktische Theologie in die Diskussion ein[560].

In Indien und auf den anderen „Missionsfeldern" ging die Entwicklung umgekehrt: Von der Konzentration auf den nicht-christlichen Hörer in der missionarischen Verkündigung her wird nach „verstehbarer Sprache" und einheimischer Theologie gesucht. Hier führt also die homiletische Fragestellung weiter zur exegetischen.

Lautet im Westen die Frage: wie kann der historisch gebildete Wissenschaftler oder der sog. „moderne Mensch" die christliche Verkündigung verstehen? – So erscheint sie in Indien in der Form: wie ist der indische Mensch anzusprechen? Will man dort vor allem eine zu stark historisch-dogmatische Verhaftung der Verkündigungssprache abstreifen, so ist es hier das fremdkulturelle Gewand, das Anstoß erregt. Dort ist der „garstige Graben" historisch bedingt, hier sozio-kulturell. In beiden Fällen geht es aber um die selbe Grundfrage, inwieweit man auf den Hörer und seine Situation eingehen kann und eingehen muss bzw. worin die sachliche Kontinuität des Verkündigten besteht.

Die strukturelle Parallelität dieser Fragestellung lässt sich tatsächlich bis in den Wortlaut hinein verfolgen: In seinem vom Nationalen Christenrat der USA herausgegebenen Studienbuch über moderne Verkündigungsstrukturen sagt C. Williams: „Wir müssen wieder *fragen nach dem, was wesentlich ist im Leben der Kirche:* was muss bestehen bleiben, was kann wechseln?"[561].

Dem entspricht die Formulierung, die der Inder E. Asirvatham zur Definition von Indigenisation gibt: „Es ist notwendig, zwischen dem Zentrum und der Peripherie des christlichen Unternehmens zu unterscheiden, denn ohne eine solche *Unterscheidung* besteht die Gefahr, das Wesentliche mit dem Unwesentlichen auszuscheiden"[562]. Es überschneiden sich also auch hier – wie oben im Teil B – die Begriffskomplexe von Kontinuität und Wandel einerseits und von Einheit und Mannigfaltigkeit andererseits[563] Wir fragen weiter nach dem Zusammenhang von einheimischer Verkündigung und ökumenischer Theologie.

---

[559]  vgl. G. Ebeling, Art. „Hermeneutik", RGG, 3. Aufl., Bd. III.
[560]  K. Frör, „Biblische Hermeneutik", 3. Aufl., München 1967.
[561]  C. Williams, „Where in the World?", N.Y., 1963, S. 61.
[562]  E. Asirvatham, „Christianity in the Indian Crucible", 2. Aufl. , Calcutta 1957, S. 157.
[563]  vgl. oben B, VI,2

## 2. Einheimische Verkündigung und universale christliche Tradition

Wir haben oben unterschieden: In Indien gehe es um eine sozio-kulturelle Aktualisierung der christlichen Botschaft, im Westen um eine historisch-geschichtliche. Hier hat der Verkündiger den sog. „modernen Menschen" als Gegenüber, dort sucht er den „einheimischen Inder" zu erreichen.

Bei genauerem Zusehen erweist sich diese Unterscheidung jedoch als unscharf. Die räumliche und die zeitliche Dimension, die soziologischen und die historischen Kategorien überschneiden sich ständig. Auch der Inder ist moderner Zeitgenosse und auch der Abendländer ist Teilnehmer am „Weltgespräch". Die weltweite Kommunikation und die ökumenische Situation der Kirchen lassen eine grundsätzliche Unterscheidung oder gar Trennung von sog „einheimischer" und sog. „westlicher" Verkündigung ebenso wenig zu wie der hermeneutische Grundvorgang, der hier wie dort nur lauten kann: „Vom Wort zum Menschen und vom Menschen zum Wort"[564] Dieser Mensch aber ist der verstehende Exeget oder der Predigthörer im Abendland genauso wie in Indien.

Die Unterscheidung kann also nicht in die Alternative von „einheimischer" und „westlich-abendländischer" Verkündigung gepresst werden, sondern sie muss differenzierter gedacht werden. Entscheidend ist *der jeweilige Standort* des Verkündigers in der universalen christlichen Tradition!

Dieser Standort aber ergibt sich aus dem Verkündigungsvorgang selbst. Der Verkündiger wird auf jeden Fall immer nach beiden Seiten schauen müssen, „nach der Sache und ihrem Wesen und nach dem Hörer"[565] Dabei wird sein Standort jeweils aus beiden Richtungen bestimmt.

Wenn der Verkündiger sich der „Sache" zuwendet, die ihm aufgetragen ist, so begegnet er dabei nicht nur dem Text und dem Wort der Heiligen Schrift, vielmehr gehört es zu des Predigers eigener Geschichtlichkeit, dass er auch alle mitlaufenden Ströme der Tradition bewusst oder unbewusst mithört, in die für ihn der Text und das Wort eingebettet sind. „Zu den Stimmen, die in das Gespräch mit dem Text eingreifen, gehören nicht nur die, die wir als die Stimmen unserer ‚Väter und Brüder' anerkennen ... sondern auch die Stimmen aus anderen Kirchen. ... Grundsätzlich und a limine ist hier nichts ausgeschlossen, was je in der Befragung der Texte gedacht und gesagt worden ist"[566]

Wendet sich der Verkündiger aber dem Hörer zu, so hat er hier nicht ein isoliertes Individuum oder eine isolierte Einzelgemeinde getaufter oder ungetaufter Hörer vor sich. Vielmehr muss er voraussetzen, dass christliche und nicht-

---

[564] Surkau, Art. „Schriftauslegung V", RGG, 3. Aufl., Bd. V, Sp. 1537.
[565] W. Schütz, „Vom Text zur Predigt", Witten 1968, S. 61.
[566] K. Frör, a.a.O. S. 67.

christliche Traditionsströme zum „Gesamtsein der Gegenwart" gehören und als bewusste oder unbewusste Kollektivströme seinen Hörer bzw. die Gemeinde mit bestimmen und prägen[567]. Einheimische Verkündigung – sei es in Europa, Amerika, Afrika oder Asien – stellt also immer eine Konfrontation dar zwischen der vielfältigen universalen Tradition der Christenheit und ebenso vielfältigen Traditionsströmen der jeweiligen Region, die heute in das universale Kommunikationssystem einbezogen wird. Die fortschreitende Universalisierung der christlichen Tradition und Verkündigung bedeutet also gleichzeitig die Erhöhung und Verschärfung ihrer Vielfalt.

Daraus folgt, dass „die Kirche erst dann wahrhaft universal geworden sein wird, wenn die Weisen aller Länder ihre Schätze *ihm* (Christus) dargebracht haben. Solange eine der ‚örtlichen Manifestationen' fehlt oder unterentwickelt ist, bleibt die weltweite Kirche unvollständig"[568]. Denn die Kirche ist jene „eschatologische Wirklichkeit, die in der ‚extensio' alles das wiederbringt, was der Christus in der ‚intensio' schon umfasst"[569]. Universale Einheit und universale Vielfalt sind also gleichzeitig und in gleicher Weise Zielpunkt der christlichen Verkündigungsgeschichte.

Diese Spannung von Vielfalt und Einheit gilt jedoch nicht nur für die (End-) Zielausrichtung der christlichen Verkündigung. Sie war vielmehr seit ihrem Beginn ihr wesentliches Kennzeichen. Schon längst ist erkannt, dass die Mannigfaltigkeit der kirchlichen Konfessionen und Traditionen mit der Vielfalt des Jesus-Zeugnisses im Neuen Testament korrespondiert[570]. Auch hat man die romantisierende Vorstellung von der größeren oder höheren Einheit der Urkirche längst entmythisiert: Die Kirchengeschichte verweist darauf, dass das eigentliche Thema der altkirchlichen Konzilsgeschichte dem der heutigen ökumenischen Versammlungen und Synoden entspricht: es ist „das Ringen um die rechte, geistige Einheit der Kirche Gottes"[571]. Mit H. Sasse lässt sich sogar sagen: „Das erste Konzil der Kirche überhaupt, das Apostelkonzil, war bereits ein Einigungskonzil"[572].

Die Spannung von Einheit und Mannigfaltigkeit ist also ebenso wie die von Kontinuität und Wandel selbst ein Kontinuum der Verkündigungsgeschichte, sie

---

[567] O. Haendler, „Die Predigt", 3. Aufl., Berlin 1960. S. 234.

[568] John Foster, „Junge Kirche – Einst und Jetzt", Hamburg 1951, S. 124.

[569] J.-L. Leuba, „Tradition und Traditionen", in „Schrift und Tradition", hrsg. v. E. Skydsgaard u. L. Vischer, Zürich 1963, S. 23.

[570] Schon vor E. Käsemann (in seinem Vortrag in Montreal 1963, abgedruckt in Ök. Rdsch. 1964, S. 58 ff.) hat E. Schlink (KuD, 3, 1957, S. 303) auf diese Zusammenhänge aufmerksam gemacht.

[571] G. Kretschmar, „Die Konzile der Alten Kirche", in „Die Ökumenischen Konzile der Christenheit" hrsg. v. H.-J. Margull, Stuttgart 1961, S. 13.

[572] H. Sasse, „In Statu Confessionis – Gesammelte Aufsätze", hrsg. v. F. W. Hopf, Berlin/Hamburg 1966, S. 166.

kennzeichnet ihren Ursprung und ihr Ziel. Darum ist es nicht verwunderlich, dass auch heute das „Eingehen des Christus in eine bestimmte Tradition" (J.-L. Leuba) oder in viele einheimische Traditionen gleichzeitig begleitet ist von der Frage nach der Einheit des Christus, d. h. nach der Einheit aller dieser Traditionen. Das ist der Grund für den oben schon angesprochenen Zusammenhang der Forderung nach Indigenisation mit der nach kirchlicher Einheit[573], und es ist der Grund für die Bedeutung der sog. „jungen Kirchen" für die ökumenische Bewegung und umgekehrt.

Einheimische Verkündigung ist also eine Kraft sowohl zur Universalisierung der Botschaft wie zur Zentrierung oder besser: zur Rekapitulation aller Traditionen. Dem entspricht ein spannungsreiches Miteinander von Universalität und Aktualität in den verschiedenen Gestalten einheimischer Verkündigung.

### 3. Einheimische Verkündigung im Miteinander von Universalität und Aktualität

Die universalste Gestalt christlicher Verkündigung ist das im *Kanon der biblischen Schriften* zusammengefasste prophetische und apostolische Zeugnis von Christus. Es ist universal in seiner Gültigkeit wie in seiner Verbreitung. Denn alle gegenwärtig lebenden Christen berufen sich ja – in irgendeiner Weise – auf diese biblischen Schriften und gleichzeitig ist die Bibel das am weitesten verbreitete Buch der Erde.

Auf diese universale Verkündigung berufen sich auch die indischen Kirchen, und das biblische Evangelium ist in alle indische Hauptsprachen übersetzt. Doch „in allem Übersetzen ist Auslegung; und jede Auslegung hat am Übersetzen teil"[574]. darum gehören auch die indischen Bibelausgaben zur einheimischen Verkündigung. Freilich ist wohl die Aktualität dieser zugleich universalen und einheimischen Verkündigung in sozio-historischer Perspektive als gering einzuschätzen. Universalität und Aktualität verhalten sich hier reziprok.

Ähnliches gilt von den altkirchlichen *Bekenntnissen*, die ebenfalls in Indiens Kirchen wirksam und teilweise übersetzt sind und in den Gottesdiensten gebraucht werden. Sie sind ihrem Ursprung nach räumlich und zeitlich fast genauso weit entfernt vom heutigen Indien wie die biblischen Schriften der Apostel und Propheten. Sie sind aber zugleich weniger universal als die Schriften des Alten und Neuen Testaments, können aber – wie wir an der christologischen Frage gesehen haben – durchaus auch aktuell werden für die indische Verkündigungssituation. Insgesamt scheint ihre noch relativ hohe Universalität jedoch verbun-

---

[573] s. o. Abschn. A, III,4

[574] C. Westermann, „Zur Auslegung des Alten Testaments", in „Die hermeneutische Frage in der Theologie", hrsg. v. C. Loretz u W. Strolz, Freiburg 1968, S. 182.

den zu sein mit geringer oder zumindest angezweifelter Aktualität, weshalb man im Namen des „modernen" oder des „indischen Menschen" ihre Gültigkeit bzw. liturgische Gebrauchsfähigkeit diskutiert und mit Neu-Formulierungen experimentiert.

Die *Liturgien* und Gottesdienstordnungen haben gegenüber den beiden vorigen Stufen wieder einen geringeren Grad an Universalität. Sie sind – mit Ausnahme manchmal von Teilstücken - verschieden von Konfession zu Konfession, von Region zu Region oder auch von Generation zu Generation. Ein Extrem darunter sind sicher die orthodoxen Liturgien in der „heiligen" Kultsprache des Alt-Syrischen bei den „Thomas-Christen" in Südindien. Die größeren (und älteren) protestantischen Denominationen haben weniger traditionelle Formulare. Darum hat hier die Universalität wiederum abgenommen zugunsten höherer Aktualität.

Bei der *vervielfältigten Predigt* (im Funk oder gedruckt) werden Aktualität und Konkretion des Wortes der Verkündigung noch einmal gesteigert. Der Prediger richtet seine Botschaft an einen zwar nicht ganz überschaubaren, aber doch begrenzten Hörerkreis. Er hat Zeitgenossen vor sich, und zwar Zeitgenossen einer bestimmten Region und einer bestimmten Sprachgemeinschaft. Entsprechend hat sich die Universalität hier nochmals verringert.

In noch höherem Maße gilt dies natürlich für die *Gemeindepredigt.* Hierbei kennt der Verkündiger in den meisten Fällen die Hörer, er nimmt als Glied dieser Gemeinde an ihrem Leben teil. Entsprechend kann er in der Predigt eingehen auf die christlichen und nicht-christlichen Vorverständnisse seiner Zuhörer, auf ihre Bedenken, Nöte, Freuden, Erfolgserlebnisse, und Pläne.

Höchstmöglichen Grad der Aktualität erreicht die Verkündigung ad hominem jedoch in der *Taufe* und im *seelsorgerlichen Gespräch.* Wo ein bestimmter, mit Namen angesprochener Mensch „in Christus" hineingetauft wird, oder wo ein Christ seinem Bruder in der consolatio fratrum „zum Christus" wird, da erreicht die Indigenisation der Verkündigung ihren Höhepunkt. Eben dieses Wort an den bestimmten Menschen kann nur ihm so gesagt werden, trifft nur ihn, dient zur Vergebung seiner Sünden und ist Evangelium für ihn. Indem dies aber „in Christus" geschieht und einer dem anderen Christus bringt, ist hier ja auch der ganze Christus gegenwärtig.

Denn in der „Verkündigung des Wortes Gottes an den einzelnen" (H. Asmussen) ist Christus nicht weniger gegenwärtig als in der Gemeindepredigt oder im liturgischen Gesang. Es ist derselbe Christus, den die Konfessionen der Kirche bekennen, und von dem die biblischen Schriften Zeugnis geben. Wie Paulus und Johannes, so ist auch der indische Christ im Gespräch mit seinem Mitmenschen „Botschafter an Christi statt".

Mag man sozio-historisch oder homiletisch von größerer oder geringerer Aktualität oder Universalität der Verkündigungsformen reden, so liegen Universalität und Aktualität – theologisch gesehen – doch ineinander: Die Universalität des Evangeliums bewährt sich gerade daran, dass sie in die konkrete Situation hinein jeden Menschen verkündet werden kann. Umgekehrt setzt die Aktualität voraus, dass es sich um die Aktualität des *Evangeliums*, also des in den heiligen Schriften bezeugten Evangeliums von Jesus Christus, handelt. „So kommt es, dass die Gesamtheit des Menschengeschlechts gewissermaßen nur zwei Menschen sind"[575]

Damit ist aber zugleich die Grenze der Universalität wie der Aktualität erreicht. „Der Wind weht wo er will". Indigenisation der Verkündigung hat ihre Grenze theologisch in der Kontingenz des Handeln Gottes, anthropologisch in der Freiheit des Hörers gegenüber der Botschaft.

---

[575] Augustinus, Op. Impf. II, 163 (MPL 45,1211).

# IV. „Indische Taufe" – Wiedergeburt im Diesseits oder im Jenseits?

## 1. Indische Wiedergeburtsvorstellungen

Wie sonst in der Religionsgeschichte[576], so findet sich auch im Hinduismus eine primäre oder allgemeine Wiedergeburtsvorstellung im Sinne des Fortwirkens dieser Existenz nach dem Tode, und eine sekundäre oder spezielle Wiedergeburtsvorstellung, die an die sog. „rites de passage" anknüpft und die Einweihung einer Menschengruppe zu höherem Leben vorsieht[577].

Die erstere Vorstellung der allgemeinen Wiedergeburt oder Wiederverkörperung erscheint in Indien in Gestalt der *Karma-Samsara-Theorie*. Diese Theorie der über den Tod hinausgehenden „Vergeltungskausalität" ist, wie Indologen betonen[578], die universale Theorie der älteren indischen Religionen überhaupt, d. h. des Hinduismus, des Jainismus und des Buddhismus. Sie ist universal für Indien nicht nur wegen ihrer Verbreitung und ihrer gesellschaftsformenden Kraft[579], sondern weil sie ihrem Gehalt nach sogar alle Lebewesen umfassen soll: „Das Schicksal jedes Einzelwesens wird danach durch moralische Faktoren beherrscht und geregelt, derart, dass eine jede individuelle Existenz in Vergangenheit, Gegenwart und Zukunft qualitativ und quantitativ durch die Summe der guten und bösen Taten (karma) des vorhergehenden Daseins bestimmt ist"[580]. Es handelt sich also genau genommen nicht um eine Wiedergeburt des einzelnen geschichtlichen Individuums, sondern um ein „Weiterleben der Taten" (Steche), das eine ewige Folge verschiedenartiger Wiederverkörperungen hervorruft.

Es ist nun bezeichnend, dass die zweite oder spezielle Wiedergeburten-Vorstellung der Hindus gerade die Befreiung aus dem oben aufgezeigten karma-samsara-Zyklus im Auge hat. *Upanayana* bezeichnet eine nur den drei oberen Ständen (zeitweise nur den Brahmanen) zustehende, durch Opferriten ausgeführte Initiation zum Veda-Unterricht für junge Männer[581].

Die Initiation eröffnet für den „Zweimal-Geborenen" (dvija) den Weg der Erlösung aus dem Zyklus der Wiederverkörperungen. Die dabei vorgestellte Rückkehr in den Mutterleib – der Guru macht den Schüler zum Embryo – soll dazu dienen, die Vergangenheit zu vernichten, damit eine „reine" Existenz begonnen

---

[576] vgl. A. Hultkrantz, Art. „Wiedergeburt", RGG, 3. Aufl., Bd. VI.

[577] Weitere Literatur zur Wiedergeburt s. M. Eliade: „Birth and Rebirth – the Religious Meanings of Initiation in Human Culture", NY 1958 und den Konferenzbericht „Initiation" hrsg. v. C. J. Bleeker, Leiden 1965.

[578] Glasenapp, „ Indische Welt", S. 237f.; Gonda, „Die Religionen Indiens", Bd. I, S. 279; Steche, „Indien", S. 42.

[579] vgl. oben Teil B, Abschn. IV, 3.

[580] Glasenapp, a.a.O.

[581] Gonda, a.a.O. S. 119 f.

werden kann, die nicht vom Übel der Zeitlichkeit beeinflusst wird[582]. Hier, wie in der Erlösungsvorstellung der Hindus überhaupt, geht es also um Aufhebung von Maya, um die Befreiung von Karma-Samsara, um Erlösung *vom* Geschichtlich-Individuellen, nicht um Erlösung *des* geschichtlichen Einzelwesens[583].

Anzumerken ist, dass verschiedene dieser mit Opfern verbundenen Wiedergeburtsriten und die darin gebotenen Erlösungsmöglichkeiten offensichtlich nur Männern, - und zwar nur denen der oberen Kasten - offen stehen.

Demgegenüber stellen die „säkularen" Wiedergeburtsideen, von der „nationalen Renaissance" Indiens bis zu den sozial-revolutionären und nativistischen Ideologien, etwas völlig Neues dar (s. oben Teil B, Kap. V+VI). Sie haben die Erneuerung der ganzen Gesellschaft im Programm und wollen gerade auch die bis dahin unterprivilegierten Schichten ansprechen. Wir haben oben gezeigt, dass auch hinter diesen demokratischen, sozialistischen und nativistischen Idealen jene Urvorstellungen vom „neuen Menschen" stehen[584]. Es handelt sich hierbei allerdings von vornherein um kollektivistische Ideen, die – im Gegensatz etwa zur neo-hinduistischen Gnosis Sri Aurobindos – ganz aus der „Paria-Lage" bestimmter Menschengruppen heraus entwickelt wurden. Aurobindo hingegen hat durch sein bewusstes Anknüpfen an den Veda auch die alte elitär-idealistische Erneuerungs- und Erlösungsvorstellung (durch geistiges „Uplift") in seinen integralen Yoga übernommen: Er kann für sein Programm von der Erneuerung der Gesellschaft - wie K. Dockhorn gezeigt hat - keinen Zugang zur Wiedergeburt des geschichtlichen Menschen finden: „Welt und Gott bleiben auf immer getrennt, und mit der Welt als niederer Natur werden die Gesellschaft, die Arbeit und die Ehe als unrein vom Heil ausgeschlossen"[585].

Wo also in Indien die Wiedergeburt des geschichtlichen Menschen ins Auge gefasst wird, da geschieht es in den sozial-kollektivistischen Ideen einer säkularistischen Programmatik. Wo man hingegen im idealistisch-elitären Sinne von der Erneuerung des Einzelnen ausgeht, findet man aufgrund der anti-materialistischen Einseitigkeit keinen Zugang zum Geschichtlichen.

---

[582] Eliade, a.a.O. S. 55.

[583] Auch bestimmten anderen Opferriten der Hindus liegt die Vorstellung von einer „neuen Geburt" zugrunde (Gonda, a.a.O. S. 151); vgl. Dazu auch A. Basu, „Diksa" bei C. J. Bleeker, a.a.O., S. 81-86 und Gonda, „Change and Continuity in Indian Religion", Den Haag, 1965, Kap. X.

[584] Nach Mühlmann („Current Anthropology", 1965, S. 452) entspringen diese eschatologischen Vorstellungen und nativistischen Ideale vermutlich nur im „historisch-diffusionistischen" Einflussbereich der „wirklich eschatologischen Religionen" (d. h. Judentum, Christentum, Islam).

[585] Dockhorn, „Tradition und Evolution – Untersuchungen ...", Gütersloh, o.J., S. 223 f.

## 2. Die Tauffrage in der Debatte um Indigenisation

Bei der Frage nach dem Verhältnis von Taufe und Indigenisation fallen drei Faktoren besonders auf:

### a) Der Versuch, das Taufproblem auszuklammern oder zu umgehen

Da wird erstens diese Frage – ähnlich wie die nach Kirche und Sakramenten überhaupt – von indischen Theologen nur am Rande erörtert, und zwar so, dass man merkt, die Vernachlässigung stammt aus einer Abneigung gegenüber diesem Topos der Theologie. Herwig Wagner weist darauf hin, dass selbst der „kirchlichste" der „Rethinking"-Autoren, Bischof Appasamy, die Taufe nur an einer einzigen Stelle ganz knapp berührt: „Die einzige bekannte Stelle, wo er die Taufe erwähnt ... ist so kurz und fragmentarisch, dass sie nicht weiter herangezogen werden kann"[586]. Robin Boyd glaubt, wenigstens für zwei der indischen Theologen den Grund für ihre Abneigung gegenüber der Sakramentenfrage angeben zu können: „Die Fragezeichen, die Chenchiah und sogar Sundar Singh hinter die Sakramente setzen, stellen hauptsächlich einen Vorbehalt dar gegen den Anspruch der Kirche, die ‚Gnadenmittel' zu kontrollieren und dadurch den direkten Zugang des einzelnen Gläubigen zu Gott zu verhindern"[587]. Viele Inder sind der Ansicht, die Mission könne Indien nur gewinnen, wenn sie auf die Taufe verzichtet[588].

Eine direkte Erörterung der Tauflehre der Kirchen lässt sich bei keinem der mit Indigenisation befassten Theologen Indiens finden. Erst in jüngster Zeit haben die radikalen Thesen des in Indien wirkenden dänischen Missiologen Kai Baago die Aufmerksamkeit der indischen Theologen und Missionare wieder auf das Taufproblem gelenkt[589].

### b) Das Taufproblem in ausschließlicher Konfrontation mit dem Hinduismus

Wo man sich nun – mehr oder weniger gründlich – Gedanken zur Taufe macht, geschieht es unter Einschränkung auf den homo religiosus, d. h. auf die Frage, wie die Taufe sich zum Hinduismus und seiner religiösen Praxis verhält. Gerade Kai Baago geht nur von der Frage aus: „Müssen Hindus getauft werden, wenn sie Christen werden wollen?"[590] Es unterbleibt eine Besinnung darauf, ob den ande-

---

[586] H. Wagner, a.a.O. S. 94, Anm. 17.

[587] R. H. S. Boyd, a.a.O., S. 249.

[588] vgl. dazu G. Vicedom, „Die Taufe unter den Heiden", München 1960, Abschn. I.

[589] vgl. die Neuaufnahme der Taufdebatte in der Indian Christian Theological Association, IJTh (XVI) 1967, No. 3 (dort vor allem der Beitrag von J. Bergquist), Auch L. Newbigin setzte sich 1966 mit den radikalen Thesen Baagos zur Taufe auseinander: NCCR (86) 1966, S. 309 ff.

[590] „Must Hindus be Baptized to Become Chistians?" so ist sein Artikel im UTC-Magazine (March 1966) überschrieben.

ren, d. h. den nicht-hinduistischen, Indern gegenüber die Taufe anders einzuschätzen wäre. Es unterbleibt weiterhin eine Besinnung darauf, dass auch die Hindu-Gesellschaft einem Wandel unterliegt und die Säkularisierung ganz neue Aspekte und Mischphänomene erbringt, die es nicht zulassen, hinsichtlich der Taufe und Bekehrung nur von einem „Wechsel der religiösen Gemeinschaft" zu reden. Dies hat bisher nur Robin Boyd im Blick auf die zukünftige Entwicklung beachtet: „Wenn wir annehmen, dass die Hindu-Gesellschaft mehr und mehr säkularisiert wird, mag bald die Zeit kommen, in der es möglich ist, die Taufe zu empfangen, ohne alle Bande zur eigenen Gemeinschaft zu durchschneiden"[591]. Allerdings bleibt hier dahingestellt, ob diese Ablösung von der bisherigen (Religions-)Gemeinschaft nicht zum Wesen der Taufe gehören und für den Glaubenden nicht nur schmerzlich, sondern gerade auch für den Glauben hilfreich sein könnte.

## c) Das Taufproblem als religions-soziologische Alternativfrage

Durch das Ausklammern einer Diskussion der Tauflehre und die Einengung der Tauffrage auf die Beziehung zum Hinduismus spitzt sich hierbei das Indigenisationsproblem zu auf die soziologische Bedeutung der Taufe in der Alternative: Hindu-Gemeinschaft oder Christen-Gemeinde. Baago folgert im Namen der „einen Bruderschaft in Christus", dass der Christ bereit sein muss, die Kirche (als organisierte Religion) zu verlassen, „hineinzugehen in den Hinduismus und den Buddhismus, diese Religionen als seine eigenen anzunehmen, soweit sie nicht Christus widersprechen, und sie als Voraussetzung, Hintergrund und Rahmen des Evangeliums in Asien zu betrachten"[592]. Die Taufe empfindet er – zumindest in der gegenwärtig praktizierten Form – als ein Hindernis auf diesem Weg und damit als ein Hindernis für das Evangelium: „Ich habe schon lange betont, dass die Taufe in ihrer gegenwärtigen Form einen Widerspruch zum Evangelium darstellt"[593]. Er sagt allerdings nicht, welche andere Formen der Taufe er sich denken könnte, sondern unterstützt die von dem Hindu Subba Rao vorgetragene Kritik an Kirche und Taufe. Subba Rao aber geht davon aus, dass Wiedergeburt ein rein geistiger Prozess ist: „Rebirth takes place in the mind", weshalb ihm die Taufe als ein „hässliches Phänomen" erscheint, das „Sinn, Ziel und Gegenstand der Anbetung" verdecke[594].

Ebenso hatte Chenchiah die Erneuerung des Lebens als eine Sache des Geistes angesehen. Gegen Dogma, Bekenntnis und Ethik setzte er auf den „Geist und die

---

[591] R. H. S. Boyd, a.a.O. S. 250.
[592] K. Baago, „The Post-Colonial Crisis of Missions", IRM (55) 1966, S. 331 f.
[593] K. Baago, „The Movement around Subba Rao", Banglore 1968, S. 27.
[594] ebd. S. 30 f.

Geistmitteilung als den modus des neuen Lebens"[595]. Diese geistige Erneuerung
bedeutet aber bei dem Christen Chenchiah ebenso wie bei dem Hindu Subba Rao
religiöse Selbstvervollkommnung: „Diejenigen, die am tiefsten sehen, schaffen
sich selbst neu um in das Bild Christi" heißt es bei Chenchiah[596], und Subba Rao
fordert: „Enthalte dich von der Welt und löse dich von deinem Körper – beherr-
sche dich selbst. Imitiere Jesus, sodass auch du vollkommen werden magst"[597].

Von diesem Standpunkt aus müssen Kirche und Sakramente tatsächlich überflüssig erscheinen. Die Vernachlässigung der Tauflehre und die Vermeidung einer Diskussion einheimischer Wiedergeburtsvorstellungen lässt den Sinn des
Taufgeschehens verblassen. Statt dessen rückt die weitere Frage in den Mittelpunkt, ob man nicht in Indien Christ und Jesus-Nachfolger auch ohne Kirche und
Sakramente sein könne. Es ist unschwer einzusehen, dass eine prinzipielle Bejahung dieser Frage nicht nur die Kirche als Institution, sondern damit auch die
von ihr weitergetragene christliche Botschaft in die Welt hinein auflöst. Ebenso
würde eine prinzipielle Verneinung der Frage die Preisgabe der Universalität des
christlichen Erlösungs-Gedankens bedeuten und die Kirche ins Getto führen. Die
Bedeutung der Taufe im Verhältnis zur Indigenisation ist nur ein Teilaspekt jener größeren Frage nach dem Verhältnis von Kirche und Welt.

## 3. Die Taufe angesichts der indischen Situation

H. W. Gensichen hat in seiner Untersuchung über „das Taufproblem in der
Mission" drei Wesenszüge der Taufe als in der Missionssituation besonders bedeutsam herausgestellt: Taufe als Entscheidung, Taufe als Tat Gottes, Taufe als
Aufnahme in die Gemeinde[598]. Auf dem Hintergrund der oben dargestellten hinduistischen Wiedergeburtsvorstellungen und der aufgezeigten neueren Diskussion um „Taufe und Indigenisation" sind diese drei Wesensbestimmungen der
Taufe besonders charakteristisch und wichtig:

### a) Taufe als Entscheidung des Menschen

Indologen betonen, „dass der Hinduismus gerne ein Entweder-Oder oder
irgendwelche Ausschließlichkeiten vermeidet"[599]. Die Entscheidung für die Mis-
sionstaufe als „Anerkenntnis eines neuen Herrn, nach dessen Willen man zu leben hat", ist also angesichts der relativistischen Pan-Religiosität des Hinduismus
ein ganz besonderer Bekenntnisakt. Die Missionstheologen verweisen mit Recht

---

[595] zit. bei H. Wagner, a.a.O. S. 171.
[596] a.a.O. S. 161.
[597] zit. bei K. Baago, „Subba Rao", S. 32.
[598] H.-W. Gensichen, „Das Taufproblem in der Mission", Gütersloh 1951, S. 12 ff.
[599] J. Gonda, „Die Religionen Indiens", Bd. I, S. 354.

darauf, dass auch den Nichtchristen die Bedeutsamkeit der Taufe aufgrund magischer oder auch sozio-kultureller Vorverständnisse gegenwärtig ist[600].

Geht ein Einzelner zur Taufe, so stellt er sich außerhalb der bisherigen religiös-sozialen Gemeinschaft und wird damit vielleicht zum ersten Mal ein individuell handelnder und als geschichtliches Individuum angesprochener Mensch. Sein Taufbekenntnis ist tatsächlich ein Bekenntnis zu einem neuen Leben wie es aus seinen bisherigen Horizonten nicht denkbar war. Wie stark dieser Umbruch empfunden wird, zeigt wiederum die nicht-christliche Umwelt, die, wo sie die Taufe eines ihrer Glieder nicht verhindern kann, sich ihrerseits von dem Übergetretenen lossagt. Wo aber ganze Gruppen oder Stämme getauft werden, wird schon auch der Bruch mit der Vergangenheit vergegenwärtigt: „Mit der Taufe lassen wir das alte Leben hinter uns und werden Gottes Eigentum"[601].

Dieser Entscheidungscharakter der Taufe als Abkehr vom Alten und Hinwendung zum Neuen stellt natürlich die Frage nach der Kontinuität zwischen beiden Formen oder Stadien des Lebens. Die Indigenisations-Forderung hat gerade dieses Problem im Auge. Es ist jedoch leicht zu erkennen, dass eine Preisgabe der Taufe um der Kontinuität willen dieses Problem nicht löst, sondern nur ausklammert oder verschiebt. Baago hatte ja auch ein Eingehen auf die einheimischen Religionen nur unter der Einschränkung vertreten, dass diese „Christus nicht widersprechen". Wenn also die Taufe beiseite geschoben wird, kommt der (ungetaufte) Hindu-Christ doch bald in die Entscheidungssituation angesichts der vielerlei Kastengesetze etwa. Spätestens da ist eine Grenze und Abgrenzung wohl nicht mehr zu vermeiden, und die Suche nach neuen Gemeinschaftsformen beginnt. Verzichtet die missionarische Verkündigung also auf die Taufe, dann wird früher oder später eine Grenzziehung nötig sein. Wie soll das aber dann geschehen – nur lehrhaft-intellektuell oder doch auch leibhaft-sakramental?

Eine Entscheidung für oder gegen eine Gemeinschaftsform wird bleiben. Es geht darum, ob der Mensch auf dieser oder jener Seite stehen will.

## b) Taufe als Tat Gottes

Angesichts der religiösen Selbstverwirklichung, die – wie wir gesehen haben – vom Hinduismus her das Denken indischer Theologen beeinflusst, bleibt die Taufe als neuschaffende Tat Gottes ein ganz besonderes Zeugnis des Evangeliums. Da es sich um die Taufe des Sünders und dabei um „Hineingabe in Jesu Tod und Auferstehung" handelt, die nur im Glauben und ohne andere religiöse Vorbedingung empfangen werden kann, wird durch die Taufe gerade das elitär-aktivistische Missverständnis der christlichen Botschaft als eines neuen Gesetzes

---

[600] G. F. Vicedom, „Die Taufe unter den Heiden", München 1960, S. 10 ff.
[601] zit. bei Vicedom, a.a.O. S. 28.

durchbrochen. Hier hängt es nicht mehr von der geistigen Qualität eines Menschen ab, ob er zur Wiedergeburt gelangen kann. Vielmehr ist die Wiedergeburt hier als Tat Gottes gerade auch als *Geburt* wieder eigentlich verstanden, insofern der Mensch sie nur an sich geschehen lassen und nicht sich selbst taufen kann. Die Imitatio-Frömmigkeit der Jesus-Realisation bei Keshub, Vivekananda und Subba Rao wird am kritischen Punkt der Taufe geprüft, ob sie nicht doch nur eine andere Form der sonst allenthalben gepriesenen Selbst-Realisation ist. Die Austauschbarkeit des Namens Jesus ist für jene ethisch-mystische Christus-Interpretation kennzeichnend. Die Taufe aber ist gerade die Belegung des Menschen mit diesem Namen und die Hineinnahme in die Geschichte dieses Christus Jesus.

## c) Taufe als Aufnahme in die Gemeinde

Wie sehr die Taufe als Aufnahme in die Kirche als Leib Christi und neues weltweites Gottesvolk bedeutsam ist für die religiös begründete Hindu-Gesellschaft, wurde oben schon angezeigt. Selbst eine bloß religions-soziologische Betrachtungsweise zeigt die gleichsam revolutionäre Wende an, die eine gleichermaßen für Junge und Alte, Arme und Reiche, Gebildete und Ungebildete gespendete Taufe im Hinduismus bewirken muss. Dort scheidet das Religiöse – die Tabus, Reinheitsvorschriften und Kastenregeln – die Gesellschaft in unzählige voneinander geschiedene Schichten und Gruppierungen. Hier aber wird die Gemeinschaft des einen Leibes Christi verkündet und dem Glaubenden zugeeignet. Die Taufe gibt allen herkömmlichen Scheidelinien und innergesellschaftlichen Grenzen ihre Relativität zurück. Da sich unter den Getauften auch ehemalige Muslime, Adivasis, Parsis und Sikhs befinden, wird eine zusätzliche Bedeutung der Taufe in soziologischer Sicht für Inder offenbar. Darüber hinaus verbindet die Taufe den glaubenden Inder mit der Gemeinschaft der Getauften weltweit und durch die Zeiten, sodass er hier zumindest eine Ahnung von einer globalen neuen Menschengemeinschaft bekommen kann.

## 4. Taufe in ökumenischer Perspektive

In seiner neueren Untersuchung zur Tauflehre hat E. Schlink den lutherischen Standort für das ökumenische Gespräch bestimmt[602]. Er sieht dabei den „tiefsten Unterschied im Taufverständnis" nicht zwischen dem ostkirchlichen Verständnis und demjenigen Augustins oder zwischen Luther und Thomas v. Aquin, auch nicht zwischen Luther und Calvin, „sondern zwischen diesen allen einerseits und Zwingli und den (Wieder-)Täufern andererseits"[603]. Er weist allerdings auch auf mögliche Einseitigkeiten und Gefahren beim Taufverständnis in diesen beiden

---

[602] E. Schlink, „Die Lehre von der Taufe", Kassel 1969.
[603] a.a.O. S. 140.

Lagern hin. Vor allem betont er, dass die jeweilige geschichtliche Front, und dazu die zugrunde liegende Begrifflichkeit und die Aussagestrukturen bei dieser Grundunterscheidung zu berücksichtigen sind. Darüber hinaus betont Schlink als Ökumeniker die eigenartige Stellung der Taufe, die darin besteht, dass die Kirchen trotz gegensätzlicher Auffassungen in Tauflehre und Taufordnung die im Namen des dreieinigen Gottes gespendeten Taufen gegenseitig als gültig anerkennen. „Damit sind die Grenzen zwischen den verschiedenen Teilen der Christenheit an einer wichtigen Stelle durchbrochen. Wird nämlich über diese Grenzen hinweg anerkannt, dass durch die Taufe die Übereignung an Christus und das Geisteswirken erfolgt, so bedeutet dies zugleich, dass hier die Eingliederung in den einen Leib Christi erfolgt"[604]. Darin sieht Schlink die paradigmatische Verwirklichung des von allen Kirchen für die ökumenische Einigung proklamierten Grundsatzes: „Einheit in der Mannigfaltigkeit".

Tatsächlich wird diese ökumenische Bedeutung der Taufe in unserem Kontext der Indigenisationsdebatte bestätigt. Denn es hat sich gezeigt, dass angesichts der nicht-christlichen Umwelt nur noch die Alternative gilt: getauft oder nicht getauft. Denn aus der Perspektive der Hindu-Gesellschaft (wie auch der islamischen Gemeinschaft) ist es gänzlich unerheblich, ob eines ihrer Mitglieder sich von Anglikanern, Katholiken oder Baptisten etc. taufen lässt. Ein Hindu wird aus seiner Kasten-Gemeinschaft ausgeschlossen und ein Moslem (sofern er es überhaupt überlebt) aus der „Umma", wenn er sich im Namen des dreieinigen Gottes in die christliche Kirche hineintaufen lässt. Weiterhin wurde oben schon angedeutet, dass die Tauf-*Lehre* nur insoweit entscheidend ist, als sie die Taufe überhaupt begründet und ihre Notwendigkeit begründet. Wie „die reflektierende Verhältnisbestimmung von Wort, Wasser und Gnade" (Schlink) im Einzelnen ausfällt, ist offensichtlich sekundär. Die Entscheidung fällt in der Annahme der Taufe überhaupt.

So hat die Beschäftigung mit der Taufe in der „einheimischen Theologie" notwendig auch Rückwirkungen auf das ekklesiologische Selbstverständnis der christlichen Konfessionen in Indien. Umgekehrt ist aber durchaus auch zu fragen, ob nicht die Vielfalt der kirchlichen Tauflehren und Taufordnungen die Möglichkeit schafft, dass christliche Theologen etwa auch in Indien auf Wiedergeburtsvorstellungen der Umwelt eingehen.

Wir haben oben schon darauf verwiesen, dass in der bisherigen Tauf-Diskussion Indiens noch keineswegs versucht wurde, etwa die einheimisch-hinduistischen Vorstellungen von Wiedergeburt mit der christlichen Lehre von Taufe und Wiedergeburt zu konfrontieren. Hier könnten sich durch die Arbeit der indi-

---

[604] ebd. S. 171.

schen Theologie auch neue Aspekte für die von manchen beklagten erstarrten Tauf-Auffassungen der abendländischen Kirchen ergeben. „Eine der verhängnisvollsten Wandlungen im Laufe der Kirchengeschichte ist ... das Absinken der Taufe zu einer bloßen Formalität, das Verkümmern der Weltmission und die Entstehung einer rein stationären abendländischen Kirche"[605].

Schließlich darf nicht vergessen werden, dass die Frage der „anonymen Christen" und sakramentsloser Christengemeinschaften auch im Bereich der westlichen Kirchen diskutiert wurde und wird, und sich so verschiedene Verflechtungen, Querverbindungen und Rückwirkungen andeuten, die bislang kaum Beachtung fanden, denn „West blieb West und Ost blieb Ost". Die Ökumene der Theologie, d. h. das Anteilgeben und Anteilnehmen an theologischen Problemen und Lösungen, ist noch nicht weit fortgeschritten. Mit Ausnahme vielleicht der japanischen Nicht-Kirchen-Bewegung (K. Uchimura) sind die Anregungen, die von Versuchen einheimischen Christentums in den ehemaligen „Missionsfeldern" ausgehen, im Westen nicht beachtet worden.

---

[605] G. Wingren, „Evangelium und Kirche", Göttingen 1963, S. 135.

# V. „Indische Kommunion" – Gemeinschaft nach Herkunft oder auf Zukunft hin?

## 1. Indische Vorstellungen zu kultischer Mahlzeit

Als der Inder N. Goreh Christ wurde, sagte man in seiner Umgebung von ihm: „Er isst und trinkt jetzt mit den Christen"[606]. Da bestätigt sich der Satz des Missiologen B. Gutmann: „Bei allen Völkern gilt, dass man nur soweit richtig und fest zusammengehört, wie man miteinander isst und trinkt"[607]. Das führt uns weiter zu den diversen heiligen Mahlzeiten und zu dem Befund der Religionsgeschichte, die den Mahlfeierglauben darin begründet sieht, dass nichts die Menschen untereinander, sowie Mensch und Gott, mehr eint als ein Essen und Trinken, das als Hierophagie oder Theophagie verstanden wird[608]. „So ist Kommunion das dem Phänomen des heiligen Mahles Eigentümliche"[609].

Es ist nun allerdings zu unterscheiden, ob durch die heilige Mahlzeit eine bereits vorgegebene ethno-soziologische Gemeinschaft gestärkt oder religiös überhöht werden soll, oder ob erst an diesem Mahl Gemeinschaft entsteht und erwächst. Das ist zu fragen, sowohl hinsichtlich der Gemeinschaft der Menschen untereinander als auch hinsichtlich der Gemeinschaft des Menschen mit seinem Gott. Aus dem Hinduismus führen wir die drei wichtigsten Arten von heiligem Essen bzw. von mit Essen verbundenen religiösen Vorstellungen an: die alt-vedischen Opfermahlzeiten; das nach-vedische Essen göttlicher Kraft (Shakti) und göttlicher Gnade (prasada); und die alltägliche Kommensurabilität der Kastengesellschaft.

Die alte vedische Religion war stark vom Ritualismus geprägt[610]. Weil keine Scheidelinie zwischen unpersönlicher Macht und persönlichen Göttern gezogen werden konnte, war auch die Grenze zwischen „Magie" und „Religion" fließend. Eigentliche „Opfer"-Zeremonien und magische Riten gehen daher ständig ineinander über. Dementsprechend wurden die Opfer vor allem in späterer Zeit kaum noch als „Gottes-Dienst", sondern vielmehr als (magisch) wirkende Handlungen des Menschen angesehen, „deren pünktlicher und genauer Vollzug es dem wissenden Menschen ermöglichte, unabhängig vom Willen der Götter die gewünschte Wirkung zu erzwingen"[611]. So gerät auch das gemeinsame Essen von „Ida", d. h. einer als „Opfersegen" betrachteten besonderen Portion der Opferspeise, unter das magische Vorzeichen: es ist „Medizin" oder Teilhabe an ge-

---

[606] B. A. Paradkar, „The Theology of Goreh", Bangalore 1969, S. 3.

[607] zit. bei G. F. Vicedom,, „Das Abendmahl in den jungen Kirchen", München 1961, S. 16.

[608] F. Bammel, Art. „Mahlzeiten, - kultische I", RGG, 3. Aufl., Bd. IV, Sp. 606.

[609] ebd.

[610] vgl. zum Folgenden: Jan Gonda, „Religionen Indiens", Bd. I, S. 104.

[611] a.a.O. S. 105.

heimnisvollen Kräften zur Erlangung einer höheren Existenzstufe. Vielfältig ist dabei die Zahl der Opfergaben: vom Ziegenbock bis zur Handvoll Reis, vom Soma-Rauschtrank bis zu saurer Milch. Es ist je nach Art des Opfervorgangs oder der religiösen Schule verschieden, ob ein Opfer im Haus oder an irgend einem wichtigen Ort des Dorfes dargebracht wird. (Tempelopfer waren im alten Vedismus nicht üblich). Auch die Anzahl der als Priester anwesenden Brahmanen ist verschieden. Allgemein ist jedoch, dass nur die „Zweimal-Geborenen", also die Veda-Kundigen, das Opfer darbringen können. „Frauen sind in ritueller Hinsicht disqualifiziert"[612]. Die von den Opferspeisen anfallenden Portionen brauchen jedoch nicht nur vom Opferer und den Priestern allein gegessen zu werden. Man kann sich in vielen Fällen auch Hausgenossen oder andere Gäste dazu einladen[613]. Doch gibt es bei den vedischen Ariern weder öffentliche noch nationale Riten im eigentlichen Sinne. „Von Glaubensgemeinden und Gemeindepriestern wissen wir nichts. Es war also selbst bei großen Feiern nicht die Gemeinschaft, die die Riten vollziehen ließ, sondern ein Individuum"[614]. Da die Kosten des Rituals auch von dieser Privatperson zu tragen waren, konnten sich natürlich nur die Reichen umfangreichere, d. h. wirksamere Opferhandlungen leisten. Offensichtlich ist, dass eine wirkliche Kommunio am Heiligen nicht entsteht, vielmehr werden vorhandene Grenzlinien verstärkt und sogar Feindschaften bekräftigt, sodass Opferriten sogar Verwünschungen unbeliebter Menschen enthalten können[615].

In den späteren Strömungen des Vishnuismus und Shivaismus kommt ein der Bhakti-Frömmigkeit entsprechender Zug auch in eine bestimmte Zeremonie des religiösen Essens. Man spricht hier davon, dass man sich „Gnade" oder „Gunst" (prasada) anessen könne. Das geschieht mit Hilfe der dem Guru von einem Gläubigen geschenkten und von diesem wieder zurückgegebenen (und daher geweihten) oder auch vom Guru und einem Gläubigen gemeinsam genossenen Speisen[616].

Da der Guru der hochverehrte Führer zur Einheit des Gläubigen mit dem Höchsten ist, gehört der Prasada-Ritus ebenfalls zum Weg der Erlösung hin zur vollen Identität von Seele und Gott. Auch hier handelt es sich also nicht um eine durch das Mahl entstehende Kommunio, sondern um ein Stück der Selbstvervollkommnung. Das gilt ebenso für die im Shaktismus üblichen sakralen Feiern mit ihren sexuellen und kulinarischen Gemeinschaftsriten. „Den oftmals entarteten Praktiken des Shaktismus liegt der an sich respektable Gedanke zugrunde,

---

[612] Gonda, „Religionen Indiens", Bd. II, S. 266.
[613] a.a.O. Bd. I, S. 126.
[614] ebd. S. 142.
[615] ebd. S. 149.
[616] Gonda, Bd. II, S. 249.

dass die Funktionen des Essens und der Fortpflanzung, die den Menschen an seine irdische Existenz fesseln und ihn von der Erkenntnis seiner höheren Bestimmung abhalten, dadurch auf ein höheres Niveau erhoben werden können, dass
man sie in ritueller Weise vollzieht"[617]. Das religiöse Essen und die rituelle Tisch-
gemeinschaft haben also nirgends weitergehende soziale Konsequenzen, sondern sie dienen immer der Selbst-Verwirklichung des Einzelnen. Darum ist es
nicht verwunderlich, dass nun schließlich auch die Kastenschranken der Hindu-
Gesellschaft ganz wesentlich durch Speisetabus und esoterische Handhabung der
Kommensurabilität erhalten werden. Brahmanen müssen bis heute – wenn sie
orthodox leben wollen – auf die rituelle Reinheit des Tischgenossen achten, d. h.
dass sie nur mit Angehörigen der eigenen Kaste zusammen essen dürfen, und sie
sollen darüber hinaus auch keine Speisen anrühren, die von Nicht-Brahmanen
zubereitet worden sind. Das gilt in entsprechender Weise auch für die anderen
Kasten. „Jeder Kontakt (körperliche Berührung, sexueller Verkehr, Gaben, Speisen usw.) zwischen Kasten, die in Ansehen und Rangordnung differieren, verun-
reinigt den Angehörigen der jeweils höheren Gruppe. Reinigungsriten und in
ernsten Fällen Exkommunikation sind notwendig, um die dadurch verursachte
‚Sünde' zu sühnen"[618]. Nahrungsaufnahme sowie eheliche Partnerwahl sind also
abhängig von Jati, d. h. von der „Geburt und dadurch bestimmte Daseinsform,
Rang und Zugehörigkeit zu einer Klasse oder Gattung"[619]. Es gibt im traditionellen Hinduismus grundsätzlich keinen gemeinschaftlichen Gottesdienst. Vielmehr sucht jedes Individuum auf privatem Wege, d. h. soweit es ihm seine
Geburtsrechte ermöglichen, seine eigene Persönlichkeit zu läutern und evtl. die
Erlösung zu erlangen.

## 2. Das Abendmahl und die Indigenisations-Problematik

Wie nun das christliche Abendmahl sich zu diesen Vorstellungen von religiö-
sen Mahlfeiern und Speisegeboten verhält, das ist in der bisherigen Debatte um
Indigenisation des Abendmahls merkwürdig unberücksichtigt geblieben. Die
Tendenzen zur Indisierung des Mahls gehen in eine andere Richtung auf drei un-
terschiedlichen Wegen: a) Angleichung der „communio in sacris" an die soziale
Kommunion der Kaste; b) Assimilation der Abendmahlslehre an den spiritualisti-
schen Individualismus; c) Akkomodation der Abendmahlspraxis an die indischen
Verhältnisse.

---

[617] ebd. S. 43.
[618] a.a.O., Bd. I, S. 296 f.
[619] ebd.

## a) Angleichung an die Gemeinschaft der Kaste

Wir haben oben schon darauf verwiesen, dass die alten christlichen Kirchen Südindiens z. T. der Gefahr erlegen sind, sich dem Kastensystem anzupassen. Darum ist es nicht verwunderlich, dass in der 1968 erschienen Studie von Ninan Koshy auch davon berichtet wird, dass Christen sich weigern, gemeinsam mit christlichen Gliedern der unteren Kasten zu essen: „Die große Mehrheit ist gänzlich ablehnend gegenüber der bloßen Idee, mit Mitgliedern der unteren Klassen zu essen"[620]. Das gilt (teilweise) auch in Gemeinden und Diözesen der vom Protestantismus beeinflussten Kirchen (Church of South India, Mar Thoma Church) in Kerala. Dem gemäß kann man dort sogar je eigene Gottesdienststätten bzw. nach Kastenzugehörigkeit getrennte Gotteshäuser finden: „In der Diözese von Zentralkerala (der Kirche von Südindien) und in der Mar Thoma Kirche sind für die Christen der ‚backward classes' gewöhnlich eigene Gottesdienststätten vorgesehen ... So kann es vorkommen, dass der Angehörige der ‚backward classes' ein oder zwei Meilen zu seinem Gotteshaus laufen muss, während eine Kirche der ‚Syrer' (hohe Kaste) ganz dicht bei seiner Wohnung steht"[621]. Aufgrund dieser Verhältnisse hat sich schließlich sogar eine neue unabhängige Kaste aus „backward class" Christen der CSI-Diözese gebildet, die sich „The Travancore Cochin Anglican Church" nennt[622].

Diese Tatsache sollte alle indischen Theologen an die Bedeutung der Abendmahlsgemeinschaft erinnern und einen „Schock" nicht nur für die zuständigen Kirchenführer Keralas darstellen. Hier sollten alle sich bemühen, dass sich die *communio in sacris* in der Situation vor Ort bewähren kann.

## b) Assimilation der Abendmahlslehre

Soweit sich die Theologen für Indigenisation überhaupt mit der Abendmahlslehre beschäftigen, lassen sie sich durch das Wort „Kommunion" leicht auf mystische Gedanken des Hinduismus hinführen. Bei Appasamy etwa, der das Abendmahl nicht aus seinen Überlegungen ausklammert, führt sein auf Erfahrung gegründeter Religionsbegriff des „Bhakti Marga" dazu, dass „aus der Gabe des Herrn eine religiöse Praxis wird, die er vom historischen Christus zu abstrahieren sucht"[623]. Auch Nehemiah Goreh spricht davon, dass wir in der Eucharistie durch Christus mystisch mit dem Vater vereint würden[624]. Mag dies nicht dem Stand abendländischer Sakramentsdebatte entsprechen, für Indien ist es

---

[620] N. Koshy, „Caste in the Kerala Churches", Bangalore 1968.
[621] a.a.O. S. 48 f.
[622] a.a.O. S. 76.
[623] H. Wagner, a.a.O. S. 95.
[624] R. H. S. Boyd, a.a.O. S. 53 f.

vielleicht schon – wie Boyd sagt[625] – „wertvolle und hilfreiche" Theologie des Abendmahls. Das gilt zumindest, wenn man bedenkt, dass Theologen wie Chenchiah die Eucharistie überhaupt für überflüssig und gar für ein Hindernis im Verkehr der Gläubigen mit Christus halten[626]. Auch hier steht wieder wie in der Ekklesiologie, in der Christologie und in der Tauflehre Indiens die spiritualistische Erfahrung des religiösen Individuums gegen die Kategorien der Historie und des Sozialen. Aber auch hier muss angemerkt werden, dass die angeführten Theologen nur die besonders auffallende „Vorhut" indischer Theologie darstellen. Denn die große Mehrzahl der theologischen Lehrer Indiens steht ja in unmittelbarer Verbindung zu ihrer kirchlichen Tradition, die auch hinsichtlich des Abendmahls die alten (konfessionellen) Standpunkte mit überliefert. So gilt für die Kirchen Indiens weithin noch das, was *H.-W. Gensichen* für die „jungen Kirchen" überhaupt festgehalten hat, nämlich, dass „eigenständige Neuansätze im theologischen Verständnis des Abendmahls" fast gänzlich fehlen[627].

Wenn es aber richtig ist, dass den Indern – wie H. Wagner meint - die alten abendländischen Streitigkeiten über Substanzen und Formen der Realpräsenz ganz und gar unverständlich sind, dann sollte man hoffen können, dass sie zur Überwindung dieser Streitigkeiten beitragen werden. Dafür gilt freilich: „Die indische Theologie muss der Bedeutung der Eucharistie mehr Beachtung schenken"[628].

### c) Akkomodation der Abendmahlspraxis

Zwar nicht in der Abendmahlslehre, aber doch in der indischen Abendmahlspraxis gibt es einige entschiedene Indisierungsversuche. Keshub Chandra Sen, der die vielleicht konsequenteste Assimilation christlicher Vorstellungen an den Hinduismus versucht hat, wollte auch ein Abendmahl in seiner Hindu-Kirche feiern. Dabei schienen ihm Reis und Wasser als Elemente für die indische Situation viel angemessener als Brot und Wein[629]. Diese Praxis wird auch neuerdings von christlichen Theologen in Indien wieder diskutiert[630]. Die Begründung dafür ist jedoch fragwürdig. Denn dass Alkohol für Hindus tabu sei, das trifft ja gerade für die religiösen Mahlzeiten nicht zu[631]. Auch gibt es ja schon länger den Ersatz von Wein durch Fruchtsaft in verschiedenen amerikanischen Kirchentraditionen. Außerdem ist daran zu erinnern, dass im alten Israel wie weithin auch heute

---

[625] a.a.O. S. 249.

[626] a.a.O. S. 161.

[627] H.-W. Gensichen, Art. „Abendmahl VII".

[628] Boyd, a.a.O. S. 249

[629] vgl. O. Wolff, a.a.O. S. 84.

[630] K. Baago, UTC Bangalore, Vorlesungsnachschrift 1965/66.

[631] J. Gonda, a.a.O. Bd. I, S. 62; Bd. II, S. 255 f.

Wasser das alltägliche Getränk war und ist, während Wein das für Feiern vorgesehene Ausnahmegetränk war. Wenn aber Reis das Brot ersetzen soll, dann wäre es doch gewiss ebenso indisch wie ökumenisch, wenn statt der Reiskörner und statt des Roggen- oder Weizenbrotes die aus Reismehl gebackenen Fladen indischer Art verwendet würden. Zumindest in den protestantischen Traditionen gibt es doch keinerlei bindende Vorschriften, aus welchem Mehl etwa das Abendmahlsbrot zu backen sei.

Es wird wohl deutlich, dass man sich mit diesen Fragen der Indisierung des Abendmahls durch Elementen-Austausch an der Oberfläche befindet. Es sei denn, man sieht hinter diesem Vorschlag auch die bereits bekannte Abneigung gegen das Historische, die in indischen Ekklesiologien zum scharfen Gegensatz von „historical" and „spiritual" zu werden droht[632].

Hier wäre zu wünschen, dass die syrisch geprägten Orthodoxen aus Kerala die theologischen Konzepte ihrer alten Qurbana-Liturgien einbrächten, um so in der modernen Diskussion ein Gegengewicht zu den Hindu-Spiritualisten zu bilden.

## 3. Das Abendmahl in der indischen Situation

Aus dem Bisherigen ergibt sich, dass drei Aspekte des Abendmahls für indische Theologie besonders bedeutsam werden können:

a) Im Abendmahl geht es nicht nur um ein spirituelles Geschehen, sondern um den *Leib* Christi. b) Das Abendmahl kann nicht von der Historie abgehoben werden, es geht bei dem „letzten Mahl" (Last Supper) Jesu um den Leib *Christi*. c) Das Abendmahl ist nicht Kult einer esoterischen oder ethnischen Gruppe, sondern es geht um die Gegenwart des *einen* Leibes Christi.

## a) Das Abendmahl als Teilhabe am *Leib* Christi

Es ist darauf hingewiesen worden, dass in der Situation der „jungen Kirchen" in besonders hohem Maße der „Scheidungs- und Entscheidungscharakter des Abendmahls" zur Geltung kommt[633]. Die sakramentale Konkretion des Evangeliums im *verbum visibile* stellt die hinduistische Abwertung des Irdisch-Leiblichen in Frage. Wir haben oben gesehen, dass das kultische Essen der Hindus nicht aufgrund positiver Bewertung des Leiblichen entstand, sondern ebenso wie andere Riten nur dem Zweck geistiger Erlösung dient, d. h. letztlich der Loslösung von der Materie.

---

[632] Zu dieser immer wiederkehrenden antithetischen Grundstruktur bei indischen Theologen vgl. H. Wagner, a.a.O. S. 105 und Boyd, a.a.O. S. 248.
[633] H.-W. Gensichen, Art. „Abendmahl VII", RGG, 3. Aufl. Bd. I, Sp. 50.

Im Rahmen dieser allgemeinen Spiritualisierung war es auch gleichgültig, welchen Göttern der Einzelne opferte und welche Vorstellungen er für sich damit verband. Abgesehen von den asketischen Geboten zur Selbsterlösung gab es keinerlei ethische Konsequenzen. „Vom Zeremoniellen führt kein Weg zum Ethischen und Sozialen"[634].

Demgegenüber werden die Christen der „jungen Kirchen" durch das Abendmahl in konkrete Entscheidungen geführt, sowohl hinsichtlich der Umwelt wie untereinander. Das liegt eben an der Leibhaftigkeit der neuen Gemeinschaft und wird von den kommunizierenden Christen Indiens tatsächlich auch stark empfunden[635]. Für die indischen Theologen bleibt daher die Aufgabe, die Gegenwart des Heils im *Leib* Christi stärker zu entfalten.

## b) Das Abendmahl als Teilhabe am Leib *Christi*

Ähnliche Bedeutung für Indien hat die Tatsache, dass das Abendmahl zugleich geschichtlich bzw. historisch und eschatologisch bestimmt und ausgerichtet ist: „Die Vergangenheit, der Christus wie er leiblich auf Erden war, wird Gegenwart; die Zukunft mit dem Christus, der wiederkommen wird, wird vorweggenommen und gegenwärtig"[636]. Dass es sich hier um Leib und Blut Jesu Christi handelt, um die im Glauben angenommene Vergegenwärtigung seines Todes und seines Lebens, das wehrt allem magischen oder spiritualistischen Selbsterlösungsstreben.

Hier wird der Gnadencharakter des Evangeliums in einzigartiger Weise sichtbar. Zugleich finden idealistisch-spiritualistische Inder Zugang zur religiösen Bedeutsamkeit des Geschichtlichen und zu *der* Hoffnung eines neuen Lebens wie sie aus dem Horizont des ewigen Karma-Samsara-Kreislaufes nicht möglich war. Der indischen Christologie könnte von daher aus der Beschäftigung mit der Abendmahlslehre auch eine wichtige Korrektur entstehen. Vor allem aber für die Ekklesiologie ergeben sich die für Indien entscheidenden Konsequenzen.

## c) Das Abendmahl als Teilhabe an dem *einen* Leib Christi

Wie wir gesehen haben, kennt der Hinduismus weder einen Gemeinde-Gottesdienst noch sonst am religiösen Tun erwachsende Gemeinschaft. Ausnahmen bilden:

Die aus der *Bhakti-Tradition* entstandenen zwanglosen Zusammenkünfte zu gemeinsamen Singen (*Bhajana*) oder zu gemeinsamen Hören auf religiöse Texte, die auf Tempelplätzen oder Märkten verlesen wurden[637].

---

[634] R. Prenter, „Schöpfung und Erlösung – Dogmatik", Göttingen 1960, S. 472.
[635] Gensichen, a.a.O.; vgl. auch M. Pörksen, „Junge Kirche im freien Indien" 1951, S. 77.
[636] E. Sommerlath, Art. „Abendmahl, III", RGG, 3. Aufl., Bd. I, Sp. 37.
[637] Gonda, a.a.O. Bd. II, S. 299

Die klosterähnlichen Gemeinschaften der *Ashrams*, die allerdings ursprünglich eher Walderemitagen zur Meditation für das dritte Lebensstadium (Vanaprastha) des Hindu-Hausvaters waren.

Diese seltenen Ausnahmen bestätigen nur den Befund, dass der „ur-indische" Weg zum Heil der des Individuums ist.

Hier bedeutet die *Communio Sanctorum* als die nicht auf Geburtsrecht, wirtschaftlichen Erfolg oder ethnische Fundamente gegründete Gemeinschaft eine revolutionäre Neuheit. Dass in der Abendmahlsgemeinde Laien und Priester, Mönche und säkular lebende Menschen, Männer und Frauen, Gesunde und Kranke, Schwarze und Weiße, Arme und Reiche – dass sie alle in gleicher Weise Anteil haben am dargebotenen Heil, das sollte allen Theologen – auch und gerade in Indien – ein besonderer Anlass sein, die Abendmahlslehre nicht zu vernachlässigen. Die geschichtliche und zugleich eschatologische Gemeinschaft des *einen* Leibes Christi trägt „in, mit und unter" nicht nur den Elementen, sondern „in, mit und unter" dem ganzen eucharistischen Geschehen die ökumenische Weite und aktuelle Nähe und Bedeutsamkeit des Evangeliums von Jesus, dem Christus.

## 4. Einheimisches Abendmahl und ökumenische Christenheit

Wir sind nun mehrmals darauf gestoßen, dass es in der Umwelt der indischen Kirchen sehr viel tiefere Gegensätze gibt als die der dogmatischen Unterschiede in der Abendmahlslehre bei den christlichen Konfessions-Traditionen. Gewiss lassen sich die Gegensätze zwischen Kasten, Religionsgemeinschaften und Ethnien nicht auf einer Ebene mit den theologisch-lehrhaften Unterschieden im Christentum vergleichen. Dennoch hat das Beispiel der alten Kerala-Kirchen gezeigt, dass alle diese Spannungen der Umwelt immer auch in der Kirche wirksam sind, ja wirksam sein müssen, wenn die Kirche nicht im Getto leben soll. Darum kann man auch nicht die Abendmahlslehre oder die Abendmahlspraxis abheben von dieser sozialen Wirklichkeit.

Wenn daher die abendländische Christenheit den Christen der „jungen Kirchen" die vielerlei Exkommunikationen aus der europäischen Geschichte durch die (konfessionellen) Missionsgesellschaften und Missionsorden überliefert hat, „um der *Einheit* der (Konfessions-)Kirche willen", dann ist es auch um der *Wahrhaftigkeit* willen Pflicht eben dieser Christen des Abendlandes, die sozio-kulturellen Spannungen der sog. „jungen Kirchen" mit zu tragen. Für die Inder jedenfalls ist der Gegensatz zwischen Angehörigen höherer Kasten und den Parias oder Adivasis keineswegs geringer als in Europa derjenige zwischen spanischen Katholiken und schwedischen Lutheranern. So ergibt sich die für die Christenheit beschämende Lage, dass zwar ein tamilischer Kuli oder ein bengalischer Schneider und ein skandinavischer Student miteinander am Tisch des Herrn kommunizieren können, weil sie beide Lutheraner sind, dass aber weder

der Inder noch der Skandinavier mit seinem jeweiligen Kollegen und Nachbarn zu Hause kommunizieren können, weil die zufällig Katholiken sind. In Indien kann die Kommunion zwischen etwa dem lutherischen Kuli und seinem Kirchenvorsteher noch dadurch zusätzlich gestört werden, weil beide zwei gänzlich verschiedenen Kasten angehören. Sie alle aber, Kirchenvorsteher und Kuli, Lutheraner und Katholik, Inder und Skandinavier glauben alle, je an dem *einen Leib Christi* Anteil zu haben.

Darum ist es in Europa wie in Indien erforderlich, dass die Theologie von ihren Voraussetzungen zu den sozialen Konsequenzen kommt, d. h. dass sich in Indien die Abendmahlstheologie gegen die Macht der sozio-kulturellen Praxis durchsetzt, dass sich hingegen in Europa die Abendmahlspraxis gegen die Übermacht der theologischen Tradition behauptet. Erst dann ist es auch richtig – wie die lutherische Dogmatik es tut – vom Abendmahl als einem „Vorgriff auf das künftige Mahl im Reiche Gottes" zu reden[638]; bislang ist dieser dogmatische Anspruch mehr eine Anmaßung, da er beim „künftigen Mahl im Reiche Gottes" offenbar konfessionelle oder auch Kasten-Stammtische voraussetzt.

Hier ist die Frage von E. Schlink angebracht: „Könnte nicht auch in der Abendmahlsfrage durch die dogmatischen Unterschiede zu dem elementaren Akt des glaubenden Empfangs durchgestoßen werden?"[639] Das Bewusstsein weltweiter Gemeinschaft der Christenheit, und das immer häufigere Kommunizieren der „alten" und der „jungen" Kirchen miteinander und in den eigenen Gemeinden wird dazu sicher auch helfen.

---

[638] R. Prenter, a.a.O. S. 474.
[639] E. Schlink, „Die Lehre von der Taufe", Kassel 1969, S. 171.

## VI. „Indisches Gemeindeleben" – christlich oder allgemein-menschlich?

### 1. Europazentrismus und Erneuerung

Als die Portugiesen nach Indien kamen und die ersten Inder von Europäern getauft wurden, nahm man es als selbstverständlich hin, dass diese indischen Christen die Sitten der Vertreter jener neuen Religion auch übernahmen und sich z. B. wie Europäer kleideten. So galt bis in die jüngste Zeit hinein für die Christen aller Konfessionen in Afrika und Asien: „Ein Christ zu sein heißt, sich wie ein weißer Mann zu benehmen"[640].

Heute in der post-kolonialen Periode ist dieser Grundsatz „christlich = europäisch" aus verständlichen politisch-psychologischen Gründen zum Protestschrei geworden, - ein Protest-Schrei der Nicht-Christen gegen die Christenheit, und ein Protestschrei der „jungen Kirchen" gegen die Missionsgesellschaften und gegen die „alten Kirchen". „Wir wollen Afrikaner sein, nicht aber schwarze Europäer!"[641] Dieser Ruf, der entsprechend auch für Indien gilt und im säkularen Umfeld genauso ertönt wie im kirchlichen Bereich, kennzeichnet ein Gesamtproblem in der heutigen Weltlage, das Psychologen, Soziologen und Politiker in gleicher Weise beschäftigt[642].

Der Protestruf hat freilich im Munde afro-asiatischer Christen auch eine eminente Bedeutung für den Theologen: Ist christliche Ethik denn nur die Ethik des weißen Mannes bzw. der westlichen Kultur? Sind christliche Ausdrucksformen in Kunst und Gottesdienst nur die im Abendland entwickelten?

Angenommen es wäre so, worin sollte man denn die Ethik des weißen Mannes sehen? Welches wären *die* christlichen Kunstformen und Gottesdienstordnungen? Die Pluralität des christlichen Erbes im Westen verweist jede pauschale Identifikation und jeden selbstbewussten Dogmatismus ins wirklichkeitsferne Reich der Abstraktion oder der Ideologie. Dennoch war die Identifikation „christlich = europäisch" lange Zeit praktisch eine unreflektierte Selbstverständlichkeit für die Arbeit von Mission und Kirche. Da erwartete ein deutscher Missionsdirektor noch 1914 von den Mitarbeitern auf dem „indischen Feld", dass sie doch die „Überlegenheit des weißen Mannes" in gebührender Wahrung des Abstandes zu den „Eingeborenen" zur Geltung bringen sollten[643]. Heute wird kein

---

[640] „For the Bantu to be a Christian was to behave like a white man", D. J. Fleming, in „Each with his Own Brush", N.Y., 6. Aufl., 1952.

[641] zit bei A. Lehmann, „Afro-Asiatische Christliche Kunst", Konstanz, 1967, S. 32.

[642] vgl. oben Teil B, Kap. V + VI

[643] Carl Paul, „Die Leipziger Mission – daheim und draußen", Leipzig1914, S. 141: „Von unseren Missionaren Schwestern habe ich einen guten Eindruck erhalten. Ihr Auftreten ist bei aller Einfachheit würdig und standesgemäß. Im Verkehr mit den Eingeborenen verstehen sie, die

Kirchenmann derart paternalistisch reden. Aber in wieweit wird unsere Haltung nicht doch noch - jetzt vielleicht eher unbewusst - von dieser alten Identifikation bestimmt, wenn wir etwa Fragen der „Einheimisch-Werdung" des Christlichen bedenken, wenn es um Theologie, Kunst, Gottesdienstbräuche und das christliche Leben der „jungen Kirchen" geht? „Das christliche Kunstideal ist ein anderes als das allgemein-menschliche". Dieser Grundsatz aus der Diskussion über „Missionskunst"[644] zeigt, wo die Gefahr liegt, und auf welche Weise der alte Eurozentrismus wirksam werden kann. Indem man von der Andersartigkeit des „Christlichen" spricht, und dies ohne Differenzierungen und kritische Selbstreflexion tut, identifiziert man diese Andersartigkeit mit der Fremdheit, die das Europäische im außer-europäischen Bereich hat. Darin ist es begründet, dass dann nicht die beste abendländische Kunst zu den „Eingeborenen" kam, sondern die minderwertigen Devotionalien, von denen man glaubte, sie den auf tieferer Kulturstufe Stehenden anbieten zu können, weil diese Dinge ja so eindeutig „christlich" waren. So kam es, dass in Indien das bei weitem geläufigste und in ganz Indien verbreitete Christusbild eine kitschige schreiend-farbige Herz-Jesu-Darstellung ist, die aus dem 18./19. Jhdt. Europas stammt[645].

Wir haben oben bei der Behandlung von Taufe und Abendmahl gesehen, dass die Andersartigkeit des Evangeliums tatsächlich zur Entscheidung herausfordert, zur Entscheidung für ein Neues und Fremdes, das sich dem „alten Menschen" – in allen sechs Kontinenten – nicht anpassen lässt, sondern ihn zur Umkehr fordert. Soll diese Andersartigkeit aber wirklich aus der Unvergleichlichkeit des Evangeliums entspringen, dann muss sie ihre Erneuerungskraft im Leben aller Menschen an allen Orten zu allen Zeiten bewähren. Neuwerdung heißt dann nicht europäisierende Gleichschaltung, sondern Umgestaltung des wirklichen Menschen (des afrikanischen, asiatischen, europäischen usw.) in das Bild Christi. Diese Neuwerdung ist über die kollektiven Egoismen von Paternalismus und Nativismus hinaus der hoffnungsvolle Aufbruch der Kreatur zur „herrlichen Freiheit der Kinder Gottes" (Röm. 8,29; 2. Kor. 3,17 f.). Mit diesem Ziel vor Augen sind Christen aus sechs Kontinenten - wie A. Lehmann sagt - „auf dem Wege"[646].

---

Überlegenheit der Europäer gehörig zur Geltung zu bringen".

[644] Die Diskussion von Gareis und Grundmann ist bei G. Rosenkranz, „Das Lied der Kirche in der Welt", Berlin 1951, S. 58 f. wiedergegeben.

[645] vgl. hierzu auch A. Lehmann, a.a.O. S. 20 ff.

[646] a.a.O. S. 30.

## 2. Zum einheimischen Kirchenbau

### a) Sozio-historische Voraussetzungen

Erst seit 1920 etwa beginnt sich in kirchlichen Kreisen des Ostens und Westens die Ansicht durchzusetzen, dass die Kirchenbauten auf den Missionsfeldern auch vom einheimischen Stil geprägt sein sollten[647]. Dass dieses eine neue Idee bzw. ein neues Programm zu sein scheint, ist umso erstaunlicher, als schon die Thomas-Christen des 4. Jhdts. an einheimische Baustile in Indien angeknüpft haben sollen, wie es wohl auch bei der Nestorianer-Mission in China geschehen ist. Ja, selbst die europäische Christenheit kennt schon seit Anfang der neueren Missionsperiode im 16.Jhdt. lebhafte Befürworter einheimisch-christlicher Kunst (A. Valignano, M. Ricci).

Dennoch hatten sich die katholische und später auch die protestantischen Missionare im Zeitalter der kolonialen Vorherrschaft Europas bald ganz auf den „Export" der europäischen Kirchbaustile eingestellt. Lediglich dort, wo praktisch-technische oder finanzielle Mängel ein europäisches Bauwerk unmöglich machten, da wurde „einheimisch" gebaut.

Gewiss hatten auch einzelne evangelische Missionare auf den Wert der einheimisch-christlichen Kunst verwiesen[648], aber das war nur die Vorbereitung und der Anfang des Durchbruchs, der erst in den zwanziger und dreißiger Jahren dieses Jahrhundert begann. Zu dieser Zeit begannen die ersten einschlägigen Kunst-Vereinigungen sich zu konstituieren, Ausstellungen stattzufinden, - und es erschienen die ersten Christusdarstellungen vor dem jeweiligen kulturellen Hintergrund und mit einheimischen Charakteristika und Zügen[649]. Auch der Kirchenbau erlebt in dieser Zeit die bewusste Hinwendung zu einheimischen Stilelementen. Für Indien stehen hier beispielhaft die Kirche von Tirupattur (1938) und die Epiphanias Kathedrale in Dornakal (1939).

Doch die weitaus größte Zahl indischer Kirchen trägt noch den Stempel der portugiesischen oder britischen Vorherrschaft: barocke und neo-barocke, viktorianisch-neugotische oder auch klassizistische Imitationen von westlichen Vorbildern. Die amerikanischen, deutschen oder skandinavischen Missionen haben das überwiegend portugiesisch-britische Gesamtbild noch um einige weitere westliche Akzente bereichert. Die Situation in der südindischen Großstadt

---

[647] vgl. zum Folgenden: A. Lehmann, „Die Kunst der jungen Kirchen", Berlin 1955, S. 46 f., und ders., Art. „Kirchenbau, VII", RGG, 3. Aufl., Bd. III.

[648] u.a.: Gutmann, Knak, Freytag - vgl. Lehmann, „Kunst der jungen Kirchen", S. 6.

[649] a.a.O. S. 12 ff.

Madras ist tatsächlich so mannigfaltig, dass man sogar von einem „veritablen Museum der Kirchenarchitektur" gesprochen hat[650].

Diese Mannigfaltigkeit und Eigenart der Kirchenbauten im Wirkungs-Bereich der europäischen Missionen verdeutlicht nicht nur die Übermacht des europäischen Einflusses, sondern sie weist auch hin auf die Vielfalt der Motive und Geistesströmungen, von denen auch der Kirchenbau abhängig war.

Es ist hier nicht möglich, auch nur einen Abriss der Geschichte des Kirchenbaus zur Verdeutlichung der Entwicklung zu geben[651]. Aber schon ein Überblick über die Hauptprobleme und Entwicklungsstufen zeigt, dass theologische Argumente von der Funktion des Gebäudes her immer auch mit ästhetischen, wirtschaftlich-technischen, sozio-politischen oder sonstigen situativen Anliegen vermengt waren. So hat der abendländische Kirchenbau nicht nur einen „Generationen-Wechsel" der verschiedenen Stilepochen und kirchlichen Entwicklungsstadien von der urchristlichen Hauskirche über den gotischen Dom zum modernen Gemeindezentrum durchgemacht, sondern jeder epochale Stil war auch noch durch unzählige regionale oder soziale Einflüsse „typisch" gekennzeichnet. Schon bald äußerte sich in dem architektonischen Unterschied von Längs- und Zentralbau auch ein kirchlich-konfessioneller (Ost- und West-Rom). Ebenso hatte die Alternative „Versammlungsraum oder Sakralbau" bestimmte Konsequenzen für das Verständnis von Gottesdienst und Gemeinde. Auch hier standen konfessionelle Gegensätze einer etwaigen Entwicklung zu *dem* christlichen Einheits-Kirchenbau im Wege. Selbst die verhältnismäßig große Einheitlichkeit der abendländischen Kultur im Mittelalter war eine vielfältige. Neben die regional und künstlerisch bedingten unterschiedlichen Stilmerkmale traten die sozio-politischen: Bischöfe bauten anders als Bettelorden oder freie Reichsstädte. Die geschichtliche Folge von Stilen brachte auch Überschneidungen, Vermischungen und Erweiterungen von großer Vielfalt hinzu. Und durch den Wechsel von (konfessionellen) Besitzrechten oder durch Simultan-Benützung entstand nicht selten eine Kluft zwischen dem theologischen Selbstverständnis einer Gemeinde und dem geistigen Bild des von ihr benützten Bauwerkes. Schließlich haben Christen in Diaspora- und anderen Notsituationen oder auch in bestimmten dogmatisch-konfessionellen Traditionen die verschiedensten säkularen Gebäude als „ihre Kirche" verwendet. Insofern bewahrheitet sich die Feststellung von H. Hampe, dass sich wie in jedem Bauwerk so auch im Kirchenbau die menschlichen Lebensvorgänge spiegeln und sich „Wesen und Art des kirchlichen Lebens ausprägen"[652].

---

[650] zit. bei Lehmann, a.a.O. S. 46
[651] siehe H. Hampe, Art. „Kirchenbau, III", RGG, 3. Aufl. , Bd. III, - dort weitere Literatur.
[652] Hampe, a.a.O. Sp. 1348.

Dieser Wechsel-Bezug von gemeindlichem Leben und Kirchenbau gilt aber gewiss nicht nur für die christianisierten Griechen, Römer, Germanen und Slawen in Europa, sondern in gleicher Weise für die Inder, Afrikaner, Koreaner oder Chinesen.

## b) Zur Situation in Indien

Wie im europäischen so spiegelt sich auch im bisherigen indischen Kirchenbau die soziale und regionale Vielfalt des Subkontinents. Die oben[653] angeführten Studien des nationalen Christenrates sprechen zwar nicht von Kirchenarchitektur, aber sie zeigen doch, wie die Vielfalt des Gemeindelebens und der regionalen Kirchen- und Gesellschaftsstrukturen wohl auch zu verschiedenartigen Baumaßnahmen führt und führen wird. Es scheint jedoch insofern bisher eine Übereinstimmung insoweit zu bestehen, als man „Anknüpfung" an einheimische Stilelemente so verstanden hat, dass die Bauwerke der indischen Religionen als „Muster" bzw. Vorlage dienten. Arno Lehmann nennt einige wichtige Beispiele für die ersten Versuche „einheimischen" Kirchenbaus in neuerer Zeit: eine sarazenisch-islamisch nachempfundene Kirche in Peshawar, eine Kirche im Stil südindischer Hindutempel in Tirupattur sowie die im Mischstil aufgeführte Kathedrale von Dornakal in Andhra Pradesh[654]. Ohne im Einzelnen auf diese Entwürfe einzugehen, können wir doch an diesen Beispielen und auch an bisherigen Beiträgen zur indischen Kirchenbau-Diskussion[655] drei Grundprobleme erkennen:

Zum Ersten wurde in der bisherigen indischen Diskussion der wichtige Zusammenhang auch der einheimisch-religiösen Bauwerke mit der hiesigen Sozialstruktur noch kaum beachtet. Es handelt sich ja hierbei nicht nur um Fragen der Darstellung und der Technik, die man beliebig austauschen oder verändern könnte, sondern um Form gewordene Weltanschauungen und Gesellschaftsbilder. Der Soziologe Alfred Weber hat dies auch für Indien besonders deutlich hervorgehoben: „Die architektonische und plastische Kunst Indiens ist eine großartige Inkarnation dieses andauernd Hineingezogenwerdens in das wuchernd Erdhafte. Sie ist zugleich Symbolisierung der sozial wesentlichen Prinzipien". Er sieht daher auch in der Architektur der Hindu-Tempel „merkwürdige stufenartige Symbolisierungen des Kastenaufbaus"[656]. Insofern muss einheimische Theologie ihre Vorstellungen von Gesellschaft und Gemeinde wiederum stärker in Beziehung setzen zu ihrer Diskussion über Kirchenbau. Dabei ist auch zu berücksichtigen, dass ja in den Auffassungen von den Sakralbauten wesentli-

---

[653] s. o. Anm. 439
[654] A. Lehmann, „Kunst der jungen Kirchen", S. 49 f.
[655] z. B. J. F. Butler, „Further Thoughts on Church Architecture", IJTh 1959, S. 135 ff.
[656] A. Weber, „Kulturgeschichte als Kultursoziologie", München 1951, S. 91.

che Unterschiede zwischen Hinduismus, Buddhismus und Islam bestehen, die unter anderem auch landschaftlich und natürlich religionssoziologisch bedingt sind[657]. Durch Fragen des Eingehens auf den Islam und den Buddhismus entstehen wiederum Verbindungen zu außer-indischen Ländern.

Zum Zweiten scheint man bei der bisher einseitigen Ausrichtung auf die Religionen Indiens bei der Kirchenbaudiskussion zu übersehen, dass auch hier eine bestimmte säkulare Entwicklungslinie bestimmte Anforderungen an die Vertreter des einheimischen Kirchenbaus stellen könnte. Denn schon J. Nehru hat ja die neu entstandenen und entstehenden Werkshallen und Fabrik-Schornsteine im freien Indien als „the temples of modern India"[658] bezeichnet.

Der „Bangalore Industrial Team Service" (ITS) mit H. Daniel und A. Batchelor war anscheinend die erste kirchliche Gruppierung in Indien, die diese neue Problematik aufgegriffen hat, allerdings nicht so sehr im Hinblick auf Kirchenbau als vielmehr hinsichtlich neuer Gemeindestrukturen[659]. Es besteht zwar eine enge Zusammenarbeit des ITS mit dem CISRS, aber ansonsten scheint die Mehrzahl indischer Theologen die von der Industrialisierung herkommenden Probleme noch kaum wahrzunehmen. Freilich ergeben sich auch von diesem Aspekt der Gesamtproblematik her Berührungspunkte zur Diskussion in anderen Ländern.

Zum Dritten deutet das Eingehen des christlichen Kirchenbaus auf die einheimischen Tempel und Moscheen für die Zukunft hin auf einen Mischstil, denn selbst innerhalb des Hinduismus ist die Mannigfaltigkeit der Tempelformen und der mit dem Tempel verbundenen Vorstellungen und zugrunde liegenden Ideen wohl niemals auf eine Einheitsformel zu bringen, - was ja auch nicht unbedingt sein muss. Und selbst wenn dies möglich wäre, drängen doch die Pluralität religiöser Gemeinschaften an einem Ort in Verbindung mit modernen, billigeren Bautechniken hin zu vielfältiger Überschneidung und Vermischung[660]. Dadurch kommt auf die einheimische Theologie die Frage zu, wie sich diese christlich-einheimischen Mischbauten zu denjenigen der sie umgebenden Religionen verhalten, denn auch dort zeigen sich ähnliche Entwicklungen. Die neo-hinduistische Ramakrischna-Mission etwa hat in ihrem Zentrum in Belur Math nahe bei

---

[657] Über das Verhältnis des Hindu zu seinem Tempel vgl. J. Gonda, „Die Religionen Indiens", Bd. II, S. 268 ff.; und S. 279 ff.; zum Buddhismus vgl. A. Bareau bei Gonda, „Die Religionen Indiens", Bd. III, S. 109 ff.; und H. Steche, a.a.O. S. 226 ff.; über das Verhältnis von Hindu-Sakralbau und Moschee vgl. Tichy, a.a.O. S. 17.

[658] A. Batchelor, „The Temples of Modern India", GUARDIAN 1964, S. 316 ff.

[659] Zum ITS vgl. „Human Problems of Industry in Bangalore", hrsg. v. CISRS + ITS, Bangalore 1965.

[660] A. Lehmann: „Realistischerweise muss man in Zukunft mit einem Mischstil rechnen, der die um die Welt gehende Eisen-Zement-Technik auf verschiedenste Weise mit den lokalen Bautraditionen zu verbinden weiß" (Art. „Kirchenbau, VII", RGG, 3. Aufl., Bd. III, Sp. 1411.

Kalkutta einen Sakralbau errichtet, der eine Mischform darstellt aus christlicher Kirche (kreuzförmiger Grundriss), islamischer Moschee (Kuppeln) und Hindu-Tempel (Ornamentik, Nischen). Damit werden Grundfragen des christlichen Kirchenbaus überhaupt neu gestellt, weil ja immer die Funktion des Bauwerks im Leben der Gemeinde ausschlaggebend sein wird für die Planung.

Aus alledem schält sich heraus: den *einen* indischen Kirchbau-Stil kann es nicht geben; - vielmehr werden lokal-kulturelle und soziale Gesichtspunkte der einzelnen Ortsgemeinde, für die das Bauwerk errichtet werden soll, Anhaltspunkte für die theologischen und künstlerischen Überlegungen zum Kirchenbau darstellen. Doch zeigen die obigen Ausführungen, wie stark wiederum auch die universale Problematik und Entwicklung sich vor Ort auswirkt.

## c) Kirchenbau in ökumenischer Perspektive

H. Hampe glaubt in einer vorsichtigen Vorausschau auf die zukünftige Entwicklung des Kirchenbaus eine ökumenische Gemeinsamkeit im baulichen Ausdruck der Kirchen heraufziehen zu sehen: „Eine große Gesamtform im Kirchenbau deutet sich als Möglichkeit an, in der ‚eine allgemeine christliche Kirche' als - konfessionelle Spannungen polar übergreifende - Einheit in der Welt erscheint"[661]. Dies ist aber wohl eine allzu parochiale Sicht der Dinge. Dem Abendländer entgeht leicht, dass im Kirchenbau noch der wirksame Beitrag der außer-europäischen Kirchen fehlt, und dass zur Ökumene nicht nur die konfessionelle, sondern auch die sozio-kulturelle Mannigfaltigkeit gehört. Wenn Hampe selbst bemerkt, dass sich das Verhältnis von Kirche und Kirchengebäude je neu aus Stellung und Aufgabe der Kirche in der Welt ergibt, dann muss man heute auch die Globalisierung dieser „Welt" ernst nehmen und kann nicht nur die abendländischen Traditionen im Auge behalten.

Wenn schon innerhalb dieser begrenzten europäischen Traditionen aufgrund des allgemeinen Kulturwandels eine „Diskrepanz zwischen Gebäudeform und lebendigem Gebrauch" entstehen kann[662], dann sollte eine Transplantation eben dieser abendländischen Gebäudeformen in andere Kulturbereiche zu noch viel bedeutsameren Diskrepanzen führen. Eine Suche nach „der großen Gesamtform im Kirchenbau" darf - wenn sie überhaupt sinnvoll sein soll - auch den weltweiten Charakter der Una Sancta nicht verleugnen.

Konkret erweist sich diese ökumenische Gemeinsamkeit schon heute in der in Ost und West wahrnehmbaren Spannung von „kultischem Sakralbau" und „Versammlungshaus der Gemeinde". Diese Spannung ergibt sich einerseits aus dem Nebeneinander verschiedener konfessioneller Traditionslinien, andererseits er-

---

[661] a.a.O., Sp. 1406 (vgl. Fußnote 650, Hampe RGG III, Artikel „Kirchenbau").
[662] ebd. Sp. 1348.

gibt sie sich daneben im Westen vor allem aus dem Gegenüber von Tradition und Moderne, während sie in Indien auch aus dem Miteinander von Religion und Säkularismus entspringt. In beiden Fällen geht es aber auch um das oben (Abschn. C, I,3) aufgezeigte Miteinander von orthodoxer und protestantischer Tendenz in der Ekklesiologie. Diese Zusammenhänge ergeben sich notwendig aus dem liturgie-theologischen Zweck der Kirchenbauten, den F. J. Butler für den einheimischen Kirchenbau so formuliert: „The true form of Indian church building cannot be settled till solutions have been found to the problems of the indigenisation of liturgy"[663]. Doch wie lang muss der indische Kirchenbau warten, wenn erst die Indigenisation der Liturgie abgeschlossen sein soll? Wer entscheidet darüber, wann dieses Ziel erreicht ist?

Mit diesen Fragen werden wir weitergeführt zum Problem des einheimischen Gottesdienstes. Es sollte jedoch deutlich geworden sein, dass die Kirche, die sich verstehen sollte als „das All in seiner eschatologischen Gestalt" (Käsemann), dieser Gestalt auch im Kirchenbau Ausdruck geben muss. Damit kommen wir zum endgültigen Ziel aller kirchlichen Gestaltung: Weil der „wahre Tempel Gottes" seine lebendige Gemeinde selbst ist (1. Kor. 3,16; 1. Petr. 2,5), darum ist auch die endgültige Manifestation dieses „geistlichen Hauses" eine eschatologische Gabe (Apk. 3,12 + 21,2 f.). Unter diesem eschatologischen Vorbehalt geschieht aller Kirchenbau auf den sechs Kontinenten, sei es in sog. „alten" oder „jungen" Kirchen.

### 3. Zum einheimischen Gottesdienst

### a) Sozio-historische Voraussetzungen

In seiner großen Untersuchung zur „Geistesgeschichte der altchristlichen Kultur"[664] hat Alois Dempf im besonderen auch den verschiedenen Nationalismen Beachtung geschenkt, die trotz des einheitlich-politischen Gebildes des Römerreiches und trotz der Hellenisierung der Mittelmeerwelt ihre ganz bestimmte Bedeutung für die Ausprägung des frühen Christentums, seiner Lehren und Irrlehren hatten. „Der Nationalismus der differenten Auslegung des Christentums im 2. Jahrhundert ist evident: die der jüdisch-syrischen Betonung der Ethik der Synoptiker, die der Gnadenlehre des Paulus durch die Römer und Ägypter und die der Spiritualität des Johannes durch die Griechen"[665]. Dempf widmet diesen hellenistischen National-Traditionen sogar einen eigenen Anhang, wo er ausdrücklich von „Syrerchristen", „Römerchristen", „Griechenchristen" und „Ägypter-

---

[663] J. F. Butler, a.a.O. (s. o. Anm. 654)
[664] Stuttgart 1964.
[665] a.a.O. S. 249.

christen" spricht[666]. Für uns ist nun nicht so sehr das Verhältnis dieser National-Christentümer zum altkirchlichen Universalismus von Bedeutung als vielmehr die Tatsache, dass diese Nationalismen sich in der Mission der jeweiligen Patri-archats-Kirchen besonders durch die liturgische Sprache lange, lange auswirk-ten und noch auswirken.

Die Römerchristen haben mittels ihrer lateinischen Gottesdienst- und Schul-sprache ihr nationales Erbe an ganz Europa und darüber hinaus weitergegeben – selbst heute noch weit über die Bildungselite hinaus durch die lateinische Schrift und viele viele Fremdworte in allen europäischen Sprachen. Ähnlich die Grie-chenchristen, die ihre Schrift (und Sprache) nicht nur (als „Kyrillisch") an slawi-sche Völker, sondern auch an diverse Kulturwissenschaften der ganzen Welt vermittelt haben, und damit und dadurch auch vieles aus ihren vorchristlichen Überlieferungen. Die Ägypterchristen (Kopten) blieben durch Jahrhunderte eine selbständige ethnisch-kulturelle Einheit innerhalb einer arabisch-muslimischen Übermacht; und die Syrerchristen beeinflussen durch ihre Sprache und Traditi-on bis heute noch sogar ihr süd-indisches Missionsfeld.

Auch die abendländische *Reformation* des 16. Jahrhunderts stellt weithin eine nationale Reaktion gegen den römisch-lateinischen Zentralismus dar, was sich nicht zuletzt in der Einführung einheimischer Gottesdienstsprachen (z. B. „Deut-sche Messe") und einheimischer Bibelübersetzungen verdeutlichte. Diese Refor-mationskirchen tragen ebenfalls in der Welt-Mission wiederum ihre nationalen Gottesdienstformen hinaus in andere Kulturbereiche. Für die Anglikaner war es selbstverständlich, dass sie das „Book of Common Prayer" in Indien einführten. Die Lutheraner und die Reformierten brachten ihre Katechismen und Liturgien aus Schweden, Dänemark, Bayern oder Württemberg – zwar in Übersetzungen, aber sonst meist ohne Abstriche oder Anpassung – nach Indien[667]. Entsprechend wanderten auch die Choräle und Gesänge der europäischen Kirchen – zwar in übersetzten Texten, aber mit den europäischen Melodien und Musiken – in Indi-en ein[668].

Es braucht hier nicht erörtert zu werden, inwieweit eine solche Transplantati-on älterer national-christlicher Traditionen in der Mission unvermeidlich ist[669], doch sollte man sich hüten, heute noch unreflektiert von „synkretistischen" Tendenzen zu reden, wenn einheimische Christen der „dritten Welt" auch ein-

---

[666] ebd. S. 272 d.
[667] vgl. A. Lehmann, „Kunst der jungen Kirchen", S. 27; ansonsten die umfassenden Belege in „Liturgy of the German Evangelical Mission Churches in Southwestern India", Mangalore 1860.
[668] vgl. G. Rosenkranz, „Das Lied der Kirche in der Welt", Berlin 1951.
[669] Diese Frage diskutieren u.a. A. Lehmann („Afro-Asiatische Christliche Kunst", S. 21 f.), G. Rosenkranz (a.a.O. S. 181-183), W. Holsten, (Art. „Gottesdienst IV", RGG, 3. Aufl. Bd. II, Sp. 1783).

heimische Formen für ihre Gottesdienste fordern. Auch die altkirchlichen oder reformatorischen Gottesdienstordnungen enthalten solche „Nationalismen" oder „Synkretismen", denn *den* Christlichen Gottesdienst („an sich") oder *die* christliche Musik („an sich") gibt es nicht. Auch hier kann die konfessionelle Vielfalt im Gegenüber zu gänzlich andersgearteten Umwelt auf den ehemaligen „Missionsfeldern" zu neuen Erkenntnissen über das Wesen des christlichen Gottesdienstes führen.

Schon vor dem 2. Vatikanischen Konzil legten die beiden Jesuiten J. Hofinger und J. Keller eine Untersuchung vor mit dem Titel „Liturgische Erneuerung in der Weltmission"[670]. Ihre im Namen der Mission geäußerten „Wünsche und Bitten an die Kirche" sind heute schon weithin aufgenommen worden: a) größere Freiheit in der Verwendung der Volkssprache, b) Neuregelung des Ritus im Sinne größerer Einfachheit, c) Mehr anpassende Konformität an Stelle strikter Uniformität. Um dieses „Mehr" an Indigenisation geht es nicht nur in der römisch-katholischen, sondern ebenso in den anderen christlichen Traditionen.

## b) Zur Situation in Indien

Bisher gibt es in Indien – soweit uns bekannt – nur einen eigenständigen im Land entstandenen liturgischen Entwurf, nämlich den der Kirche von Südindien. „Eigenständig", das soll natürlich nicht heißen, ohne überkommene Ordnungen, Texte oder Berater von Schwesterkirchen zu konsultieren und davon zu lernen. Aber es ist doch wohl auch kein Zufall, dass gerade eine Unionskirche einen solchen Neueinsatz gewagt hat, - da sie je verschiedene konfessionelle Überlieferungen zusammenbringen musste[671]. Wie schwierig es allerdings ist, eine Gottesdienstordnung zu entwerfen, die indischer und zugleich christlicher Tradition verpflichtet ist, das macht die Entstehung dieser CSI-Liturgy deutlich. T. S. Garrett[672] zeigt, wie sich hier auf dem engen Raum einiger Diözesen bei der Frage nach der Gottesdienstordnung schon das Problem von Einheit der Kirche und Freiheit der Gemeinde bzw. von Aktualität und Universalität stellt.

Man konnte nur ausgehen von dem Grundsatz: „a living liturgy must grow out of the life of the worshipping community"[673]. Deshalb musste die Liturgie-Kommission sowohl eine kleine dörfliche Konvertitengemeinde von sozial deklassierten tamulischen Landarbeitern im Auge haben wie auch die in der Großstadt etablierte, schon traditionsbewusste Gemeinde der „English educated classes". Damit war schon aufgrund der sozialen Vielfalt der verschiedenen Ortsgemein-

---

[670] Innsbruck, 1957
[671] vgl. Holsten, a.a.O.
[672] „Worship in the Church of South India", London 1958, S. 6 ff.
[673] a.a.O. S. 5.

den eine Grenze für eine Indigenisation der Liturgie gezogen. Das kircheneinende Moment, das in einer überregional verbindlichen Gottesdienstordnung liegt, stellt zugleich eine Relativierung eines bloß lokalen oder regionalen Umwelt-Bezuges und der absoluten Aktualitäts- oder Indigenisations-Forderung dar. Wenn daher Gensichen[674] darauf aufmerksam macht, dass in der CSI eine Vereinheitlichung des Gottesdienstes viel schwieriger zu erreichen ist als eine Übereinstimmung in der Lehrgrundlage oder eine Gemeinsamkeit in der Kirchenordnung, so liegt es daran, dass im Gottesdienst die Frage der Indigenisation als Ausdruck des lebendigen Gemeindelebens viel schärfer gestellt ist. Ja, die Reihenfolge: Lehre - Kirchenordnung - Liturgie als ansteigende Schwierigkeit von „Vereinheitlichung" scheint in sich schon eindeutig. Denn von der theologischen Lehrgrundlage über die Kirchen-Ordnung zur Gottesdienstordnung geht eine eindeutige Linie der verstärkten Konkretion. In der Abstraktion der Lehre ließ sich die Einheit relativ rascher gewinnen, in der Konkretion des lebendigen gottesdienstlichen Vollzuges wächst die Vielfalt, die Freiheit und damit auch die Einheimisch-Werdung. Die Lehrgrundlagen der CSI werden kaum für jeden Laien-Christen Südindiens verständlich sein oder verständlich sein müssen. Das Gottesdienst-Formular aber soll – wie Garrett richtig sagt[675] – möglichst annehmbar sein auch für „die kleinste und rückständigste Gruppe der Gläubigen".

Somit wird der kirchliche Gottesdienst für die Gemeinde zu dem Ort, wo die Universalität der Kirche und die Nativität ihres Lebens zusammenstoßen. Die Beurteilung darüber, was nun für Indien angemessen sein könnte, gehen denn auch weit auseinander. Die oben erwähnte Diskussion von Ananta Rao und S. W. Howard[676] zeigt, wie verschieden die Inder selbst zu „Fremdheit" und „Einheimischkeit" des Gottesdienstes stehen. Auch die Gottesdienstkommission des NCC hatte diese Hauptschwierigkeit der Indigenisation vor sich, dass das vielfältige, stark divergierende religiöse Erbe Indiens noch wesentlich schwerer zusammenzufassen oder zu zentrieren oder auch auswahlweise zu erfassen war, als das ebenfalls vielfältige Erbe christlicher Gottesdiensttradition.

Daher mag es rühren, dass die erste – oben erwähnte – einheimische Gottesdienstordnung (CSI Liturgy) zunächst in einer „inter-christlichen" Zusammenfassung von Traditionen bestand. Doch es sollte einsichtig sein, dass ein gemeinsamer Gottesdienst in einer vier große Sprachgebiete und viele soziale Felder umfassenden Kirche eine für das „Indische" nicht unerhebliche vereinheitlichende Funktion hat. Noch stärker wird die Rückwirkung des „Christlichen" auf das „Indische" aber wohl dann und dort, wo auch altindische Gebetsformulare –

---

[674] H.-W. Gensichen, „Die Kirche von Südindien", 2. Aufl., Stuttgart 1960, S. 45.
[675] Garrett, a.a.O. S. 10.
[676] vgl. oben A,III,3 (Anm. 127)

wie in der Taufliturgie der CSI[677] - in das Gottesdienstleben der Kirche übernommen werden können. Wenn es jedoch zutrifft, dass es der Glaube ist, „der sich die Form und den Stil schafft" (v. Rad), dann sind wohl noch sehr viel mehr indisch-christliche Gottesdienst-Formen im Sinne von Neuschöpfungen zu erwarten. Ansätze dazu sind die – z. T. auch ins Deutsche übersetzten – Gebets- und Meditationsbücher indischer Theologen[678].

Sei es nun durch solche Neuformulierungen einer eigenen Gebets- und Gottesdienstsprache (und auch einer eigenen Kirchenmusik[679]), sei es durch unionistische Zusammenführung und Neufassung alter Gottesdiensttraditionen, - in jedem Fall werden davon Rückwirkungen und Anregungen auf die ökumenische Christenheit ausgehen.

## c) Gottesdienst in ökumenischer Perspektive

Gemeinsames Singen, Beten, Feiern verbindet Menschen miteinander und baut Differenzen ab zwischen Einzelnen und Gruppen. Das gilt nicht nur für die konfessionell getrennten, sondern ebenso für die regional gesonderten und kulturell verschiedenen Kirchen. Es gilt auch nicht nur hinsichtlich traditioneller Formen wie etwa dem Vaterunser als dem „Gebet, das die Welt umspannt" (Thielicke), sondern auch hinsichtlich der neueren Formulierungen: Die oben erwähnten neuen Gebets- und Meditationsbücher aus dem afro-asiatischen Kirchenraum haben sehr rasch auch im Bereich der westlichen „alten" Kirchen eine große Verbreitung erfahren. Das Meditationsbuch von J. Gnanabaranam „Heute, mein Jesus" hat in Deutschland innerhalb von drei Jahren vier Auflagen erlebt. Vorher schon wurde das Buch von M. A. Thomas siebenmal aufgelegt, und eine von Fritz Pawelzik herausgegebene Sammlung afrikanischer Gebete erreichte auch in kurzer Zeit die fünfte Auflage[680]. Von der Kirchenmusik aus Asien lässt sich davon noch nicht dasselbe sagen – jedoch ist ja die Auswirkung der ursprünglich afrikanischen Rhythmen der amerikanischen Spirituals und Gospels auf die Gestaltung europäischer Jugend-Gottesdienste kaum zu überschätzen[681].

---

[677] Garrett, a.a.O. S. 41.

[678] M. A. Thomas, „Fülle mein Herz - Meditationen und Gebete eines indischen Christen", Bad Salzuflen, 7. Aufl. 1966; J. Gnanabaranam, „Heute, mein Jesus", Erlangen, 5. Aufl. 1967.

[679] Zur Kirchenmusik „junger" Kirchen vgl. E. E. White, „Appreciating India's Music – An Introduction to the Music of India with Suggestions for its use in the Churches of India", CSL (Christian Student's Library), Madras 1957; H. Weman „African Music and the Church in Africa", Uppsala 1960; B. G. Mbunga, „Church Law and Bantu Music", Schöneck-Beckenried 1963.

[680] F. Pawelzik, „Ich liege auf meiner Matte und bete", 5. Aufl., Wuppertal 1966.

[681] G. Schnath (Hrsg.), „Fantasie für Gott - Gottesdienste in neuer Gestalt", darin vor allem der Aufsatz von G. Watkinsons, „Die Kirche und das neue Lied", S. 79 ff, Stuttgart/Berlin 1965.

Es ist bekannt, welchen Anklang die östliche Meditationspraxis (Yoga, autogenes Training etc.) bereits in säkularen Bereichen Europas gewonnen hat. Warum sollte nicht auch die indische Christenheit dieses reiche Erbe ihres Landes weitergeben an die Ökumene? Und warum sollte nicht die europäische Christenheit auch das „neue Lied" der jungen Kirchen singen, so wie diese über Jahrzehnte oder gar Jahrhunderte die Lieder und Choräle der Europäer gesungen haben? Das gottesdienstliche Lied ist offensichtlich die beste Brücke zum Austausch der „geistlichen Gaben" zwischen verschiedenen Regionen und Kirchen – und es ist sozusagen die „antwortende Entsprechung" zu dem, was in Taufe, Abendmahl und seelsorgerlicher Verkündigung zu den Menschen gekommen ist und insofern eine Bestätigung für das Ankommen und Einheimischwerden des Evangeliums.

Wenn die Völker in *ihren* Zungen, mit *ihren* Melodien und mit *ihren* Ausdrucksformen - etwa auch des Tanzes oder der darstellenden Kunst – „die großen Taten Gottes preisen", dann ist das Ziel der Missiongeschichte erreicht. Dann kann man auch das Wort von R. Gareis umkehren und sagen: Das christliche Kunstideal ist *kein* anderes als das allgemein-menschliche[682].

## 4. Zur einheimischen Ethik

Ein systematisch-ethischer Entwurf eines indischen Theologen liegt bislang nicht vor. Zwar hat der Missionstheologe J. Kellock schon 1959 in der „Christian Student's Library" ein Paperback mit dem Titel „Ethische Studien" veröffentlicht, die für Christen in Indien gedacht sind[683], aber sowohl Herwig Wagners „Erstgestalten einheimischer Theologie" wie Robin Boyds „Introduction into Indian Christian Theology" zeigen bei den bekannten Theologen Indiens eher eine bevorzugte Beschäftigung mit der Glaubens-Lehre, während über Ethik kaum veröffentlicht wird. Eine Ausnahme bilden nur die sozial-ethischen Arbeiten des CISRS und der mit diesem Institut verbundenen Autoren. Was auf diesem Feld der politischen und sozialen Verantwortung von christlichen Denkern Indiens geleistet wurde, hat Bengt Hoffman in seiner Untersuchung „Christian Social Thought in India"[684] dargestellt. Aber auch er muss feststellen, dass diese sozial-ethischen Arbeiten merkwürdig abseits liegen vom kirchlichen Leben und vom christlichen Alltag. Es handelt sich dabei sicherlich um wichtige programmatische Entwürfe für die Kirchenführer des Landes, aber über die ethischen Proble-

---

[682] Zu Gareis (s. o. Anm. 643) wäre mit K. Gragg („Christianity in World Perspective", London 1968, S. 193) zu sagen: „Die Christenheit der Welt muss ersterben hinsichtlich der Ausschließlichkeit westlicher Formen, damit sie wahrhaft leben kann in der Fülle menschlicher Kulturen".

[683] J. Kellock, „Ethical Studies", Madras 1959.

[684] Bangalore, 1967

me des indischen Kirchgängers und Gemeindepastors, - darüber kann man bisher nicht viel lesen. Die Theologen haben das anscheinend weniger im Blick.

Doch gibt es gerade im Alltagsleben unzählige „typisch indische" Konflikte und Probleme, in denen der Theologe den christlichen Gemeindegliedern Hilfe schuldet. Viel Weisheit, Aufrichtigkeit und Liebe ist nötig, um all die Fragen der Seelsorge, des Zusammenlebens der Kasten und der Religionen zu bewältigen. Wie sollten die Christen sich verhalten hinsichtlich etwa des Rindfleischtabus der Hindus oder im Blick auf die Hindu-Feste oder hinsichtlich der Frage der religiösen Mischehen, der Bestattungs- und Hochzeitsriten oder interreligiösen Schulgottesdiensten? Ein indischer Christ kann bei Einladungen zu Hindus mit ihren Hausriten oder auch zu Muslimen und Jainas mit jeweils speziellen Speise-Geboten und –Verboten oder anderen Tabus schon von Fragen und Bedenken irritiert werden oder auch mal sein Gewissen belasten – wie das ja wohl ähnlich in paulinischen Gemeinden des NT der Fall war. Diese und ähnliche Fragen sind zwar im indisch-kirchlichen Gespräch nicht gänzlich unbeachtet geblieben[685], aber aufs Ganze gesehen werden die Probleme der Ethik von indischen Theologen eher am Rande behandelt, obwohl doch andererseits immer wieder darauf hingewiesen wird, in Indien sei die „Orthopraxis" wichtiger als die „Orthodoxie"[686]. Für diesen seltsam anmutenden Widerspruch können die folgenden vier Gründe genannt werden:

Zum Ersten bedeutet das englische Wort „Theology" – zumindest im *indischen* Englisch – nicht dasselbe wie das deutsche Wort „Theologie", sondern es wird benützt anstelle von „Dogmatik": so heißt z. B. der Fachbereich der systematischen Disziplinen am United Theological College in Bangalore wie am nordindischen Serampore College: „Theology and Ethics". Dadurch bekommt letztlich die Dogmatik eine Aufwertung bzw. eine zusätzliche Betonung, weil sie das Ganze der Theologie zu repräsentieren scheint. Da alle höhere theologische Bildung in Indien englischsprachig ist, wirkt das prägend.

Zum Zweiten wirkt sich wohl auch die lange philosophische Tradition der Inder mit ihrer Neigung zur Spekulation auf die einheimischen Theologen aus. Die indische Philosophie hat – wie H. Zimmer schreibt - durch ihre Verbindung mit der Mythologie die „natürliche Neigung", dass sie sich „in Dunkelheit und Esote-

---

[685] M. L. Dolbeer hat sich zur Frage des christlichen Begräbnisses in Indien geäußert („Christian Burial Practices for India", NCCR (62) 1942, S. 120 ff.); auf das Mischehen-Problem geht E. Sambayya ein („The Future of Indian Christianity", NCCR (63) 1943, S. 345 ff.; über christliches Familienleben in Indien vgl. Editorial, NCCR (74) 1954, S. 2 ff.; dazu auch J. W. Sadiq, „First All-India Home Institute", NCCR (76) 1956, S. 22 f.; zur Frage der Hindu-Feste vgl. P. Devanandan, „Christian Participation in Hindu National Festivals", NCCR (77), 1957, S. 310 ff.
[686] vgl. oben Abschn. A, III, 2

rik verliert und von den praktischen Aufgaben des Lebens und der Gesellschaft abwendet"[687].

Zum Dritten kam durch die puritanisch-pietistische und durch die katholisch-aszetische Tradition der Missionare eine allgemeine Tendenz in die indische Kirche, Ethik wesentlich als Vervollkommnung des religiösen Individuums zu verstehen und sich auf dieser Basis mit den Hindus zu treffen. Die Gründung christlicher Ashrams auch bei Protestanten und der Weg einiger bekannter christlich-indischer Einsiedler sind die Bestätigung dieser gewissen Einseitigkeit im ethischen Bereich, die dann etwa dazu führt, dass man in Kerala einen Pfarrer, der raucht oder ins Kino geht eher verurteilt als einen, der auf saubere Einhaltung der Kastengrenzen achtet.

Zum Vierten verdrängt die Grundidee der hinduistischen Mehrheitsreligion alle personale Verantwortung des Menschen, denn es ist jene „kardinale Idee von der Allgegenwart des Göttlichen und vom Zusammenhang aller Formen und Manifestationen des Lebens" (J. Gonda). Durch diese Leugnung eines Gegenübers von Gott und Mensch und von Mensch und Natur ist für Verantwortung kein Raum, sodass selbst Ehebruch und Mord religiös relativiert werden können[688] oder einfache Menschen gar wie Hund und Schwein gelten[689].

Zwischen diesen Extrem-Gedanken und den säkular-demokratischen Utopismen bleibt für den einheimisch-christlichen Ethiker ein weites Feld, in dem er der Gemeinde vom christlichen Zeugnis her Hilfestellung zu geben hat.

---

[687] H. Zimmer, „Philosophie und Religion Indiens", Zürich 1961, S. 37.

[688] Chr. v. Fürer-Haimendorf, „Die Religionen Indiens" Bd. III, S. 289; J. Gonda, ebd. Bd. II, S. 43.

[689] J. Gonda (a.a.O. Bd. I, S. 301) verweist auf eine Stelle in den Upanishaden, wo es von einer Gruppe der untersten Gesellschaftsschicht heißt, „dass sie wie die Hunde und Schweine von widerlicher Geburt seien".

# VII. „Indische Heilsgeschichte" – Aufbruch oder Einheimisch-Werden?

## 1. Segnen und Retten

Die oben festgestellt Abstinenz indischer Theologen gegenüber der Alltags-Ethik könnte noch eine weitere Ursache haben, die auf den theologischen Grundansatz der Indigenisation hinführt. Es ist die Frage nach dem Heil, das die indischen Theologen und die Missionare im Namen Christi verkünden. Die Missionsgeschichte zeigt, dass der letzte große Aufbruch in der Weltmission am Ende des vorigen und zu Anfang dieses Jahrhunderts wesentlich bestimmt war von einem chiliastisch geprägten Motiv der Errettung („salvation") von Heiden[690]. Hinter den Bewegungen und Missionsgesellschaften wie „Promotion of Christian Knowledge", „Propagation of the Gospel" oder „Evangelisierung der Welt in dieser Generation" (John R. Mott, Edinburgh 1910) stand meist ein Verständnis vom „Heil" als „Ereignis der Errettung". Dabei ist dieses Ereignis „das Ergehen der Botschaft und das Annehmen der Botschaft im Glauben, das Ja-Sagen zu Gott im Bekenntnis, der Zuspruch der Vergebung, die Rechtfertigung" (Westermann) etwas sehr Dichtes, Plötzliches, Konzentriertes und hat den Charakter eines Augenblickgeschehens.

Dieses aktualistische, von der Bekehrung her entworfene Heils-Verständnis der Mission hat aber auch – wie wir oben gesehen haben[691] – weithin die Forderung nach Indigenisation bestimmt. Wie aber soll man von diesem missionarisch-aktualistischen Heilsverständnis zu einer theologischen Begründung von christlichem Leben im indischen Alltag, sei es zu einheimischem Kirchenbau oder zu einheimischer Ethik, kommen? Wie soll man das Ganze des indisch-christlichen Lebens mit seinen Fragen zu Heirat und Bestattung, zur Festfeier und zur Kindererziehung lediglich von dem einzelnen Heils-Akt der Bekehrung her verstehen und theologisch begründen?

Nun hat kürzlich Westermann diese auch im „Westen" vorherrschende Einseitigkeit des Heilsverständnis diagnostiziert und hat es durch seinen Hinweis auf das segnend-bewahrende Handeln Gottes in der Bibel zu korrigieren versucht[692]. Das ist auch für eine Korrektur in der Missionstheologie von Bedeutung, weil die aktualistisch aufs einmalige Rettungshandeln konzentrierte Auffassung des Heils die Theologen in Indien letztlich zu den selben Konsequenzen führen muss, die wir in der hinduistischen Christus-Interpretation kritisiert haben: „dass das Heilsgeschehen zu einem Vorgang zwischen Gott und der Seele vergeistigt wird" und dass es „aus der es erfahrenden menschlich-individuellen Existenz heraus-

---

[690] vgl. H.-W. Gensichen, „Missionsgeschichte der neueren Zeit", Göttingen 1961, S. 33 f.
[691] s. o. vor allem Abschn. A, II, 3
[692] C. Westermann, „Der Segen in der Bibel und im Handeln der Kirche", München 1968.

interpretiert wird"[693]. Westermanns Hinweis auf die „*segnende* Kraft Gottes", die den Lebenszyklus des Einzelnen bestimmt und trägt, die „den Menschen in seinem Werden auf vielfältige Weise begabt und die ihn aus allen möglichen Quellen (mit) körperlicher und geistiger Nahrung speist" führt auch weiter zu einem neuen Verständnis der Heilsgeschichte als Geschichte[694]. Denn „ohne diese Elemente des Wachsens, Reifens, Abnehmens der hohen und niederen Begabungen, des Gegenübers von Mann und Frau gibt es keine wirkliche Geschichte"[695].

Für uns hier ist auch wichtig, dass – wie Westermann ausführt – das Zusammengehören des rettenden mit dem segnenden Handeln Gottes im AT besondere Bedeutung beim Übergang Israels zur Sesshaftigkeit hatte. Denn dieser „Übergang zur Sesshaftigkeit" ist auch eine Form des Einheimischwerdens. Westermann selbst hat aufgezeigt, welche Möglichkeiten aus der Explikation des biblischen Redens vom Segen für das theologische Verständnis des kirchlichen Handelns erwachsen. Für die Missionstheologie wäre es entscheidend, diese Erkenntnisse des Exegeten für das Problem der Indigenisation fruchtbar zu machen.

## 2. Indigenisation und Mission

Wo Indigenisation unter das Vorzeichen von Mission gerät, wird sie mehr oder weniger zu einer Taktik für bessere Applikation der Verkündigung und für raschere „Evangelisation der Welt". Am Beispiel des einheimischen Gottesdienstes haben wir gesehen, dass das „missionarische Motiv" nicht weiterhilft: die Einen halten gerade die Fremdheit und Andersartigkeit des christlichen Gottesdienstes für besonders missionarisch wirksam (S. W. Howard), die Anderen glauben, dass nur indisch-religiöse Elemente im Gottesdienst die Einheimischen anlocken können (Ananta Rao)[696].

Es ist nicht verwunderlich, dass Visser't Hooft in seiner Untersuchung zur Indigenisation den Vorschlag macht, diesen Begriff zugunsten des älteren „Akkomodation" wieder preiszugeben[697]. Denn für ihn geht es tatsächlich um missionarische Taktik oder, wie er es sagt, um das „Instrumentarium für das *rettende* Werk Gottes"[698]. Noch deutlicher tritt diese „missionarische" Argumentation bei dem erklärten Gegner einheimischer oder „orientalischer" Theologie, bei *A. v. Leeuwen*, zutage. Sein großer Entwurf „Das Christentum in der Weltge-

---

[693] a.a.O. S. 12.

[694] a.a.O. S. 13.

[695] ebd.

[696] s. o. A, III, 3

[697] Visser't Hooft, „Akkomodation: Das Problem richtig und falsch vollzogener Anpassung", in: „Ökumenischer Aufbruch", Hauptschriften II, Stuttgart 1967, S. 82 ff.

[698] a.a.O. S. 96 (unsere Kursivschrift)

schichte" trägt den Untertitel „Das Heil und die Säkularisation"[699]. Sein Verständnis des Heils und der Heilsgeschichte ist offensichtlich das einlinig-missionarische und eschatologisch auf die Zukunft Ausgerichtete. Ausgehend vom „geringen Erfolg" der Mission (S. 11) stellt er diesem Misserfolg die universale Ausbreitung der westlichen Zivilisation gegenüber, die als solche eine „einmalige Erscheinung" sei. Durch diese Ausbreitung des Westens ist nach v. Leeuwen die ganze Welt in eine Bewegung geraten, „die geradlinig und dynamisch verläuft" und alles, „was statisch oder zyklisch war" aufnimmt, umgestaltet und auf die Zukunft hin ausrichtet (S. 12). Als Kern des Problems sieht er darum die Frage: „Welche Bestimmung und welche Zukunft hat die westliche Zivilisation?" (S. 14). Weil nun die christliche Mission nicht nur durch das eschatologische Ziel, sondern auch historisch mit dieser westlichen Zivilisation verbunden war und ist, kann v. Leeuwen auch die „jungen Kirchen" nur als Rollen-Nachfolger der westlichen Mission ansehen (S. 15f.) die nun „zusammen mit den Kirchen des Westens ... die Verantwortung für die Evangelisierung von Asien und Afrika" tragen und gemeinsam die alte Missionsbewegung fortführen (S. 17).

Wenn die missionarische Verkündigung derart eindeutig mit dem Kern oder gar mit der „prophetisch-kritischen" Vorhut der expandierenden europäisch-technokratischen Zivilisation gleichgesetzt wird[700], ist es nur konsequent, den Kirchen Afrikas und Asiens die Auflage zu machen, dass „die Konfrontierung mit der Säkularisierung einen absoluten Vorrang" habe (S. 321). Es habe für sie gar keinen Sinn, sich noch mit einheimischen Religionen viel abzugeben, denn „der Zerbruch des Corpus Christianum vertritt vorwegnehmend den Zerbruch jedes Corpus Religiosum" (S. 316). Von da aus ist es verständlich, dass van Leeuwen nur noch den Menschen „an sich" als Adressat der Verkündigung sieht: „In der Verkündigung geht es nicht um die Frage, ob - und wie lange – diese oder jene ‚Religion' sich zu behaupten weiß, sondern allein um die Zukunft des Menschen, *ob er nun Hindu, Agnostiker, Kommunist oder Nihilist sei*" (S. 326 – unsere Kursiva).

Diesem abstrakten Menschenbild entspricht dann eine genauso abstrakte Vorstellung von der heutigen Aufgabe der Christen, die er nur in der Formel auszudrücken weiß: „dass die ganze Kirche das ganze Evangelium in die ganze Welt zu bringen habe" (S. 334). Damit steht dem gänzlich aus seinen historisch-sozialen Bindungen gelösten Einheits-Menschen der Zukunft ein ebenso idealistisches, von der Vielfalt der Traditionen gelöstes Christentum gegenüber. Und van Leeuwen ist genau zu der Konsequenz gelangt, die Westermann für das einlinige

---

[699] Stuttgart 1966
[700] In seinem neueren Buch „Des Christen Zukunft im technokratischen Zeitalter", Stuttgart 1969, nennt van Leeuwen die Mission den „Zwillingsbruder" der technologischen Entwicklung (S. 125).

Heilsverständnis gesehen hat: „dass das Heilsgeschehen zu einem Vorgang zwischen Gott und der Seele vergeistigt wird".

Es ist auffallend, dass van Leeuwen seine gesamte Argumentation auf eine bestimmte Interpretation des AT gründet, denn er geht von der Überzeugung aus, „dass die Wurzeln der westlichen Geschichte in der Geschichte des Volkes Israel liegen, wie sie in der Bibel beschrieben und verkündigt wird" (S. 38). Auch die Aussagen von der Schöpfung nimmt der Autor in diese „Verkündigungsgeschichte" hinein, denn die Schöpfungsberichte seien – im Gegensatz zu den babylonischen Mythen – „Geschichte von prophetisch-divinatorischer Art" (S. 47). Entsprechend ist van Leeuwens Gottesbild: „Der Gott Israels ist ein Gott der ‚umherzieht'. Er ist der Herr der Geschichte" (S. 60).

Dem ist aber mit Westermann entgegen zu halten, dass im AT das Reden vom „umherziehenden" und das Reden vom „heimischen" Gott nebeneinander bleibt: „keines von beiden geht im anderen auf oder hebt das andere auf"[701], und auch von der alttestamentlichen Rede von der Schöpfung gilt, „dass sie nicht mehr einlinig soteriologisch verstanden werden kann"[702]. Darüber hinaus hat die jüngere alttestamentliche Theologie „das Verhältnis des Jahweglaubens zu den außerisraelitischen Religionen" neu durchdacht[703]. Diese Arbeiten sind nach van Leeuwens Werk erschienen, sodass er noch nicht darauf eingehen konnte; sie relativieren aber sein vom AT her begründetes Pauschal-Urteil über die „corpora religiosa". Denn wie ausschließlich Israel auch seine Geschichte Jahwe unterstellt hat, so vollzog sich diese Geschichte doch „nicht außerhalb, sondern innerhalb der Religionen oder der Geschichte der Religionen, und das heißt aber auch: innerhalb der Sprache und der Formen (Institutionen) der Religionen"[704]. Damit ist aber auch die theologische Berechtigung für van Leeuwens überspitzte Rede vom „endgültigen Bruch mit der traditionellen, bestehenden Kultur" ganz fragwürdig geworden. Diese einseitige Sicht muss ergänzt werden.

Neben die „prophetische" Betonung des kommenden und umherziehenden Gottes und seines rettenden Handelns muss das Bild des wohnenden Gottes und seines segnenden Handelns treten. Neben die einlinig eschatologisch verstandene Heilsgeschichte muss die theologische Aussage über das stetige Wirken Gottes im Lebenszyklus gesetzt werden. Zum Aufbruch gehört das Sesshaftwerden. Zur Mission gehört die Indigenisation. Das Einheimischwerden kann nicht in missio-

---

[701] a.a.O. S. 16.
[702] a.a.O. S. 18.
[703] vgl. den gleichnamigen Aufsatz von C. Westermann in „Forschung am Alten Testament",
München 1964, S. 189-218; ders., „Sinn und Grenzen religionsgeschichtlicher Parallelen",
in ThLZ (90) 1965, Sp. 489 ff.
[704] Westermann 1964, S. 217.

narische Aktivität hinein aufgelöst werden. Die Kirche ist nicht identisch mit ihrer Mission.

Es ist ja auch so, dass aus van Leeuwens Ansatz beim Zerbruch des Corpus Christianum die entgegengesetzte einseitige Folgerung im Blick auf die nicht-christlichen Kulturen möglich ist und getroffen wurde: *Kai Baago* nämlich, der uns oben schon als radikaler Befürworter der Indigenisation begegnet war, geht auch aus von der „nach-kolonialen Krisis der Mission"[705]. Auch er setzt an bei der Auflösung des Christentums als einer „organisierten Religion" neben anderen. Aber er folgert daraus, dass es Aufgabe der Christen sei, nun in die Religionen hineinzugehen, um eine „Hindu Christianity", „Buddhist Christianity" etc. zu bilden. Hier wird die Mission und die Kirche ganz in den Prozess der Indigenisation hinein aufgelöst.

Diese unterschiedliche Konsequenz aus der selben „prophetisch"-dynamischen Haltung entstammt der verschiedenartigen Beurteilung der Geschichte bei den beiden Autoren. Während Baago scharf die Vorstellung attackiert, es gebe eine „exklusive jüdisch-christliche Geschichte innerhalb der allgemeinen Historie"[706], meint van Leeuwen, dass die Geschichte Israels grundsätzlich nicht in „allgemein-anthropologischen Kategorien" zu verstehen sei: „Israels Volk ist nicht ein Typ des Menschseins unter anderen, sondern der Mensch muss umgekehrt im Lichte dieser Geschichte Israels verstanden werden" (S. 42)[707].

## 3. Religion und Säkularisation

Durch die Gegenüberstellung von Baago und van Leeuwen wird deutlich, dass aus dem Ansatz beim „religionslosen Christentum" zwei gänzlich verschiedene Folgerungen gezogen werden können: Hier Anschluss der Mission an ihre „Zwillingsschwester", die Säkularisation, dort „Inkarnation" in die Religionen. Führt die „Go-Structure"-Theologie im Westen zur Rechtfertigung moderner gesellschaftlicher Entwicklungen, so führt sie im Osten zur Rechtfertigung sozio-religiöser Traditionen. Der Vorgang ist hier wie dort strukturell gleich: auf der einen Seite Einheimisch-Werdung des „Christlichen" in der technokratischen Welt-Gesellschaft von morgen; auf der anderen Seite Heimisch-Werden in der religiösen Kultur von gestern. Von daher ist es nicht sinnvoll, nur auf der einen Seite von einer „einheimischen Theologie" zu reden; denn der Gegenbegriff

---

[705] in seinem gleichnamigen Aufsatz in IRM (55) 1966, S. 322 ff.
[706] IRM (56) 1967, S. 101.
[707] Es ist bezeichnend, dass sich der derzeitige Direktor des CISRS, M. M. Thomas, sowohl von K. Baago wie von A. v. Leeuwen abgrenzt. Zu seiner Auseinandersetzung mit v. Leeuwen vgl. RS (XIV) No. 1, 1967, S. 31-36; zu seiner Kritik an Baago vgl. das Vorwort zu dem von ihm herausgegebenen Heft K. Baago's „The Movement around Subba Rao", Bangalore 1968.

wäre die „nicht-einheimische Theologie", also eine wirklichkeitsfremde, über-
geschichtlich-abgehobene Theologie.

Es ist also durchaus berechtigt, auch die moderne westliche Theologie „einheimisch" zu nennen. Denn – um in van Leeuwens Sprache zu bleiben – das „Evangelium eines neuen Himmels und einer neuen Erde", das er als zentralen Ver-
kündigungsinhalt ansieht (S. 317), ist den verschiedenen Ideologien vom „neuen
Menschen in neuen Zeiten und Räumen" wenigstens ebenso verwandt wie das
alte Corpus Christianum den alten Corpora Religiosa. Nun redet van Leeuwen im
Blick auf die jungen bzw. asiatischen Kirchen nicht von „einheimischer" sondern
von „orientalischer" Theologie, die er im Namen seiner westlich-universalisti-
schen Theologie ablehnt. Da liegt doch letztlich die alte paternalistische Auftei-
lung der Welt in die Polarität von Abend- und Morgenland, Europa und Nicht-
Europa. Diese Polarität wird dann namens der aus dem AT gerechtfertigten technokratischen Zivilisation zugunsten eines westlichen Universalismus aufgelöst.
Ist dies aber die „Einheit in Mannigfaltigkeit", die von der Ökumene angestrebt
wird? Gerade der prophetisch-eschatologisch ausgerichtete Denker sollte bei seiner Vision von der „Stadt Gottes" nicht übersehen, dass die Völker der Erde
„ihre Herrlichkeiten in sie einbringen werden" (Offbg. 21,26).

Andererseits handelt es sich hier um die „Stadt Gottes", das neue Jerusalem,
als Ziel; d. h. die „Herrlichkeiten" aus Kulturen und Religionen der Völker dürfen nicht so sehr faszinieren, dass der Aufbruch zur Stadt versäumt wird, - sie
sind vielmehr dorthin zu bringen.

Darum muss christliche Theologie einheimisch werden in Religion und säkula-
rer Gesellschaft, in Tradition und Fortschritt, in Vorwelt und Nachwelt.

# VIII. Rückblick: Identität und Kommunikation der Christen

Im Gespräch um Indigenisation der Theologie hat H.-W. Gensichen das Begriffspaar „Identität und Kommunikation" eingeführt[708]. Es erscheint uns hier als besonders geeignet und angemessen, diese ganze Problematik zu umgreifen.

Soll das „Christliche" einheimisch werden, so setzt dies voraus, dass die Pluralität christlicher Traditionen anerkannt wird. Orthodoxie alleine oder Protestantismus alleine können nicht einheimisch werden ohne Verlust wesentlicher Charakteristika des Christlichen (s. o. Abschn. C, I). So ist die Kommunikation der christlichen Traditionen untereinander erforderlich ebenso wie die Kommunikation mit der Umwelt, zu der sie gehören oder gehören wollen. Dies entspricht der alten ekklesiologischen Kategorie der „Katholizität".

Die Kategorie der „Heiligkeit" und damit zugleich die Identität der Kirche kann dann aufscheinen, wenn „in, mit und unter" dem sozio-historischen Vorgängen der Kommunikation und des Einheimisch-Werdens die Einwohnung Gottes durch Christus in der Welt geglaubt und verkündigt wird. Die Identität dieses Christusgeschehens setzt – wie wir gesehen haben (s. o. Abschn. C, II) – auch eine Kommunikation der verschiedenen Sichtweisen und Interpretationen Christi voraus. Nur im Miteinander dieser Interpretationen und Zeugnisse wird die Einwohnung Gottes, also die Kommunikation Gottes mit den Menschen vor Ort möglich. Identität und Kommunikation verhalten sich hier wie Gottheit und Menschheit Christi.

Auch die Lehre von der Verkündigung kann nicht einseitig auf den Vorgang der Kommunikation hin ausgelegt werden. Es hat sich gezeigt, dass in allen Formen und Stufen christlicher Verkündigung Universalität und Aktualität, Schriftauslegung und Seelsorge aufeinander zu beziehen sind (C, III). Die Kommunikation des Evangeliums setzt seine Identität voraus und umgekehrt.

Wird nun das Christliche und das Indische in Beziehung gesetzt, so erweist sich, dass Kontinuität und Diskontinuität, Bruch und Anknüpfung nebeneinander und ineinander liegen.

Taufe und Abendmahl stellen für den Einzelnen und für die Gemeinschaft einen Bruch der bisherigen Identität und der alten Kommunikation dar (C, IV und V).

Die neue Identität, die durch diesen Bruch gesetzt wird, erweist sich jedoch zugleich als eine verwandelte Fortführung der alten (C, VI). Auch hier zeigt sich ein kommunikativer Prozess. Der Lebenszyklus des alten Lebens und der des neuen überschneiden sich in indischer wie in ökumenischer Perspektive (C, VII).

---

[708] THEOLOGISCHE STIMMEN, Bd. I, Einleitung S. 24 (vgl. Fußnote 4).

Bei unserem Thema ist die Frage nach Identität und Kommunikation der Christen nicht zu trennen von der Frage nach Identität und Kommunikation der Inder und umgekehrt. Denn hier wie dort geht es um das Verhältnis von altem und neuem Leben, von altem und neuem Menschen (vgl. oben z.B. S. 50 und S. 101). Damit erweist sich die Frage nach Indigenisation als Frage nach dem Grund der „common humanity" (M. M. Thomas) oder als Frage nach Identität und Kommunikation des Menschengeschlechts.

**Teil D**

IDENTITÄT UND KOMMUNIKATION DES MENSCHENGESCHLECHTS
Indigenisation als möglicher Beitrag zur theologischen Anthropologie

# 1. Der Abgang des Abendlandes

Vom „Abendland" als gegenwärtiger Kultureinheit zu reden hat nur Sinn, wenn auch der Begriff des „Morgenlandes" noch bestehen bleiben kann. Wir haben schon darauf verwiesen, dass diese Polarisierung in einer Entwicklung zur planetarischen Weltgesellschaft nicht möglich ist. Als Daseinsraum der Christenheit ist das Abendland ja längst durch die Mission aufgehoben in den Daseinsraum der Weltkirche[709]. Diese Aufhebung geschah zunächst im Miteinander von geistig-missionarischer und politischer Ausweitung des „Abendlandes". Aber die Verselbständigung der ehemaligen Kolonialgebiete und Missionsfelder zu „jungen Staaten" und „jungen Kirchen" verwandelte dieses „erweiterte Abendland" in eine (noch unfertige) Gemeinschaft der Völker und Staaten und in eine (noch unfertige) ökumenische Gemeinschaft der Welt-Christenheit. Die Forderung nach und Praktizierung von einheimischer Theologie in diesen ehemals kolonialen Gebieten ist notwendige Konsequenz dieser Entwicklung und ein entscheidender Schritt zur geistigen Selbständigkeit und zu ökumenischer Partnerschaft der Kirchen. Hier verwirklicht sich erst die „mündige Welt" (Bonhoeffer). Insofern ist es richtig, von einem „Ende der Missionsgeschichte im bisherigen Verständnis" zu reden[710].

Aufgrund der faktischen Lage hat man sich auf der Weltmissionskonferenz in Mexiko 1963 endlich zur vollen Anerkennung des Satzes „Mission in sechs Kontinenten" durchgerungen[711]. Noch sind die Konsequenzen dieses Satzes nicht alle gezogen worden. Es genügt nicht und ist theologisch nicht zu rechtfertigen, wenn man folgert, nun sei die Kirche in die Mission hinein aufgelöst, - wie nicht nur van Leeuwen (s. o. C, VII), sondern ebenso J. C. Hoekendijk („Kirche als Mission") vertreten hat[712].

Vielmehr ist es notwendig, die Konsequenz aus der Erkenntnis von Mexiko so zu ziehen: „Einheimische Kirche und einheimische Theologie in sechs Kontinenten!" Weil aber alle Kirche und alle Theologie um ihrer Identität willen einheimisch sein muss, wollen wir genauer formulieren und sagen: *Christliche Theologie in sechs Kontinenten einheimisch.* Dies ist auch nicht als Forderung zu verstehen, sondern als Feststellung – genau wie das Mexiko-Ergebnis.

Wird diese kulturell bedingte Vielfalt der Theologie nicht anerkannt, so ist zu fragen, ob nicht doch die abendländische Theologie gleichgesetzt werden soll

---

[709] K. Rahner, Art. „Abendland" in LThK, 2. Aufl., Bd. I, 1957, Sp. 18 ff.

[710] O. Köhler, „Missionsbefehl und Missionsgeschichte" in „Gott in Welt", Festgabe für K. Rahner, Bd. II, S. 346 f.

[711] Th. Müller-Krüger (Hrsg.), „In sechs Kontinenten", Dokumente der Weltmissionskonferenz 1963, Stuttgart 1964.

[712] Hoekendijk, „Kirche und Volk in der deutschen Missionswissenschaft", München 1967, Anhang S. 334).

mit der Universalität des Evangeliums oder mit einer wirklichkeitsfremden theologia aeterna. Gewiss darf die Theologie der „jungen Kirchen" auch die christliche Geschichte nicht verleugnen, - und zwar nicht nur um der Kommunikation willen zur besseren Verständigung mit der weltweiten Christenheit bzw. den Kirchen in anderen Ländern, sondern auch und gerade um der eigenen Identität willen (s. o. C, I-III). Doch darf vor allem die westliche Theologie der „alten Kirchen" die geschichtliche Entwicklung nicht leugnen. Denn die Gefahr für die Weltgemeinschaft besteht heute offensichtlich nicht in zu starkem Engagement der Kirchen und Völker der „dritten Welt", sondern in deren *Sorge und Angst*, ihre Identität in einer vom „Abendland" geistig und materiell-technokratisch beherrschten Welt zu verlieren. Diese Angst führt zur Abkapselung, Isolierung oder auch zu Revolutionen.

Solche Tendenzen sind in der christlichen Ökumene anschaulich manifestiert in Phänomenen wie den *African Independent Churches*, den *Nicht-Kirchen-Bewegungen* oder den *Hindu-Christians*. Dass gerade die Pfingstbewegung mit ihrer betonten Selbständigkeit der Ortsgemeinden die erfolgreichste missionarische Kraft in diesen Ländern darstellt, resultiert eben daraus, dass die westlichen Großkirchen die Zeichen der Zeit noch nicht erkannt haben. Die „Missionsgeschichte im bisherigen Verstande" ist in der Tat an ihr Ende gekommen.

In ihrem selbstbewussten und selbstzufriedenen Provinzialismus ist die abendländische Theologie schon teilweise durch die ökumenische Begegnung mit den Traditionen der byzantinischen und anderen orientalischen Christenheit erschüttert und korrigiert worden. Ökumeniker zogen daraus die Konsequenz: „Die Katholizität der Kirche besteht nicht nur in der räumlichen Ausdehnung der Kirche, sondern auch in der Mannigfaltigkeit der Zeugnisse, der Gebete, der Theologien und der Charismen"[713]. Dieser Satz ist konsequent auch auf die ehemaligen Missionsfelder des „Abendlandes" anzuwenden. Alles Andere wäre selbstgefälliger und schädlicher Europa-Zentrismus. „Der Europäismus spielt sich auf der Ebene der kollektiven Egozentrik aller Kulturen ab. Sofern das ‚Abendland' eine Kultur ist, hat es teil an dieser allgemeinen Egozentrik; sofern das ‚Abendland' aber das Ungenügen einer jeden Kultur repräsentiert, ist es nicht nur der additiven Ergänzung aus anderen Kulturen fähig, sondern bezeichnet es vielmehr die Tendenz zum Überstieg über alle Kulturen insgesamt"[714].

Die Propagierung der sog. „Evangelisierung der Welt in einer Generation" auf der Weltmissionskonferenz in Edinburgh 1910 war noch verstanden worden als rein horizontale, d. h. numerische Ausweitung des in Europa gewachsenen Chris-

---

[713] E. Schlink, „Die Bedeutung der östlichen und westlichen Traditionen für die Christenheit" in: „Der kommende Christus und die kirchlichen Traditionen", Göttingen 1961, S. 232.
[714] O. Köhler, a.a.O. S. 366.

tentums. Die Entwicklung der Mission seither hat aber gezeigt, dass dies nicht ihr Ziel sein kann und sein darf, denn das wäre aus heutiger Sicht nicht nur ein aussichtsloses, sondern auch ein theologisch unberechtigtes Unterfangen. Oskar Köhler analysiert die Lage wohl zutreffender, wenn er seine Untersuchung über „Missionsbefehl und Missionsgeschichte" schließt mit dem Satz: *Was aber die eigentliche Situation der Mission in der Mitte des 20. Jahrhunderts ausmacht, ist die Forderung nicht nur einer horizontalen Ausbreitung, sondern einer Erkundung der Höhen und Tiefen des Menschen. Nichts zeigt deutlicher, wie sehr die Mission die Herzmitte der Kirche ist*"[715].

## 2. Identität, Kommunikation, Sprache

Indigenisation ist nicht nur ein sozio-kultureller Vorgang. Der Zusammenhang der Forderung nach „einheimischer Theologie" mit grundsätzlichen Problemen der Anthropologie und besonders der Psychologie ist verschiedentlich erkannt worden[716]. Wir haben gesehen, dass die Indigenisationsforderung auch motiviert ist durch die Angst vor dem Verlust der eigenen Identität. „Identität" ist aber ein sozial-psychologischer Begriff, der im Wechselverhältnis sowohl für den Einzelnen wie für die Gruppe gilt.

In der modernen europäischen Belletristik (z. B. M. Frisch, P. Handke) wie auch in der modernen Theologie ist das Problem der „Suche nach Identität" bisher vorwiegend unter individualistischem Aspekt gesehen worden[717]. Der von E. H. Erikson[718] in die Psychologie wieder eingeführte Begriff ist aber von vornherein zur Bezeichnung eines psychosozialen Faktors verstanden worden, weshalb dieser Autor ebenso von „amerikanischer Identität", „jüdischer Identität", „schwarzer Identität" spricht wie von „Mutterbildern", „Berufsbildern" und „Gruppenleitbildern". Die Kontinuität der persönlichen Erfahrung, d. h. die Identität der Person ist systematisch auf die Sozialstruktur bezogen. Zwar sind persönliche Identität und Gruppenidentität nicht dasselbe, aber sie sind miteinander vermischt[719]. Denn die persönliche Identität des Einzelnen bildet sich aus einer Reihe von Identifikationen des Einzelnen mit Leitbildern seiner sozialen Umwelt. „Die psychosoziale Identität entwickelt sich aus der allmählichen Inte-

---

[715] a.a.O. S. 371.

[716] W. H. Crane, „Indigenisation in the African Church", IRM (53) 1964, S. 408 ff.; V. Taylor, „Universal and Particular", CMS-News-Letter No. 329, Juli 1969.

[717] Zur theologischen Erörterung von „Identität" als psychologischer Terminus vgl. Th. Bonhoeffer „Theologie und Psychologie" in „Die hermeneutische Frage in der Theologie", hrsg. v. Loretz/Strolz, Freiburg 1968, S. 156-180; auch D. Sölle, „Stellvertretung", Stuttgart 1965 (Einleitung!).

[718] E. H. Erikson, „Kindheit und Gesellschaft", 3. Aufl. , Stuttgart 1968.

[719] A. Strauss, „Spiegel und Masken – Die Suche nach Identität", Frankfurt 1968, S. 29, 188.

gration aller Identifizierungen. Aber hier gilt, mehr noch als sonst, der Satz, dass das Ganze etwas durchaus Anderes ist als die Summe seiner Teile"[720].

Auch für die Gruppenidentität gilt, dass sie nicht einfach einen summarischen Querschnitt darstellt. Wir haben oben bereits darauf hingewiesen, dass die indische Identität nicht meristisch-additiv als Summe sämtlicher Gruppenidentitäten verstanden werden kann, - auch nicht in dem Sinne, dass dabei eine der Identitäts-Idologien das „Baumuster", den „Rahmen" oder die „Gestalt" abgibt, die das Ganze formt. Dazu sind die Ideologien zu gegensätzlich, ja, exklusiv. Denn die Ideologien mit ihren Idealbildern vom Menschen und seiner Gemeinschaft unterdrücken immer wesentliche Teile eben dieser Gemeinschaft und ihrer Geschichte. „Nationen nämlich werden, ebenso wie Individuen, nicht nur durch die Gipfel ihrer zivilisatorischen Leistungen definiert, sondern auch durch die schwächsten Punkte ihrer kollektiven Identität. Tatsächlich sind sie durch den Abstand und durch die Qualität des Abstandes zwischen diesen beiden Punkten zu definieren"[721]. So ist es auch nicht verwunderlich, wenn man zu jedem Charakterzug, den man als „echt indisch" oder „echt deutsch" einstuft, ein ebenso charakteristisches Gegenteil gibt: Nordinder und Südinder, Adivasis und Brahmanen verkörpern in Indien noch viel größere Unterschiede oder Gegensätze als Bayern und Preußen, Generaldirektor und Straßenkehrer in Deutschland.

Weil die Dinge so liegen, schlägt Erikson vor, dass man überhaupt von der Annahme ausgehen sollte, „die Identität einer Nation hänge davon ab, wie die Geschichte gewisse gegensätzliche Möglichkeiten sozusagen kontrapunktisch gesetzt hat, der Art in der sie dann diesen Kontrapunkt zu einem einzigartigen Kulturstil erhebt oder ihn in reinen Widerspruch sich auflösen lässt"[722].

Gilt dies aber nur für die Identität einer „Nation"? Gilt es nicht in gleicher Weise für die Identität einer jeden Kollektiv-Person? Ein Stamm, ein Verein, eine Kommune, - jedes Sozialgebilde von einigem Bestand ist von und durch die Spannungen seiner Polaritäten definiert, bestimmt und bedroht zugleich. Da nun alle Menschen der heutigen Gesellschaft verschiedenen Gruppen gleichzeitig angehören (wenigstens einer Familie und einem Staatsvolk), ergibt sich notwendig auch eine „situationsgebundene Identität" je nach Zugehörigkeit und Situation, aus der und in der ein Mensch gerade lebt, spricht, handelt. Identität des Einzelnen wie der Gruppe ist also „offen" zu denken, d. h. als abhängig vom „Lebenszyklus" und als wandlungsfähig. Das gilt auch dann, wenn die Identität des Einzelnen oder der Gruppe wesentlich von der Vergangenheit her bestimmt scheint, denn eben dieses Bild von der eigenen Vergangenheit ist ja auch Wand-

---

[720] Erikson, a.a.O. S. 235.
[721] a.a.O. S. 320.
[722] a.a.O. S. 280.

lungen unterworfen, - wie sie in Deutschland etwa nach dem Zusammenbruch 1945 besonders offensichtlich wurden und in Indien nach dem Aufkommen der nationalistischen Bewegungen im Freiheitskampf.

Solch ein Wandel der Identität wurde auch erkennbar im Bereich der Sprache. Ein bestimmtes Vokabular wurde ausgemerzt, während ein neues an seine Stelle trat. Alte Namen verschwanden, neue tauchten auf. Diese Zusammenhänge von Identität und Sprache hat Anselm Strauss in besonderem Maße hervorgehoben: „Sprache muss im Mittelpunkt jeder Diskussion über Identität stehen"[723]. Er verweist auf die große Bedeutung der Namen und Benennungen, der Klassifikationen und Bewertungen, die als solche Identifikationen sind und somit Identität bestimmen.

Hier scheint sich uns der Begriff der Identität fast zu verflüchtigen, insofern er dem Wandel unterworfen wird und in die Abhängigkeit der vielfältigen Namengebungen und Benennungen gerät. Identität droht sich in Sprachlichkeit und Kommunikation hinein aufzulösen. Es ist also offensichtlich, dass das Problem menschlicher Identität – genau wie auch andere anthropologische Grundbestimmungen – nicht aus der Perspektive der Psychologie oder Sozialpsychologie allein zu lösen ist. Diese positiven Wissenschaften weisen über sich hinaus auf die Frage nach dem Zusammenhang mit den anderen Human-Wissenschaften und auf die Frage nach dem „Ganzen", das Erikson in der oben angeführten Stelle als „die Geschichte" bezeichnet hatte, die bestimmte Möglichkeiten „setzt".

Als Nachbarwissenschaften kommen für die Sozialpsychologie zunächst alle diejenigen Wissenschaften in Betracht, die sich auch um die menschliche Kommunikation bemühen. „Kommunikation" wird ja als *der* grundlegende soziale Vorgang aus verschiedenen Perspektiven ins Auge gefaßt[724]; und ohne dass man auf moderne Identifikationsforschung Bezug nimmt, stellt sich auch hier die Frage nach der Persönlichkeitsstruktur und der Gruppendynamik[725].

Beide Themenkreise - der der Identität und der der Kommunikation - treffen sich beim Phänomen der Sprache[726]. Gleichzeitig wird von anderer Seite her festgestellt, „dass die Sprache das heutige Philosophieren *zentral* bestimmt", sodass die Sprachphilosophie nicht mehr nur eine Einzeldisziplin oder ein „Gebiet" der

---

[723] Strauss, a.a.O. S. 13.

[724] W. Schramm (Hrsg.), „Grundlagen der Kommunikations-Forschung", 2. Aufl., München 1968; H. D. Bastian, „Theologie der Frage – Ideen zur Grundlegung einer theologischen Didaktik und zur Kommunikation der Kirche in der Gegenwart", 3. Aufl., München 1969 „Theologie und Kybernetik", hrsg. v. H. D. Bastian,, EvTh. 1968, S. 333 ff.

[725] I. L. Janis, „Persönlichkeitsstruktur und Beeinflussbarkeit", bei W. Schramm, a.a.O. S. 71-83; J. T. Klapper, „Die gesellschaftlichen Auswirkungen der Massenkommunikation", a.a.O. S. 85-98.

[726] Ch. E. Osgood, „Eine Entdeckungsreise in die Welt der Begriffe und Bedeutungen" bei Schramm, a.a.O. S. 39-53.

Philosophie darstelle, sondern Sprache als „fundamentale Voraussetzung für jegliche Gestalt des Philosophierens" angesehen wird[727].

Daher ist es nicht verwunderlich, wenn in der Sprachphilosophie nicht nur die thematische Differenzierung der Philosophie überhaupt wiederkehrt, sondern hier auch die verschiedenen metaphysischen Einstellungen aufs Neue zutage treten[728].

An diese Grenze der Metaphysik rührte die Identitätsforschung bei ihrer Beschäftigung mit der Infragestellung personaler Identität durch sog. „Gehirnwäsche". Unter Rückgriff auf Leibniz und Pindar zeigt Peter R. Hofstätter, dass die Identität der Person angesichts solch radikaler Infrage-Stellung wie durch das „brainwashing" nur noch metaphysisch zu begründen ist[729]. Jedoch ist festzuhalten, dass dies nicht nur für solche Grenzsituationen gilt, sondern dass die sozial-kommunikativen und sprachphilosophischen Grundlagen der Identitäts-Bestimmung ebenfalls metaphysische Entscheidungen implizieren.

Will der Theologe also zum Problem von Identität und Kommunikation Stellung nehmen, so wird er es notwendig im Zusammenhang seines *eigenen* Verständnisses von Sprache und Sprachlichkeit tun müssen, d. h. der Theologe wird die ekklesiologischen Prädikate von Heiligkeit (Identität) und Katholizität (Kommunikation) der Kirche, sowie das Verhältnis von Individuum und Gemeinschaft auszulegen haben von seinem Verständnis des Namens, des Wortes, der Sprache her. Dies ist die Form, in der es Theologie heute mit den philosophischen und humanwissenschaftlichen Anschauungen vom Menschen zu tun hat. Das ist in der ökumenischen Debatte bereits dort zutage getreten, wo man die „Strukturen der dogmatischen Aussage als ökumenisches Problem" (Schlink) erkannt hat.

Für die Sprachphilosophie selbst hat vor allem *E. Rosenstock-Huessy* in seinem großen Werk „Die Sprache des Menschengeschlechts – Eine leibhaftige Grammatik"[730] das biblische Denken fruchtbar gemacht. In der protestantischen Theologie ist noch kaum beachtet worden, dass Rosenstock-Huessys Ansatz beim Antwort-Charakter des menschlichen Personseins einem wesentlichen Zug in Luthers Anthropologie entspricht, nämlich dem „responsorischen Moment in Luthers Personverständnis" (W. Joest)[731], und dass dies – bei der Fundierung beider im biblischen Denken - nicht eine zufällige Übereinstimmung ist. Ebenso wie sich das dynamisch-eschatologische und das exzentrische Moment in der luthe-

---

[727] Loretz/Strolz, a.a.O. S. 11

[728] W. Bumann, Art. „Sprachphilosophie" im Fischerlexikon „Philosophie", Frankfurt 1967, S. 311

[729] „Personale Identität und das sog. Brainwashing" in „Dialektik und Dynamik" Festschrift für R. Heiss, hrsg. v. H. Hiltmann und Fr. Vonessen, S. 155 – 170.

[730] Heidelberg, 2 Bde., 1963 f.; diesem Autor schließen wir uns im Folgenden auch weitgehend an.

[731] W. Joest, „Ontologie der Person bei Luther", Göttingen 1967, S. 27 ff.

rischen Anthropologie[732] in den Kategorien der Sprachlichkeit – nach Rosenstock-Huessy – ausdrücken ließe als „die lebenslängliche Unberechenbarkeit beseelter Sprache"[733].

## 3. Hören, Beten, Sprechen

Wir gehen noch einmal aus von der Identität des Einzelnen, die sich gegen die Bedrohung durch die sog. „Rollenkonfusion" bilden und bewähren soll. Diese Bedrohung ist heraufgeführt durch die Pluralität des Möglichen in einer weltweiten Gesellschaft und durch die Variationen des Gegebenen im geschichtlichen Fließen der Zeit. Die Weltgesellschaft ist gekennzeichnet durch eine „ungeheure Gleichzeitigkeit alles und jedes Geschehens auf Erden" einerseits und eine „ungeheure Veränderlichkeit" andererseits[734].

Die traditionellen sozialen Sicherheiten, die der Personidentität lebenslang Form gegeben haben, sind größtenteils weggebrochen. Der Mensch droht Funktionär in einem Apparat von riesigen Ausmaßen zu werden. Man prognostiziert das Heraufkommen eines „vierten Menschen", der sich erweisen würde als „ein fragmentarisiertes, pluralistisches Wesen ohne regulierende und integrierende Menschlichkeitsmitte"[735]. In diesem Prozess der „Persönlichkeitsauflösung" propagieren die Idealisten die Sprache als „Grund des Menschseins" (Heidegger).

Doch auch die Sprache verwandelt sich unter der Hand der Linguisten und logischen Positivisten in ein bloßes Zeichensystem, ein Werkzeug und „Mittel" der Kommunikation, das die Unterschiede von Denken, Sprechen und Schreien ebenso einebnet wie die von Zahlen, Namen und Worten. Damit ist es aber unmöglich, von der Sprache noch anzunehmen, sie sei der „Grund des Menschseins" und gebe uns Aufschluss über das Woher und Wohin unserer Bestimmung. Denn „wer die Zahlen benutzt, die Worte zu erklären und die Worte, um die Namen zu begreifen, der stellt Dinge, Menschen, Götter als 1, 2 und 3 hintereinander"[736]. Auf dieses Dilemma sind die Linguisten selbst gestoßen, als sie feststellten, es sei nun nötig, von „Metasprachen" und einer „Metalinguistik" zu reden[737].

Diese Schwierigkeit resultierte – wie Rosenstock-Huessy richtig erkannt hat – offensichtlich daraus, dass man immer von der Frage ausging, nach dem, was gesprochen wird. Die erste Frage müsse jedoch lauten: wer spricht? Denn noch ehe

---

[732] a.a.O., S. 233 ff. und 320 ff.
[733] Rosenstock-Huessy, „Die Sprache des Menschengeschlechts", Bd. I, S. 19.
[734] a.a.O. S. 214 f.
[735] A. Weber, a.a.O. S. 458.
[736] Rosenstock-Huessy, a.a.O. S. 48.
[737] B. L. Whorf, „Sprache, Denken, Wirklichkeit", rde 174, Hamburg 1963, S. 140 ff.

ein Wort ertönt, bestimmen Sein und Geltung des Sprechers über Gültigkeit, Wirkung und Beantwortung des Gesprochenen. Die Antwort auf diese Wer-Frage wird aber von einem idealistischen Philosophen anders gegeben werden als von einem Positivisten der Psychologie, von einem Kulturmorphologen anders als von einem Soziologen.

Dem Theologen wird die Frage nach dem Sprecher-Ich brennend in der Gestalt, die ihr ein Rabbiner gegeben hat: „Wer, außer dem allmächtigen Gott, darf es wagen, sich ‚Ich' zu nennen?"[738] Die „reine Subjektität" des göttlichen Ego kann der Christ nie egalisieren mit den wechselnden Sprecher-Ichs der menschlichen „Spiegel und Masken" (A. Strauss). Denn nur in jenem göttlichen Sprecher allein findet er den, von dem gesagt werden kann: „was er zusagt, das hält er gewiss" und „so er spricht, so geschieht's" (Ps. 33).

Der Einwand, dass der Theologe ja notwendig „das Wort Gottes" und damit Gott selber thematisiert, also zum Objekt machen müsse, führt zurück in jene gefährliche Verwirrung in der theologischen Sprachwelt, die Edmund Schlink aufgedeckt hat, als er die Aussagestrukturen der Dogmatik untersuchte: Weil wir die Qualität unserer theologischen Aussagen missverstanden, und weil sich Gott verbirgt, wenn wir ihn behandeln und verhandeln, darum hat sich der abendländischen Christenheit immer wieder das Lob Gottes in Lehre verwandelt und aus der Lehre wurde ein bedrückendes Gesetz. Das hat Schlink am Beispiel der Prädestinationslehre gezeigt: „Aus der doxologischen Anerkennung der Überschwenglichkeit der allein rettenden Gnade und des ewigen Liebesratschlusses Gottes wird in der Struktur theoretischer Lehre das deterministische Problem, unter dessen furchtbarer logischer Folgerichtigkeit der doxologische Jubel verstummt"[739].

Der Theologe kann daher einer totalen Einebnung der Sprache als bloßer „Information" ebenso wenig zustimmen wie einer gänzlichen Gleichschaltung aller Sprecher als „Informationsquellen" oder „Zeichensysteme"[740].

Bleibt somit der Unterschied zwischen dem göttlichen Sprecher und dem, der hier „nur" nachspricht, erhalten, dann wird auch deutlich, dass uns die Sprache tatsächlich bei unserer Suche nach Identität helfen kann. Wir brauchen dann nicht bei der nie fassbaren übergeschichtlichen Abstraktion eines idealistischen Ich-Bewußtseins anzusetzen, wir brauchen auch nicht vor der positivistischen

---

[738] zit. bei Rosenstock-Huessy, a.a.O. S. 105.
[739] E. Schlink, KuD (III) 1957, S. 271.
[740] Bei Whorf, a.a.O. S. 144, wird der Mensch vor allem als „ein dynamisch stabiles Zeichensystem" verstanden, und H.E. Bahr spricht von „Verkündigung als Information" in der gleichnamigen Schrift (Hamburg 1968).

Atomisierung von Mensch und Sprache zu resignieren, sondern gehen aus vom „responsorischen Charakter des menschlichen Personseins" (Joest).

Wie der Mensch in seiner Kindheit sein Ich erst aus dem Angesprochen-, Gerufen- und Benannt-Werden findet, wie er erst und vor allem ein Du war und ist, so muss lebenslang davon ausgegangen werden, dass der „Herr Ich" den Sprecher und den Hörer umfasst, d. h. „dass jeder Sprecher abwechselnd wir, sie, er, ihr, du, ich ist" (Rosenstock-Huessy). Nun hat die Psychologie erkannt, dass das Ich heranwächst aus dem ständigen Gegenüber der Materialität des Es und der Geistigkeit des Über-Ich[741]. Dem Menschen ist also das Proprium seiner „Weltoffenheit" zu eigen aufgrund der Exzentrik seines Wesens, die dem rein konzentrischen „primitiven Gefühls-Ich" ein Persönlichkeitszentrum im „Besinnungs-Ich" gegenüberstellt[742]. Es kommt nun darauf an, diese „Bipolarität" der Person, wie Psychologen sie sehen, nicht mit dem von uns angeführten „responsorischen Charakter" der Person zu identifizieren. Gerade in dem ständigen Zwiespalt von Es und Über-Ich, von Gefühls-Ich und Besinnungs-Ich kann der Mensch zur Ganzheit und Identität des Sprechers dann finden, wenn er als Ganzer auch Hörer ist. Sich dem Logos, der Sprachmacht, zu öffnen, ist nicht dasselbe wie dem Intellekt, der Idee oder dem Über-Ich die Herrschaft zu überlassen; vielmehr ist es die Bereitschaft, Hörer, Gehorsamer, Antworter zu sein, was so viel ist wie die Fähigkeit, „allen drei Hauptpersonen, dem Dich, dem Ich und dem Wir in sich zeitweise die Zügel zu überlassen"[743].

Hörer und damit ein „Du" und „Dich" wird der Mensch in seiner Einsamkeit dort, wo er betet, wo er sich hinwendet zu dem Sprecher des wirklichkeitsmächtigen Wortes. Der Spiegel meiner intellektuellen Reflexion kann mir nicht Auskunft geben darüber, wer ich bin, - genauso wenig wie der Spiegel an der Wand oder der Spiegel der öffentlichen Meinung. „Dazu gehört die einzige Stimme, die ‚Ich' sagen kann. Im Gebet hört das verruchte Geschwafel meines Ich auf. Ich werde zum Geschöpf, zu dem sein Schöpfer Dich sagen kann"[744].

Hebt die Findung meiner Identität im Gebet an, so ist mir mit ihrer Wandelbarkeit und ihrer „Offenheit" nicht die Preisgabe an Es oder Über-Ich angedroht, vielmehr ist sie ein ständiges Ringen um die Einheit von Hörer und Sprecher.

Von einer Möglichkeit dieser Einheit zu reden, ist nur dadurch gerechtfertigt und begründet, dass sie als wirkliche Einheit schon anschaubar ist in dem Erstling, der ganz der war, der er sein sollte. *Jesus* hatte seine Identität nicht aus der

---

[741] E. H. Erikson, a.a.O. S. 189.

[742] vgl. G. E. Störring und H. Völkel, „Zum Menschenbild der Seelenheilkunde" bei N. Petrilowitsch (Hrsg.) „Zur Psychologie der Persönlichkeit", Darmstadt 1967, S. 522-556.

[743] Rosenstock-Huessy, a.a.O. S. 109.

[744] a.a.O. S. 119.

Anerkennung und Bestätigung der Umwelt, sondern aus dem Gehorsam gegen die Berufung des Schöpfers. Gerade darin aber war er ganz hingegeben als der „Mensch für andere". Im vollkommenen Gehorsam wurde er der vollmächtige Sprecher, bei dem Wort und Tat, Wesen und Geschichte ein Ganzes waren. In seiner vollen Identität war er fähig zur gänzlichen Kommunikation, und in der gänzlichen Hingabe seiner Identität um der Kommunio willen, bis in den Tod, hat er eben diese Identität im Hören des lebenschaffenden Wortes am Ostermorgen gefunden. In diesem Gehorsam Jesu, in seinem Tod und seiner Auferstehung, gründet auch die Identität der Kirche. Eben deshalb wird auch von der Kirche heute der „Karfreitag ihres Glaubens gefordert, damit sie Ostern feiern kann"[745], d. h. es geht darum, dass die Kirche bereit ist zu hören, zu horchen, zu gehorchen, ehe sie spricht. Die Kirche trägt die Verantwortung für Gott vor den Menschen, das bedeutet, dass sie selbst diesem Wort gehorchen muss, das sie den Menschen bringen will. Sie trägt aber auch Verantwortung für den Menschen vor Gott, das bedeutet, dass sie erst auf diesen Menschen und auf das „Seufzen der Kreatur" hören muss, ehe sie Gebet und Loblied anstimmt.

„Das zukünftige Leben ist Lobgesang" (G. Wingren). Weil die Kirche aber dieses neue Leben aus der Auferstehung Jesu hat, kann auch ihr Lobgesang nur aus der Gemeinschaft mit seinem Tod und Auferstehung ertönen. Hier liegt die Abgrenzung der Kirche gegen die Ideologien: Jede Ideologie ist ihrem Wesen nach Doxologie[746], die das neue Leben ohne Kreuz und Auferstehung zu kennen meint und preist. Sie hat daher auch eine „einheitliche Grundlage" und gewinnt ihr Universalität aus einem „unhistorischen Ursprung"[747]. Darum bauen sich die Ideologien aus der Gegenüberstellung von Gruppen auf, „um einer von diesen ausschließlich zu dienen"[748].

Das kann die Kirche nicht tun – um ihrer eigenen Identität willen. Denn sie kennt den Menschen als *Homo Imago DEI*, d. h. dass sie das „Einswerden ihres eigenen Dankens mit dem Danke aller Welt" zu suchen hat[749]. Sie erwartet auch den neuen Menschen aus der Hand des Schöpfers, so dass das Seufzen aller Kreatur in ihren Lobgesang eingehen muss. Das Wort der Kirche von Gott und zu Gott ist unwahr, wenn sie nicht zugleich „aus *allem*, was im Kosmos der Gesellschaft gerufen und geschrien wird, seinen heiligen Namen heraushört"[750].

---

[745] a.a.O. S. 219.
[746] J. Freund, „Das Utopische in den gegenwärtigen politischen Ideologien" in der Forsthoff-Festschrift „Säkularisation und Utopie", Stuttgart 1967, S. 95.
[747] a.a.O. S. 98.
[748] a.a.O. S. 97.
[749] Rosenstock-Huessy, a.a.O. S. 207
[750] a.a.O. S. 218.

Kirchliche Gemeinschaft ist die Gemeinschaft des Leibes und Blutes Christi. Darum unterscheidet sich die Kirche von jeder ideologischen Gemeinschaft. Denn die Kirche hat der Ort jener wahren menschlichen Gemeinschaft zu sein, wo Raum ist für mehrere widerstreitende Ideologien. Ihre Einheit und Identität darin findet sie nur als die Einheit von Tod und Auferstehung. „Die Völker haben in ihrer Mitte also eine leidende Kirche, die von Lobpreis und damit von Sieg erfüllt ist. Die Einheit von Tod und Auferstehung bedeutet keine ruhende Identität, so dass der Leidende schon mit seinem Leiden selbst den Sieg besäße. Es gibt ein Moment ‚von unten her', das hinzukommen muss, damit der Sieg in die Finsternis hinabdringen kann; dieses Moment ‚von unten her' ist das vom Menschen ausgehende Gebet und der Lobgesang, eine Bewegung im Menschen, die Gott festhält und aus ihm den Sieg holt"[751].

Hierin gründet auch die Sprache der Theologie, ihre Identität und ihre Kommunikation. Christliche Theologie hat teil am Seufzen der Kreatur wie am Lobgesang der Gemeinde Christi. Nur so ist sie einheimisch und ist sie Theologie.

---

[751] G. Wingren, „Evangelium und Kirche", Göttingen 1963, S. 252.

# Anhang

## 1. Abkürzungen

| | |
|---|---|
| CISRS | Christian Institute for the Study of Religion and Society, Bangalore |
| CMS | Church Missionary Society; London |
| CMSl | Clergy Monthly Supplement, Ranchi |
| EcR | The Ecumenical Review, Genf |
| EMM | Evangelisches Missions-Magazin, Basel |
| EMZ | Evangelische Missionszeitschrift - Für Missionswissenschaft und Evangelische Religionskunde, Stuttgart |
| GUARDIAN | A Christian Weekly Journal of Public Affairs, Madras/Bangalore |
| IJTh | Indian Journal of Theology, Serampore |
| IRM | International Review of Missions, London/New York |
| IESt | Indian Ecclesiastical Studies, Bangalore |
| ITS | Industrial Team Service, Bangalore |
| KuD | Kerygma und Dogma, Göttingen |
| NCCR | National Christian Council Review, The Organ of the National Christian Council of India, Nagpur/Mysore City |
| NZSystTh | Neue Zeitschrift für Systematische Theologie, Berlin |
| ÖkR | Ökumenische Rundschau, Stuttgart |
| RS | RELIGION and SOCIETY, Bulletin of the CISRS, Bangalore |
| UTC | United Theological College, Bangalore |

## 2. Literaturverzeichnis

*Lexikon-Artikel und mehrbändige Sammelwerke sind nicht aufgeführt. Sie sind aber in den Fußnoten jeweils angegeben. - Abkürzungen siehe oben.*

ABEGG, E.: Indische Psychologie, Zürich 1945.

ALTER, J.P. / SINGH, H.J.: The Church in Delhi, Lucknow 1961.

ANANTA RAO, E.L.: Church Union and Nationalism, NCCR 74, 1954, S. 544 ff.

ders.: Spiritual Colonies of the West, NCCR 75, 1955, S. 72 ff.

APPENZELLER, K.: Das Problem der Bodenständigkeit von Christentum und Kirche auf dem Missionsfeld in den Verhandlungen der Weltmissionskonferenz zu Edinburgh 1910, Tübingen 1940.

APTER, D.E.: The Politics of Modernization, Chicago 1965.

ARANGADEN, C.: Thinking on National Issues, NCCR 73, 1953, S. 406 ff.

ARAPURA, G.: Dr. Kraemer's New Book, IJTh 9, 1960, S. 156 ff.

ASIRVATHAM, E.: What India needs Today, NCCR 75, 1955, S. 246 ff.

*ders.*: Christianity in the Indian Crucible, 2. Aufl., Calcutta 1957.

*ders.*: The Crisis of the Church in India, NCCR 82, 1962, S. 427 ff.

AZARIAH, V.S.: The Question of Self-Support, NCCR 58, 1938, S. 536 ff.

AZIZ, K.K.: The Making of Pakistan – A Study in Nationalism, London 1967.

BAAGO, K.: Review Article (zu H. Wagner, Erstgestalten ...) IRM 55, 1966, S. 221 – 225.

*ders.*: The Post-Colonial Crisis of Missions, IRM 55, 1966, S. 322 – 332.

*ders.*: The Post-Colonial Crisis of Missions (Antwort an die Kritiker) IRM 56, 1967, S. 99 – 103.

*ders.*: Early Independent Christian Movements in India, IChHR 1, 1967, S. 73 ff.

*ders.*: The Movement around Subba Rao, Bangalore 1968.

BAREAU, A.: Der indische Buddhismus, in: J. Gonda (Hrsg.), Die Religionen Indiens, Bd. III, Stuttgart 1964, S. 1 – 215.

BASHAM, A.L.: Der indische Subkontinent in historischer Perspektive, Saeculum 10, 1959, S. 106 – 207.

BATCHELOR, A.: The Temples of Modern India, GUARDIAN 1964, S. 316 f.

BENNETT, R.M.: The Church and the Foreign Personnel, NCCR 75, 1955, S. 377 ff.

BEYERHAUS, P.: Die Selbständigkeit junger Kirchen als missionarisches Problem, 2. Aufl. , Wuppertal-Barmen, 1959.

BESTERS, H./ BÖSCH, E. (Hrsg.): Entwicklungspolitik – Handbuch und Lexikon, Berlin/ Mainz 1966.

BHATKAL, R.G. (Hrsg.): Political Alternatives in India, Bombay 1967.

BHATTY, E.C.: The Indian Christian Community and the Nationalist Movement, NCCR 1942, S. 446 ff.

BOAL, M.B.: The Church in the Kond Hills, Lucknow 1963.

BOYD, R.H.S.: Indian Christian Thinking in Relation to Christ, RS XI, No.3, 1964, S. 61 ff.

*ders.*: An Introduction to Indian Christian Theology, Madras 1969.

BROWN, L.W.: The Theological Task before the Church in India, NCCR 68, 1948, S. 114 ff.

BÜRKLE, H. (Hrsg.): Indische Beiträge zur Theologie der Gegenwart, Stuttgart 1966.

BUTLER, J.F.: Further Thoughts on Church Architecture, IJTh 8, 1959, S. 135 ff.;

CAMPBELL, E.Y.: The Church in the Punjab, Lucknow 1961.

CARSTAIRS, G.M.: The Twice-Born, A Study of a Community of High-Caste Hindus, Bloomington, 1958.

CATTELL, E.L.: The Spiritual Implications and Challenge of the Present Situation, NCCR 62, 1942, S. 356 ff.

CHANDRAN, J.R.: The Problem of Indigenisation of Christian Theology in Asia, in: The Student World 51, 1958, S. 334 - 342 (Deutsch in: Theologische Stimmen aus Asien, Afrika und Lateinamerika, Bd. I, hrsg. von H.-W. Gensichen, München 1965).

ders.: The Theological Task of the Church in India, Union Seminary Quarterly 1965, S. 256 ff. (Deutsch in: Bürkle, Indische Beiträge zur Theologie der Gegenwart, s. o.).

ders.: Christian Worship in India (Co-editor with W. Lash), Bangalore 1961.

CHANDY, K.K.: The Presentation of the Gospel in the Modern Context, NCCR 70, 1950, S. 149.

CHAKKARAI, V.: What is to Indianize Christianity? GUARDIAN 9/10 Okt. 1931.

CHELLAPPA, D.: Towards an Indian Church, NCCR 78, 1958, S. 81 ff.

CHENCHIAH, P.: The Theological Task in India, NCCR 63, 1943, S. 63 ff.

CISRS/ITS (Hrsg.): Human Problems of Industry in Bangalore, Bangalore 1965.

CLARK, R.M.: A Study of Theological Categories, IRM 32, 1943, S. 88 ff.

CRANE, W.H.: Indigenisation in the African Church, IRM 53, 1964, S. 408 – 418.

DANIEL, J. : Christians Awake!, NCCR 75, 1955, S. 156 ff.

DEMPF, A.: Geistesgeschichte der altchristlichen Kultur, Stuttgart 1964.

DEVADUTT, E.: What is an Indigenous Theology? EcR 1949, S. 40 – 51.

DESAI, A.R.: Rural India in Transition, Bombay 1961.

DEVANANDAN, P.: Rethinking Christianity in India (Bookreview), NCCR 59, 1939, S. 651 ff.

ders.: The Theological Task in India, NCCR 63, 1943, S. 57 ff.

ders.: Suggestions for Successful Evangelism, NCCR 67, 1947, S. 623 ff.

ders.: The Challenge of Hinduism, NCCR 72, 1952, S. 176 ff.

ders.: Christian Participation in Hindu National Festivals, NCCR 77, 1957, S. 310 ff.

ders.: Christian Participation in Nation Building (Co-editor with M.M.Thomas), Bangalore 1960.

DOCKHORN, K.: Tradition und Evolution – Untersuchungen zu Sri Aurobindos Auslegung Autoritativer Sanskrit-Schriften, Gütersloh, o.J.

DOLBEER, M.L.: Christian Burial Practises for India, NCCR 62, 1942, S. 120 ff.

DUTT, K.G.: Hindu Culture, 3. Aufl., Bombay 1951.

EISERMANN, G. (Hrsg.): Soziologie der Entwicklungsländer, Stuttgart 1968.

ELIADE, M.: Das Heilige und das Profane, rde 31, Hamburg 1957.

ders.: Birth and Rebirth – The Religious Meaning of Initiation in Human Culture, New York, 1958.

ELIOT, T.S.: Zum Begriff. der Kultur, rde 136, Hamburg 1961.

EMBREE, A.T./ Wilhelm, F.: Indien, Geschichte des Subkontinents, Fischer-Weltgeschichte, Bd. 17, Frankfurt 1967.

EPSTEIN, T.S.: Economic Development and Social Change in South India, Manchester 1962.

ERIKSON, E.H.: Kindheit und Gesellschaft, 3. Aufl., Stuttgart 1968.

  *ders.*: Identity and Lifecycle, New York 1959 (Deutsch: Identität und Lebenszyklus, Frankfurt 1966).

ESTBORN, S.: Our Spiritual Heritage, NCCR 71, 1951, S. 9 ff.

  *ders.*: The Church among Tamils and Telugus, Lucknow 1963.

FLEMING, D.J.: Each with his own brush, 6. Aufl. , New York, 1952.

FOSTER, J.: Junge Kirche einst und jetzt, Hamburg 1951.

FRANSEN, P.: How Can Non-Christians Find Salvation in Their Religion?, IESt 1965, S. 223 ff.

FREYTAG, W.: Nach Ghana: Neue Aspekte der Weltmission, in: Reden und Aufsätze, hrsg. v. Hermelink/Margull, Bd. I, S. 123 ff.

GADRE, K.: Indian Way to Socialism, New Delhi 1961.

GARRETT, T.S.: Worship in the Church of South India, London 1958.

GENSICHEN, H.-W.: Das Taufproblem in der Mission, Gütersloh 1951.

  *ders.*: Indiens Begegnung mit dem Christentum, ÖkR 7, 1958, S. 1 ff.

  *ders.*: Auf dem Wege zu einer indischen Theologie, NZSystTh 1, 1959, S. 328 ff.

  *ders.*: Das Sendungsbewusstsein des Hinduismus, in: Luther. Missions-Jahrbuch 1959, S. 25 ff.

  *ders.*: Die Kirche von Südindien, 2. Aufl., Stuttgart 1960.

  *ders.*: Missionsgeschichte der neueren Zeit, Stuttgart 1961.

  *ders.*: Einheimische Theologie und ökumenische Verantwortung, in: Theologische Stimmen aus Asien, Afrika und Latein-Amerika, Bd. I, München, 1965.

  *ders.*: Einzigartigkeit und Eigenart – Erwägungen zur Frage der einheimischen Theologie, ÖkR 18, 1969, S. 469 – 481.

GEORGE, K.A.: Modern India and the Christian Message, NCCR 71, 1951, S. 81 ff.

GIBBS, M.E.: Church and State in India, NCCR 74, 1954, S. 367 ff.

GLADSTONE, H.S.: The Kingdom and the New Frontiers, GUARDIAN 1964, S. 228 ff.

GLASENAPP, H.v.: Die Indische Welt als Erscheinung und Erlebnis, Baden-Baden 1948.

  *ders.*: Die Religionen Indiens, Stuttgart 1955.

  *ders.*: Das Indienbild der deutschen Denker, Stuttgart 1960.

GOETZ, H.: Epochen der indischen Kultur, Leipzig 1929.

  *ders.*: Die Entstehung des indischen Nationalismus, Saeculum 1955, S. 327 ff.

  *ders.*: Geschichte Indiens, Urban Bücher 59, Stuttgart 1962.

GONDA, J. (Hrsg.): Die Religionen Indiens, Bd. I, Stuttgart 1960; Bd. II, Stuttgart 1963.

  *ders.*: Change and Continuity in Indian Religion, Den Haag 1965.

Gregg, K.: Christianity in World Perspective, London 1968.

HAAS, W.: Zeit und Raum im indischen Mythos, in: Indien und Deutschland, hrsg. v. O. Günter, Frankfurt 1956.

HACKER, P.: Religiöse Toleranz und Intoleranz im Hinduismus, Saeculum 7, 1957, S. 167 - 179.

HALLENCREUTZ, C.F.: Kraemer Towards Tambaram, Uppsala 1966.

HEILER, F.: Christlicher Glaube und Indisches Geistesleben, München 1926.

HEIMSATH, Ch.: Indian Nationalism and Hindu Social Reform, Princeton 1964.

HEINTZ, P. (Hrsg.): Soziologie der Entwicklungsländer, Berlin/Köln 1962.

HOEKENDIJK, C.J.: Kirche und Volk in der deutschen Missionswissenschaft, München 1967.

HOFFMAN, B.R.: Christian Social Thought in India 1947-1962, Bangalore 1967.

HOFINGER, J./KELLER, J.: Liturgische Erneuerung in der Weltmission, Innsbruck 1957.

HOFSTÄTTER, P.R.: Gruppendynamik, rde 38, Hamburg 1957 ff.

ders.: Personale Identität und das sog. Brainwashing, in: Dialektik und Dynamik, Festschrift für R. Heiss, hrsg. v. H. Hiltmann u. Fr. Vonessen, S. 155 – 170.

HOLLENWEGER, W.J.: Handbuch der Pfingstbewegung, Teildruck, Genf 1965.

ders.: Enthusiastisches Christentum, Wuppertal/Zürich 1969.

HOLZNER, B.: Völkerpsychologie: Leitfaden mit Bibliographie, Würzburg, o.J.

HOWARD, H.W.: Modes of Worship, NCCR 75, 1955, S. 181 ff.

HUSSAIN, S.A.: Indian Culture, Bombay 1963.

IDOWU, B.: Towards an Indigenous Church, London/Ibadan 1965.

IKRAM, S.M./SPEAR, P. : The Cultural Heritage of Pakistan, London 1955.

ISHWARAN, K.: Tradition and Economy in Village India, London 1966.

JESUDASON, S.: The Ashram Method of Training Theological Students, NCCR 62, 1942, S. 275 ff.

ders.: Unique Christ and Indigenous Christianity, Bangalore 1966.

JOEST, W.: Ontologie der Person bei Luther, Göttingen 1967.

JONES, St.: Opportunities for the Church facing Indian Nationalism, NCCR 66, 1946, S. 98 ff.

KABIR, H.: The Indian Heritage, Bombay 1962.

KANAVALLI, P.S.: The Concept of LOGOS in the Writings of John and Justin, ungedr. Theol. Diss., München 1969.

KAITHAHN: The Christian and Creative Citizenship, NCCR 68, 1948, S. 159 ff.

KLIMKEIT, H.J.: Anti-religiöse Bewegungen im modernen Indien. Eine religionsgeschichtliche Untersuchung, - ungedr. Habil.-Schrift, Bonn 1968/69.

KÖHLER, O. (Hrsg.) : Missionsbefehl und Missionsgeschichte, in: Gott in Welt, Festgabe für K. Rahner, Bd. II, S. 346 – 371.

ders.: Probleme des Kulturwandels, Freiburg 1965.

KOSAMBI, D.D.: An Introduction to the Study of Indian History, Bombay 1956.

*ders.*: The Culture and Civilization of Ancient India in Historical Outline, London 1965 (Deutsch: Das alte Indien, Berlin 1969).

KOSHI, N.: Caste in the Kerala Churches, Bangalore 1968.

KRÄMER, A.: Christus und Christentum im Denken des modernen Hinduismus, Bonn 1958.

KRAEMER, H.: The Christian Message in a Non-Christian World, London 1938 (Deutsch: Die christliche Botschaft in einer nicht-christlichen Welt, Zürich 1940).

*ders.*: A Christian Training Centre for India, NCCR 73, 1953, S. 245 ff.

KRETZMANN, M.L.: Indian Christians or Christian Indians?, NCCR 65, 1945, S. 133 ff.

KRISHNA RAO, T.R.: A Theology for India, NCCR 63, 1943, S. 416 ff.

KROEBER, A.L. /Kluckhohn, C.: CULTURE, A Critical Review of Concepts and Definitions, New York 1952.

KULENDRAN, S.: Kraemer Then and Now, IRM 46, 1957, S. 171 f.

VAN LEEUWEN, A.: Das Christentum in der Weltgeschichte, Stuttgart 1966.

*ders.*: Des Christen Zukunft im technokratischen Zeitalter, Stuttgart 1969.

*ders.*: Reply to Critics, RS (XIV) No. 1, 1967, S. 51 ff.

LEHMANN, A.: Afro-asiatische christliche Kunst, Konstanz 1967.

*ders.*: Die Kunst der jungen Kirchen, Berlin 1955.

LEMBERG, E.: Nationalismus I + II, rde 197-199; Hamburg 1964.

Lemaitre, S.: Der Hinduismus, Aschaffenburg 1958.

LEUBA, J.-L.: Tradition und Traditionen, in: Schrift und Tradition, hrsg. v. E. Skydsgaard u. L. Vischer, Zürich 1963, S. 9 – 23.

MAHADEVAN, T.M.P.: Outlines of Hinduism, Bombay 1956.

MATHEW, V. A.: Is Praeparatio Evangelica only in Israel? GUARDIAN 1964, S. 93 f.

MEAD, M.: National Character, in: Anthropology Today, Selections ed. by Sol Tax, Chicago 1962, S. 396 – 421.

MOORE, B.: Soziale Ursprünge von Diktatur und Demokratie – Die Rolle der Grundbesitzer und Bauern bei der Entstehung der modernen Welt, Frankfurt 1969.

MÜHLMANN, W.E.: Chiliasmus und Nativismus, Studien zur Psychologie, Soziologie und historischen Kasuistik der Umsturzbewegungen, 2. Aufl. , Berlin 1964.

*ders.*: Homo Creator, Abhandlungen zur Soziologie, Anthropologie, Ethnologie, Wiesbaden, 1962.

*ders.*: Rassen, Ethnien, Kulturen – Moderne Ethnologie, Neuwied 1964.

*ders.*: Formen der Wechselwirkung zwischen Kulturen, in: Menschliche Existenz und moderne Welt, hrsg. v. R. Schwarz, Teil II, S. 554 – 561.

MÜLLER-KRÜGER, Th. (Hrsg.): In sechs Kontinenten, Dokumente der Weltmissionskonferenz Mexiko 1963. Stuttgart 1964.

MUKERJI, D.P.: Modern Indian Culture, 2. Aufl., Bombay 1947.

MUKERJEE, R.: The Destiny of Civilization, London/New Delhi 1964.

MUKERJI, S.C.: Bonds of the Indian Church, NCCR 62, 1942, S. 198 ff.

NAMBOODIRIPAD, E.M.S.: Economics and Politics of India's Socialist Pattern, New Delhi 1966.

PANIKKAR, K.M.: A Survey of Indian History, London 1947 ff. (Deutsch: Geschichte Indiens, Düsseldorf 1957).

ders.: Hindu Society at Cross Roads, 2. Aufl. , Bombay 1956.

ders.: Common Sense about India, London 1960.

PANIKKAR, R.: The Unknown Christ of Hinduism, London 1964.

PARADKAR, B.A.M.: The Theology of Goreh, Bangalore 1969.

PARANJOTI, V.: An Experiment in Indigenisation in Evangelism, IJTh 9,1962, S. 108 – 111.

PAUL, R.D.: The Role of the Missionaries in the Indian Church Today, NCCR 81, 1961, S. 335 ff.

PICKETT, J.W.: Christian Mass Movements in India, New York 1933.

ders.: Christ's Way to India's Heart, 3. Aufl., Lucknow 1960.

DU PLESSIS, D.: The World Pentecostal Movement, in: World Christian Handbook 1968.

v. POCHHAMMER, W.: Zur Darstellung der indischen Geschichte, Saeculum 12, 1961, S. 291 - 305.

QUECKE, U.: Der indische Geist und die Geschichte, Saeculum 1, 1950, S. 362 – 379.

RADHAKRISHNAN, S.: Hindu View of Life, 9. Aufl., London 1964 (Deutsch: Die Lebens-Anschauung der Hindus, Leipzig 1928).

RAJARIGAM, D.: A Study of Christian Terminology in Tamil, IJTh 7, 1958, S. 69 ff.

RAPSON, E.J. (Hrsg.): The Cambridge History of India (1921ff..), Bd. I, 2. Aufl. , New Delhi 1962.

REETZ, D.: Raymond Panikkar's Theology of Religions, RS (XV) No.3, 1968, S. 32 – 54.

REHFELD, W.: Das Indienbild in der deutschen Literatur, Indo-Asia 8, 1963, S. 346 – 355.

ROGERS, M.: The Content of a Christian-Hindu Dialogue, RS (VI), No. 1, 1959, S. 68 ff.

ROSENKRANZ, G.: Das Lied der Kirche in der Welt, Berlin 1951.

ders.: (Hrsg.): Theologische Stimmen aus Asien, Afrika und Lateinamerika, Bd. II, München 1967.

ROSENSTOCK-HUESSY, E.: Die Sprache des Menschengeschlechts – Eine leibhaftige Grammatik, 2 Bde., Heidelberg 1963 f.

ROSSEL, J.: Tambaram-Mexiko, EMM, vol. 50, 1964, S. 166 ff.

ROSSMAN, V.: The Breaking in of the Future – The Problem of Indigenisation and Cultural Synthesis, IRM 1963, S. 129 ff.

ROTHERMUND, D.: Die Problematik der Geschichtsschreibung Indiens, Antwort an S. Singh, Indo-Asia, 6, 1964, S. 158 – 162.

RUBEN, W.: Geschichte der indischen Philosophie, Berlin 1954.

SADIQ, J.W.: Christianity in Non-Christian Community, NCCR 67, 1947, S. 183 ff.

SAMARTHA, S.J.: Recent Christian Theological Publications – Kannada, IJTh 7, 1958, S. 9 ff.

SAMBAYYA, E.: No Sign Shall Be Given, NCCR 64, 1944, S 129 ff.

ders.: The Future Of Indian Christianity, NCCR 63, 1943, S. 345 FF.

SAMPURANAND: Indian Socialism, Bombay 1961.

SARKISYANZ, E.: Aspekte modernistischer und nationalistischer Reformideologien in Britisch-Indien, Saeculum 19, 1968, S. 83 – 86.

SARMA, D.S.: The Tales and Teachings of Hinduism, Bombay 1948.

SCHÄFER, R.: Welchen Sinn hat es, nach einem Wesen des Christentums zu suchen? ZThK 65, 1968, S. 329 – 347.

SCHLINK, E.: Die Struktur der dogmatischen Aussage als ökumenisches Problem, KuD 3, 1957, S. 251 – 306.

ders.: Die Bedeutung der östlichen und westlichen Traditionen für die Christenheit, in: Der kommende Christus und die kirchlichen Traditionen, Göttingen, 1961, S. 232 - 240.

ders.: Hermeneutik, Denkformen, Verstehen, in: Neue Grenzen, Ökumenisches Christentum morgen, hrsg. v. K.v. Bismarck u. W. Dirks, Stuttgart/Berlin/Freiburg, Bd. I, 1966, S. 14 – 22.

ders.: Die Lehre von der Taufe, Kassel 1969.

ders.: Einheit und Mannigfaltigkeit der Kirche, in: Christliche Einheit, Forderungen und Folgerungen nach Uppsala, hrsg. v. R. Groscurth, Genf, 1969, S. 34 – 54.

SCHNEIDER, U.: Indisches Denken und sein Verhältnis zur Geschichte, Saeculum 9, 1958, S. 156 – 162.

SCHRAMM, W.: Grundfragen der Kommunikationsforschung, München, 2. Aufl. 1968.

SEGAL, R.: Die Krise Indiens, Frankfurt 1968.

SHAH, E.A.: The Church Today and Tomorrow, NCCR 63, 1943, S. 179 ff.

SIMON-VERMOT, J.B.: Our Christian Message in the Encounter with other Religions, CMSl 1962/63.

SINGER, M.(ed.): Traditional India – Structure and Change, Philadelphia 1959.

SINGH, G.H.: As I Think on These Things, NCCR 62, 1942, S. 320 ff.

SINGH, H.J.: The Indian Christian Theological Association, IJTh 10, 1961, S. 123 f.

SINGH, K.: A Prophet of Indian Nationalism, London 1963.

SINGH, Sundar: Zu des Meisters Füßen, hrsg. v. F. Melzer, Stuttgart 1955.

SINGH, Satindra: Die Problematik der Geschichtsschreibung Indiens, Indo-Asia 6, 1964, S. 155 – 158.

SMITH, D.E.: India as a Secular State, Princeton 1963.

SMITH, v. a.: Oxford History of India, 3. Aufl. hrsg. v. P. Spear, Oxford 1958.

SRINIVAS, S.N.: Social Change in Modern India, Berkeley/Los Angeles, 1966.

STAFFNER, H.P.: Catholic Hindus? CMSl 1955/56, S. 174 ff.

STECHE, H.: Indien (in: Kultur der Nationen – Geistige Länderkunde), Zürich 1966.

STRAUSS, A.: Spiegel und Masken – Die Suche nach Identität, Frankfurt 1968.

SUNDARISANAM, A.N. (ed.): Rethinking Christianity in India, 2. Aufl., Madras 1939.

SWEETMAN, D.W.: A Modern Apologetic to Islam, NCCR 63,1943, S. 91 ff.

TALIB-UD-DIN, S.N.: The Place of Experience in Christian Theology, NCCR 63, 1943, S. 67 ff.

TAYLOR V.: Universal and Particular, CMS-Newsletter-Letter, No. 329, Juli 1939.

THANGASAMY, D.A.: The Theology of Chenchiah, Bangalore 1966.

THAPAR, R./SPEAR, P.: Indien. Von den Anfängen bis zum Kolonialismus. (in: Kindlers Kulturgeschichte), Zürich 1966.

THOBURN, F.: The Sat Tal Ashram, NCCR 78, 1958, S. 513 ff.

THOMAS, M.A.: Fülle mein Herz. – Meditationen und Gebete eines indischen Christen, Bad Salzuflen, 7. Aufl. 1966.

THOMAS, M.M.: Renascent Hinduism, NCCR 78, 1958, S. 517 ff.

ders.: The Acknowledged Christ of the Indian Renaissance, Oxford 1969.

THOMAS, N.J.: Die Syrisch-Orthodoxe Kirche der Südindischen Thomas-Christen, Würzburg, 1969.

THOMAS, P.T.: The Theology of Chakkarai, Bangalore 1968.

THOMAS, V.P.: Towards an Indian Christology, IJTh 14, 1965, S. 1 ff.

TICHY, H.: Indien, Kampf und Schicksal eines Fünftels der Menschheit, Leipzig 1942.

VARMA, V.P.: Modern Indian Political Thought, Agra 1961.

VERGHESE, P.: The Orthodox Churches, in: World Christian Handbook 1968, S. 11 – 14.

VICEDOM, G.F.: Von der Theologie einer jungen Kirche, Beispiel Neuguinea, in: Das Wort Gottes in Geschichte und Gegenwart, hrsg. v. W. Andersen, München 1957, S. 103 - 116.

ders.: Die Taufe unter den Heiden, München 1960.

ders.: Das Abendmahl in den jungen Kirchen, München 1961.

VISSERT'HOOFT,W.A.: Akkomodation: Das Problem richtig und falsch vollzogener Anpassung, in: Ökumenischer Aufbruch, Hauptschriften II, Stuttgart 1967, S. 82 – 96.

WAACK, O.: Christologisches Gespräch mit dem Hinduismus, EMZ 23, 1966, S. 130 – 143.

WAGNER, H.: Erstgestalten einer einheimischen Theologie in Südindien, München. 1963.

WARD, M.: The Pilgrim Church - An Account of the First Five Years in the Life of the Church of South India, London 1953.

WEBER, A.: Kulturgeschichte als Kultursoziologie, München 1951.

WESTERMANN, C.: Das Verhältnis des Jahweglaubens zu den außerisraelitischen Religionen, Forschungen am Alten Testament, München. 1964, S. 189 – 218.

ders.: Der Segen in der Bibel und im Handeln der Kirche, München 1968.

WHITE, E.E.: Appreciating India's Music, An Introduction to the Music of India with Suggestions for its use in the Churches of India, Madras 1957.

WHORF, B.L.: Sprache, Denken, Wirklichkeit, rde 174, Hamburg 1963.

WILHELM, F.: Die Entdeckung der indischen Geschichte, Saeculum 15, 1964, S. 34 ff.

WINGREN, G.: Evangelium und Kirche, Göttingen 1963.

WOLFF, O.: Christus unter den Hindus, Gütersloh 1965.

WOLF, H.: Indisches Bilderbuch zum Leben Jesu, Stuttgart 1955.

ZAEHNER, H.C.: Der Hinduismus, München 1964.

ZIMMER, H.: Philosophie und Religion Indiens, Zürich 1961.

ZINKIN, T.: India Changes!, London 1958.